학교는
시장이
아니다

NOT
FOR
PROFIT

Not for Profit
by Martha C. Nussbaum

공부를 넘어 교육으로, 누스바움 교수가 전하는 교육의 미래

학교는
시장이
아니다

NOT
FOR
PROFIT

마사 누스바움 | 우석영 옮김

궁리
KungRee

| 일러두기 |

– 이 책은 『공부를 넘어 교육으로』(2011, 궁리)를 새롭게 펴낸 것이다.

– 본문의 각주는 옮긴이 주이다.

– 문맥의 이해를 돕기 위해 옮긴이가 말을 더할 때, 본문에 [ ]를 써서 덧붙였다.

우리는 이제 도덕적이고 온전한 인간이 점점 더 부지불식간에

상업적이고 협소한 목적을 지닌 인간에게 자리를 내주고 마는 단계에 당도했다.

과학의 경이로운 진보에 도움을 받은 이 과정은

거대한 영역에 걸쳐 권력을 얻고 있다.

이는 인간의 도덕적 균형 감각을 뒤흔들며,

영혼 없는 조직체의 그늘 아래 인간적 면모를 가리고 있다.

– 라빈드라나트 타고르, 『민족주의』, 1917

———

이제 인간의 성취란 잘 만들어진 기계가

인간이 할 수 있는 것보다 더 잘한다는 것을 의미하게 되었다.

이제 교육의 주된 결실인, 풍요로운 의미로 충만한 삶의 성취는

무가치한 것으로서 폐기되고 있다.

– 존 듀이, 『민주주의와 교육』, 1915

이 책은 왜 우리의 교육이 한국의 미래를 위험에 빠뜨리는지를 일깨운다. 과연 오늘날의 한국 교육은 스스로 사고하고 비판하며 타인과 공감하며 사회와 세계의 문제를 해결하고자 하는 책임성을 갖춘 민주 시민을 제대로 길러낼 수 있을까? 한국의 초·중등 교육은 형식적으로는 인문학과 예술을 중시하는 것 같지만 실상은 입시와 시험을 위해 존재하며 그 본질을 잃어가고 있다. 또한 대학 교육은 취업과 효용성이라는 기준으로 인문학과 예술의 학문적 분위기를 크게 위축시키고 있다. 더 늦기 전에 한국의 교육자, 학부모, 교육관료는 누스바움의 이야기에 귀 기울여야 한다.

– 양희규, 철학 박사·간디학교 설립자

마사 누스바움은 오늘날 고등 교육에 관해 저술하고 있는 학자들 중 가장 박식하고 혜안 있는 학자다. 다시금 그녀는 우리가 그녀의 저술에서 기대하는 명료함과 엄밀함으로 새롭고 설득력 높은 주장을 선보였다. 이 책은 우리 모두에게 상기시킨다. 교양 교육의 심층적 목적은 개인 성장이나 국가 경쟁력을 훨씬 초월해 있다는 점을. 참으로 우리가 해야 할 일은 민주주의와 인간 계발을 옹호할, 우리가 사는 세계의 문제들을 해결하고자 차이와 경계를 넘어 협력할 줄 아는 책임감 있는 세계 시민을 만들어내는 것이다.

– 그랜트 H. 콘웰, 우스터 대학 총장

이 책은 정말이지 시기적절하게 목표를 잘 설정하고 있다. 누스바움은 교육이 점점 더 실용주의적이고, 시장 주도적이며, 직업 본위적인 것이 되어왔다고, 또 예술과 인문학에 관심을 잃어왔다고 주장한다. 예술과 인문학이 꼭 사람을 사람답게 하고 창조적이게 한다고 볼 수는 없겠지만, 누스바움은 그것이 소크라테스식 검토와 자기 검토에 필요하다고 주장한다. 만일 우리가 검토되지 않는 삶은 가치가 없는 삶이라는 소크라테스의 말에 동의한다면, 우리에게 그녀의 주장은 꼭 필요하다.

– 피터 브룩스, 프린스턴 대학 비교문학 교수

가슴 뛰는 열정과 냉엄한 논지, 우리를 일깨우는 예화들을 결합시킨 역작이자 소중한 책이다. 깜찍할 정도로 경쾌한 터치로 집필된 이 책은 그동안 오해를 받아온 진보 교육의 역사를 소개하며 그 현재적 함의와 중요성을 일러준다.

– 해리 브릭하우스, 위스콘신–매디슨 대학 교육정책학 교수

루이스 고트만, 마르트 멜키오르, 매리언 스턴스 그리고

볼드윈 스쿨에 계시던 나의 모든 선생님들에게

한국어판 저자 서문

—

이 책을 한국 독자들에게 소개한다니, 저로서는 무척 가슴 벅찬 일이로군요. 2008년 가을이었습니다. 몇몇 대학의 강연 차, 그리고 국내 여러 곳을 둘러보고자 생애 처음으로 한국을 방문했습니다. 그때 저는 위기를 맞은 인문학과 교양 교육^{liberal education}을 지켜내고자 노력하는 한국 사회의 열정과 의지에 큰 감명을 받았습니다. 그 뒤로 지금까지 저는 기본적으로 올바른 방향의 교육으로 가려 애쓰는 나라의 한 예로 한국을 거론해왔습니다. 학부 교육을 협소한 전문직·기술직 준비 교육으로 보지 않고, 학부 교양 교육의 가치를, 교양 교육에 포함된 인문학 과목들의 가치를 높이 사는 방향의 교육 말입니다. 한국의 경우 여러 다양한 유형의 대학들이(공립/사립, 종교/비종교, 대규모/소규모 등) 존재하는 게 사실이지만, 또 이러한 이유로 [한국의] 대학 학부 교육을 일반화하여 말한다면 잘못이겠지만, 적어도 [한국] 최고의 대학들에서는, 그 커리큘럼과 교수법 양자가 생생하고 민활한 비평 정신과 대담한 상상력의 강화를 강조한다는 점에서 상당 부분 제가 이 책에서 권고한 것들과 같다고 말할 수 있을 것입니다. 몇몇 대학들에서 한국 학생들과의 교류 경험은 제게 한국 교육의 활력을 일러주었습니다. 학생들은 대담하게 제 논지에 도전했고, 서로 간에 또 저와 생각들을 교환했으니까요. 정말로 큰 감명을 받았습니다.

물론 모든 것이 장밋빛이 아님을 알고 있습니다. 모든 국가에서 그러하듯, 꽤 최근에 와서야 확연해진, 교양 교육에 대한 도전과 압력이 존재하지요. 그럼에도 전 한국에서 활기 넘치는 인문학 교육과 강력하면서도 활동적인 시민 간의 밀접한 연관 관계를 볼 수 있다고 생각합니다. 2010년 8월 《뉴리퍼블릭》지에 게재한 칼럼에서 저는 이러한 한국의 경향을 중국, 싱가포르 내 교육 현황과 기꺼이 대조한 바 있습니다. 전 말했습니다. 심지어 기업 문화의 관점에서 본다 해도, 교양 교육 모델은 직장 자체를 '책임지는 장소'로 유지하게 하는 비판 정신, 혁신과 창조성을 가능하게 하는 유동적 상상력과 같은 핵심 요소들을 제공해준다고 말입니다. 사실 제가 지적했듯이, 심지어 중국과 싱가포르에서 조차도 인문학과 교양 과목을 커리큘럼에 추가하며, 한국이 걸어갔던 방향으로의 교육 개혁을 단행하려 최근 시도한 바 있습니다. 그러나 이러한 국가들은 당연히 정치와 종교에 관한 비판·비평 정신을 또는 진정한 의미에서의 민주적 대중문화의 발전을 원하지 않으므로, 최고의 또 가장 풍요로운 의미에서의 이러한 능력들을 참되게 발전시키는 일에 나서지는 않을 것입니다. 그러나 한국은 교양 교육으로부터 등을 돌리지 않고 그 교육에 관한 열정과 의지를 강화하고 공고히 할 때야만 비로소 세계의 등불이 될 것입니다.

또 하나 놀라운 것은, 한국에서 법학 교육의 위상이 최근 재조정되어, 2009년부터 법학 대학원이 생겨 인문교양 교육 위주의 학부 교육을 입학요건으로 요구하게 되었다는 사실입니다(세계 대부분에서 법학은 대학에서의 그 어떠한 사전 교양 교육의 이수 없이도 공부할 수 있는 첫 번째 학위입니다). 현재 미국과 한국만이 이 모델을 채택하고 있습니다만, 15년간 로스쿨에서 강의했던 한 사람의 휴머니스트로서 저는 이 모델이 최고의 [법학 교육] 모델이라고 생각하고 있습니다. 다재다능하고, 성숙되어 있으며, 자신이 속한 사회와 세계에 대한 풍부한 교양을 지니고 있고, 그리하여 정치적·경제적·법적 사안들에 대한 새로운 접근법을 발전시킬 능력이 있는 법률가들을 양산하는 모델이니까요. 2008년 서울 대학교 [법]학과와 이러한 교육 사안에 대해 토론한 후, 전 지금 새로이 진행되고 있는 실험을 진심 어린 마음으로 지켜보고 있습니다.

제가 아시아 역사 전문가는 아니지만, 인상 깊었던 한 가지는 한국인이 지닌 자기 정체성에 관한 어떤 생각[想像]과 인문학 사이의 강력한 연관의 역사입니다. 일제하에서 한국어와 한국문학 그리고 유학사상의 연구는 불법이었기에(일본인은 한국인을 기껏해야 일부 기술 교육이나 받으면 될 하류 계급으로 생각했으니까요), 한국인들은 정당하게 이러한 제약들에 저항했지요. 또 불법으로 간주된 학과들에 대한 금지된 연구를 추구했지요. 그리고 일제의 점령이 종식된 후 문학, 언어, 철학 분야에서의 국민적 자존감은 지속되었습니다. 바로 이것이 오늘날 한국 사회의 인문학의 상대적 강성함을 말해주는 한 가지 이유가 아닌가 싶습니다. 중요한 이야기로, 인문학을 열정적으로 포용해온 것으로 보이는 또 하나의 나라는 아일랜드입니다. 아일랜드의 역사는 어떤 면에서 한국의 역사와 비슷하죠. 아일랜드인은 그들의 나라가 시인, 작가, 음악가, 예술가들의 나라라는 생각, 그리고 인문학 공부는 자기 나라에서 매우 적합하고 아일랜드인라면 할 만한 것이라는 생각과 (영국 제국주의 통치자들에 대한 관념과 대조되는) 자기 나라에 대한 상을 일치시키는 이들이니까요. 이런 이유로 오늘날 인문학은 영국에서는 끔찍한 압력을 받고 있지만, 아일랜드에서는 인기가 많답니다. 그렇다고 사태가 이상적인 것은 아닙니다. 교양 교육 시스템이 [대학 내에] 부재하는 관계로 인문학을 전공으로 선택하지 않은 학생들은 적어도 고등학교 졸업 이후에는 이러한 유형의 필수 교육을 받을 기회를 갖지 못하니까요(아일랜드 고등학교들은 철학 교육을 굉장히 훌륭하게 수행하고 있습니다). 그러나 여전히 많은 학생들이 인문학 전공을 선택합니다. 오늘날 아일랜드 경제는 핍진한 상태에 있고, 그리하여 고등 교육 전체가 크게 위협받고 있지만, 적어도 인문학은 사랑받고 발전하고 있고, 다른 모든 것이 고통 받을 때에야 인문학도 힘들어질 겁니다.

제가 만일 한국 인문학에 대해 한 가지 조언을 해야 한다면, 그것은 성^{gender} 문제 연구가 [인문학] 커리큘럼에서 지금보다 더 주된 연구 분야가 되어야 한다는 것입니다. 여성 평등이라는 이슈가 한국에서 여전히 큰 이슈라는 것은 확실합니다. [한국] 여행 중에 저는 [한국] 여대생들이 자신감을 얻고 고무되어 있음을 보았습니다. 그러나 또한 고용 차별 문제가 여전히 불평거리임을 보았습니다. 전 한국이 이 문제를 해결할 수 있는 유형의 민주주의 체제를 갖추고 있고, 제가 만났던 활력 넘치던 여성들은 확실히 이 문제 해결에 한 역할을 할 수 있을 거라고 생각합니다. 하지만 교양 교육 커리큘럼 역시 이 문제를 해결하는 데 기여할 수 있습니다. 또 여성의 에너지와 창조성이라는 미덕을 충분히 보지 않고서는 그 어떤 사회도 참된 발전을 이루기 어려운 오늘날, 성 문제에 관한, 여성의 성취와 기여에 관한 연구 역시 교양 교육의 기초를 풍요롭게 할 좋은 길일 것입니다.

2011년 6월 28일

마사 누스바움

서문

루스 오브라이언

(CUNY 대학원 정치학 교수)

인문학과 예술은 민주주의 역사에서 중심적인 역할을 수행하지만 오늘날 많은 학부모는 문학 또는 예술을 전공하는 자녀를 부끄러워한다. 문학과 철학은 세계를 변화시켜왔지만 전 세계 모든 학부모들은 자녀의 인문학 훈련이 부족한 경우보다 금융 경제 쪽에서 그들이 백치인 경우 더 많이 애태우기 십상이다. 심지어 시카고 대학 부속 실험학교(철학자 존 듀이의 민주적 교육 개혁 분야에서의 선구적인 실험이 탄생된 곳)에서조차 수많은 학부모가 자녀들이 경제적으로 성공하기에 충분할 정도로 학습받고 있는지 아닌지 걱정한다.

이 책『학교는 시장이 아니다 NOT FOR PROFIT』에서 누스바움은 '국가 이익에 기갈 든' 나머지 국가들이 '[특정] 기술들을 폐기하고 마는' 어떤 '조용한 위기'에 대해 경고한다. 모든 곳에서 예술과 인문학이 축소되면서 민주주의 자체에 필수적으로 요청되는 특질들이 심각하게 침식되고 있다. 누스바움은 위대한 교육자와 국가 창건자들은 모두, 예술과 인문학이 어떤 식으로 (맹목적 전통과 권위의 힘에 맞서는 지적 저항과 독립적 행동에 필수적인 능력인) 아이들의 비판적 사색 능력을 길러줄 수 있는지를 이해하고 있었다는 사실을 우리에게 상기시킨다. 예술과 문학을 배우는 학생들은 또한 타인의 상황을 상상하는 법을 배우는 바, 그 상상력은 민주주의의 성공에 근본적으로 필요한 능력이다. 이 상상력 훈련은 '내면의 시선'을 기르는 데 필요한 훈련이기도 하다.

이 책에서 저자 누스바움의 특별한 강점은 서구와 비서구 양쪽의 철학과 교육 이론에 대한 박문^{博聞}을 보여주는 데 있다. (인도의 노벨 문학상 수상자이자 실험적 학교와 대학의 창건자) 라빈드라나트 타고르와 존 듀이 그리고 장 자크 루소, 도널드 위니코트, 랠프 엘리슨에 의지하며, 저자는 '인간 계발^{啓發}'의 교육 모델을 만들어내는 동시에 이 모델이 민주주의에, 그리고 국제적 감각을 갖춘 시민의 배양에 필수라고 주장한다.

인문학과 예술은 한창 뛰놀 때의 어린아이들을 비롯해 대학생의 성숙에 기여한다. 누스바움은 어린아이의 놀이조차 교육적이라고 주장하며 어떻게 그들이 [타인에 대한] 완전한 통제 없이도 타인과 잘 지낼 수 있는지를 보여준다. 아이들의 놀이는 "위험에 빠지고 놀라는 경험을 (불안이 아니라) 호기심과 경이에" 연계시킨다. 그리고 이러한 경험들은 요령이 잘 잡힌 인문학 커리큘럼에 의해 확대되고 심화될 것이다.

누스바움은 보다 소상히 설명한다. "타인과 마음을 같이하는 능력이 부족하다 보면 혐오감과 수치심이라는 해로운 역학이 생겨날 수 있다.

…… (그리고) 수치심은 무력한 인간 지경에 대한 [인간의] 보편적 반응이다." "상호 필요와 상호 의존성"보다 "완전한 통제의 신화"를 가르치는 사회는 이런 역학을 오직 강화할 뿐이다. 그녀는 우리더러 루소처럼 생각하자고 제안한다. (그의) 에밀Emile이 인간의 평범한 곤경에 공감하는 법을 배워야 한다고 생각했던 루소처럼 말이다. 에밀은 수많은 약자가 처한 상황이라는 렌즈를 통해 세계를 보고 풍요로운 상상력을 함양涵養해야만 한다. 오직 그러해야만 참으로 타인을, 실재하는 동등한 이로서 볼 수 있다. 오직 그러할 때야만 그는 동등한 이들 속에 (동등하게) 있는 이, [사람 간의] 상호 의존성을 이해하는 이가 될 수 있다. 그리고 이는 민주주의와 세계 시민 정신global citizenship에 필요한 것이다. 공감 능력이 부족한 시민들로 가득 찬 민주주의 체제는 어쩔 수 없이 사회적 소외와 낙인의 체제를 양산할 것이며, 그리하여 그 체제의 문제들을 해결하기는커녕 악화할 것이다.

이 책에서 누스바움은 교육이 본디 경제 성장의 한 가지 도구라는 아이디어를 공격한다. 그녀는 경제 성장이 반드시 보다 더 질 높은 삶을 이끌어내지는 않는다고 주장한다. 예술과 인문학에 대한 무시와 경멸은 우리 모두의 삶을, 우리 민주주의 체제들의 건강을 위험에 빠뜨리고 있다고 말이다.

이 책은 독자들에게, 민주주의를 약화시키는 교육 모델을 민주주의를 진흥케 하는 모델로 바꾸는 계획을 "행동에 옮기라고 요청"한다. 이 책은 (국가적 성공은 말할 것도 없고) 시민 정신의 근본 기초가 인문학과 예술에 있다는 주장을, 처음에는 반직관적이게 들릴 수도 있는, 설득력 높은 주장을 제시한다. [그러니까] 우리는 바로 우리 자신을 위험에 빠뜨려가며 인문학과 예술을 무시하고 있는 것이다.

누스바움은 우리에게 남들과 잘 어울려 '놀이하는' 법을 배우는 일의 중요성을, 또 우리 자신을 위해 생각하는 법을 보여주는 이 심원한 책과 더불어 대중 광장^{The Public Square}에 들어선다.

차례

1장

———

조용한
위기

———

교육이란 생각이 영혼으로부터 열려 나오며, 바깥의 사물들과 결합하고, 또 스스로를 성찰하는 과정이자, 그럼으로써 그 사물들의 현실과 형태를 알게 되는 과정이다.

– 브론슨 올컷, 미국 매사추세츠 교육자, 1850년경

[물질적 소유물들을] 활용하는 과정에서, 인간은 [그것들에 의한] 독재로부터 자신을 보호하려고 주의를 기울여야 한다. 만일 그가 더 작아질 정도로 약하다면, 그리하여 자신의 소유물들에 스스로를 맞추고 만다면, 그 과정은 영혼이 위축되면서 천천히 진행되는 자살 과정이 될 것이다.

– 라빈드라나트 타고르, 인도 교육자, 1917년경

우리는 거대한 위기, 심중한 전 지구적 중요성을 지닌 위기의 한가운데에 있다. 아니, 2008년에 시작된 전 지구적 경제 위기를 말하고 있는 게 아니다. 적어도 그때에는 모든 이들이 위기가 도래했음을 알았고 많은 세계의 지도자들은 신속하고 필사적으로 해결책을 찾기 위해 노력했다. 실인즉 그들이 해결책을 찾지 못했다면 정부들에게 그 결과는 자못 치명적이었을 것이다. 그들의 노력으로 많은 것들이 대치될 수 있었다. 난 지금 마치 암처럼 대개는 눈에 띄지 않게 진행되고 있는 어떤 위기를 말하고자 한다. 민주적 자치라는 미래에 장기적으로 훨씬 더 큰 해

악을 가할 가능성이 높은 위기를 말이다. 그것은 교육에서의 전 세계적 위기다.

민주주의 사회 체제들이 젊은이들에게 가르치는 교과 내용에서 급격한 변화들이 일어나고 있건만, 이 변화들은 충분히 성찰되지 못하고 있다. 국가 이익에 목마른 상태로 부주의하게도 국가들과 그 교육 시스템들은 민주주의 사회를 살아 있게 하는 데 필요한 기술들을 내팽개치고 있다. 만일 이러한 추세가 지속된다면, 전 세계 국가들은 스스로 생각하고, 전통을 비판할 수 있으며, 타인의 고통과 성취의 중요성을 이해할 수 있는 온전한 시민이 아니라, 곧 유용한 기계일 뿐인 세대를 생산하고 말 것이다. 세계의 민주주의 체제들의 미래는 오늘날 극도의 위기에 빠져 있는 것이다.

도대체 무엇이 그러한 급격한 변화들이란 말인가? 인문교양과 예술은 사실상 전 세계 모든 국가에서 초 · 중 · 고등 교육 그리고 전문대 · 대학 교육 양자에서 잘려 나가고 있다. 세계 시장에서의 지속적 경쟁력을 갖추기 위해서 국가가 쓸모없는 모든 것을 없애야 하는 시대에, 인문교양과 예술은 정책 입안자들의 눈에는 쓸모없는 겉치레로 보일 뿐이다. 그리하여 그것들은 커리큘럼에서, 학부모와 학생들의 정신과 마음에서 자신의 자리를 속속 잃어가고 있다. 과학과 사회과학의 인문학적 요소라 불릴 수 있는 것(상상적이고 창조적 요소, 엄밀한 비평적 사유의 요소) 역시 본래의 제자리를 잃어가고 있다. 국가들이 이윤 창출에 적합한, 유용하고 고도로 응용된 기술의 개발을 통한 단기 이익의 추구를 선호함에 따라 발생된 현상이다.

이러한 위기는 우리를 마주하고 있지만, 우리는 아직 이를 마주하고 있지 못하다. 실제로는 강조점에서의 거대한 변화가 그 모든 곳에서 자명함에도, 우리는 마치 모든 것이 평상시 그대로인 양 태연히 살아가고 있는 것이다. 우리가 이 변화에 대해서 숙고했던 것도, 이 변화를 실제로 선택했던 것도 아니지만, 이 변화는 점점 더 우리의 미래를 제한하고 있다.

다음 다섯 가지 예를 생각해보자. 상이한 국가와 교육 단계들을 보여주기 위해 의도적으로 선정한 사례들이다.

2006년 가을, 부시 행정부의 교육 담당 비서 마거릿 스펠링스가 이끄는, 고등 교육의 미래에 관한 미 교육위원회는 미국 내 고등 교육의 실태에 관한 자체 보고서 〈리더십 시험: 미국 고등 교육의 미래 계획〉을 발간한 바 있다.[1] [그런데] 이 보고서에는 고등 교육 (접근) 불평등에 관한, 가치 있는 비평이 포함되어 있었다. 하지만 정작 이 주제를 다루는 대목에 이르자, 보고서는 국가 경제 이익을 위한 교육에만 집중했다. 보고서는 과학·테크놀로지·엔지니어링 분야의 (인지된) 결함들에 관심을 기울였다. 즉 이 분야에서의 기초적 과학 연구가 아니라, 신속히 이익[이윤] 창출 전략을 이끌어낼 수 있는, 고도로 응용된 훈련에만 관심을 기울였던 것이다. 인문학·예술·비평적 사유는 아예 논의조차 되지 않았다. 이것들을 생략함으로써 보고서는, 이러한 능력들을 보다 유용성 높은 분야의 연구를 위해 고사枯死시키는 처사가 완벽히 옳다는 관점을 강력히 시사하고 있었다.

2004년 3월 여러 국가의 학자들로 구성된 그룹이 라빈드라나트 타고르(1913년 노벨 문학상 수상자이자 교육 분야에서의 선구적 혁신자)의 교육 철학을 논의하기 위해 모였다. 유럽, 일본, 미국에 광범위한 영향력을 미친 타고르의 교육 실험은, 학생들로 하여금 소크라테스식 논쟁을 실천하게 함으로써, 많은 세계 문화들을, 그 무엇보다도 커리큘럼의 모든 부분에 주입·융합된 음악·미술·연극·무용을 경험하게 함으로써, 학생들을 실력자들로 양성하는 일에 초점을 맞추고 있었다. 오늘날 인도에서 타고르의 생각들은 무시되고 심지어 경멸되고 있다. 그 회의의 참가자들은, 오늘날 이윤에 초점을 맞춘, 새로운 [교육] 개념이 지배적 힘을 행사하고 있다는 점에 의견을 함께했다. 또 그 과정에서 그 개념이 (인도의 성공적인 민주주의 체제를 지탱할 숱한 미래 시민을 길러낼 때 타고르가 의지했던 아이디어인) 상상력에 기반하고 비판적인 자기 함양이라는 아이디어 전체를 밀어내고 있다는 점에 의견을 함께했다. 인도의 민주주의는 영혼에 대한 이 시대의 공격을 이겨내고 살아남을 수 있을까? 최근의 그 많은 관료주의적 둔감성과 무비판적 집단 사고의 사례들을 접한 바 있는 수많은 [회의] 참가자들은, 그 대답은 아마도 '아니요'일 것이라고 우려했다.

2005년 11월 교사 휴양이 시카고 대학 부속 실험학교에서 열렸다. 내가 재직하고 있는 대학 캠퍼스에 있는 이곳은 존 듀이가 민주적 교육 개혁 분야에서 선도적 실험을 수행했던 곳이자, 대통령 버락 오바마의 딸들이 어릴 적 수학했던 곳이기도 하다. 교사들은 민주적 시민을 위한 교육이라는 주제를 토론하기 위해 모였는데, 서구 전통에서는 소크라테스로부터 듀이에 이르기까지, 그리고 (이와 밀접히 연관된) 인도의 타고르에 이르기까지 다양한 인물들을 연구하는 한편, 여러 다양한 교육 실험들을 함께 논의했다. 교사들 (아이들로 하여금 질문하고, 비판하고, 상상하게끔 자극하는 일을 자랑스러워하는 이들)은 이 엘리트 학교에 자녀들을 보내는 부유한 학부모에게서 모종의 압력으로 인한 불안감을 느낀다고 표명했다. 부모들은 피상적 기술이라 여겨지는 기술들을 견딜 수 없어했고, 자녀들이 경제적 성공을 보장하는 것처럼 보이며 확인이 가능한 기술들을 익히도록 원했기에 배움에 관한 학교의 이념 자체를 바꾸려 했다. 그들의 시도는 성공할 것처럼 보인다.

2005년 가을, 미국 내 최고 명문 대학 중 한 곳에서의 일이다. 그 대학 교육학부의 새 학부장을 임명하는 임무를 맡은 위원회의 수장이 내게 조언을 요청해왔다. 여기서부터는 그 대학을 X로 불러볼까 한다. X의 교육학부는 미국 전 지역의 교사와 학교들에 엄청난 영향력을 행사하고 있다. 평소 익숙하고 당연한 것으로 여기고 있던 것들을 말하며, 민주적 시민 교육에서의 인문교양과 예술의 역할에 대해서 이야기하자, 그 여성은 놀라움을 감추지 못했다. 그녀는 내게 이렇게 이야기했다. "내가 [그동안] 이야기했던 이들 중 그 누구도 [당신이 방금 이야기한] 그런 것을 말하지 않았다는 사실, 이건 얼마나 기이한 일인가요? 우리는 그동안 오직, 어떻게 X대학이 전 세계 과학과 기술 교육에 이바지할 수 있을지에 대해서만 말했죠. 그것이 우리 대학 학장님이 정말 관심을 두고 있던 바이기도 하죠. 하지만 당신의 지적은 흥미로워요. 아주 흥미로워요. 진심으로 숙고해보고 싶군요."

2006년 겨울, 또 하나의 미국 최고 명문 대학(Y라 불러보자)이 중요 기념일에 맞추어 심포지엄을 개최한 바 있다. 이 심포지엄의 핵심은 언제나 '교양 교육의 미래'에 관한 토론이었다. 이 행사가 개최되기 몇 개월 전의 일이다. 심포지엄에 참가하기로 한 발언 예정자들은, 토론의 중심 주제가 변경되었으니, 이번에는 그저 와서 어떤 주제든 원하는 주제에 관해 소규모 청중들 앞에서 강의를 하면 된다는 통보를 받는다. 수다를 참 멋지게도 떨어대는 한 젊은 행정관은 내게, 그 변경 사유가 Y대학 학장님의 결정 때문이라고 귀띔해주었다. 그 학장은 교양 교육에 관한 심포지엄은 "뉴스거리를 만들어내지" 못할 게 뻔하니, 그 주제를 '테크놀로지의 최근 결실', '테크놀로지가 경제와 산업의 이윤 창출에 갖는 소임'으로 바꾸기로 결정했다는 것이다.

오늘날 이와 비슷한 이야기들은 넘쳐난다. 또 [이와 비슷한] 새로운 이야기들은 나날이 우리 삶의 장소에 도착하고 있다. 미국에서, 유럽에서, 인도에서 그리고 의심할 여지없이 세계의 다른 지역들에서. 우리는 우리를 보호하고, 기쁘게 하며, 안락하게 하는 소유물들을 그리고 타고르가 물질적 '외피covering'라고 불렀던 것들을 추구한다. 그러나 우리는 영혼에 대해서는 망각하고 있는 듯하다. 생각이 영혼으로부터 열려 나온다는 것이 무엇인지, 풍요롭고 미묘하고 복잡한 방식으로 생각이 사람을 세계에 연결시킨다는 것이 무엇인지에 대해서는 망각하고 있는 듯하다. 한 사람을, 단지 자신의 계획에 도움이 되는 도구나 그렇지 않은 방해물로서가 아니라, 한 영혼으로서 대하는 것이 무엇인지에 대해서는 말이다. 영혼을 지닌 이로서, 자신과 똑같이 깊고 복잡한 존재자로서 여겨지는 다른 어떤 이에게 말을 건넨다는 것이 무엇인지에 대해서는 말이다.

'영혼soul'이라는 단어는 많은 이들에게 종교적 함의를 지닌다. 그런데 나는 이 종교적 함의를 고집스레 주장하지도, 또 거부하지도 않으려 한다. 혹자는 이러한 함의를 이 단어에서 들을 수도 있고 아니면 무시할 수도 있다. 내 주장의 요지는, 타고르와 올컷 두 사람 모두 이 '영혼'이라는 말로 다음과 같은 점을 나타내었다는 것이다. '우리를 인간으로 만들어주며, 우리의 관계를 단순한 사용과 조작의 관계가 아니라 풍요로운 인간 대 인간의 관계로 만들어주는 사고 · 상상 능력.' 우리가 사회에서 서로 만날 때, 만일 우리가 자아와 타자를 그러한 식으로, 서로에게서 사고와 감정의 내적 능력을 상상하고 인식하는 법을 배우지 못한다면, 민주주의는 필경 실패하고 말 것이다. 민주주의란 존경과 관심을 기초로 세워지는 것이며, 존경과 관심은 다른 사람들을 단순히 대상으로서가 아니라 인격체로서 인식할 줄 아는 능력에 기초해서 세워지는 것이기 때문이다.

모든 국가들이 열렬히 경제 성장을 추구하는 [오늘날과 같은] 위기의 상황에 비추어 본다면, 교육의 방향 그리고 (그것과 함께) 세계 민주 사회 체제들의 방향에 관해서는 거의 어떠한 질문도 제기되지 않았다고 할 수 있다. 세계 시장 속에서의 이익[이윤] 창출 가능성을 향한 질주와 함께, 민주주의 체제에 (특히 종교적·경제적 불안의 시대에) 더 없이 소중한 가치들이 사라지고 말 위기에 처해 있다.

'이익[이윤] 동기$^{the\ profit\ motive}$'는 많은 지도자들에게, 과학과 테크놀로지가 그들 국가의 미래에 핵심적 중요성을 지닌다고 속삭인다. 우리는 훌륭한 과학·기술 교육에 대해 반대하지 않으며, 국가들이 이 분야를 향상시키는 노력을 이제 중단해야 한다고 제안하려는 것도 아니다. 나의 관심사는, 그와 똑같이 핵심적인 중요성을 띠는 다른 능력들이 지금 경쟁적 혼돈 속에서 소실될 위기에 처해 있다는 사실에 있다. 그러한 능력들은 대내적으로는 그 어떤 형태의 민주주의의 건강에도, [대외적으로는] 세계의 가장 다급한 문제들을 창의적으로 해결할 수 있는 훌륭한 세계 문화의 창조에도 핵심적으로 중요한 능력들이다.

이러한 능력들은 인문교양과 예술에 관련되어 있다. 비판적으로 사고할 수 있는 능력, 지역적 차원의 열정을 뛰어넘어 '세계 시민'으로서 세계의 문제에 접근할 수 있는 능력, 그리고 마지막으로 다른 사람의 곤경을 공감하는 태도로 상상할 수 있는 능력.[2]

앞에서 거론된 예들이 이미 시사한 대조점을 더 이야기해보고자 한다. '이익 창출을 위한 교육'과 '보다 전인적인 유형의 시민 정신을 위한 교육' 사이의 대조 말이다. 또한 상이한 교육[과정상의] 단계들로부터 여러 사례들을 뽑아옴으로써, 어떻게 인문교양과 예술이 초·중·고등 교육과 대학 교육 모두에서 핵심적 중요성을 띠는지 보여주고자 한다. 과학 그리고 사회과학, 특히 경제학이 시민 교육에 또한 핵심적으로 중요하다는 점을 부인할 생각은 전혀 없다. 하지만 지금 이 분야들의 공부를 뒷전에 밀어놓아야 한다고 말하는 이는 없다. 그렇다면 나는, 심각한 멸종 위기에 처한 소중한 분야들에 중점을 두겠다.

더욱이 최고의 형태로 실천되었을 때, 이러한 [과학과 사회과학] 분야에는 '인문학 정신the spirit of humanities'이라 불릴 수 있는 것이 절로 스밀 수밖에 없다. 비판적 사유를, 참신한 상상력을, 여러 많은 종류의 인간 경험에 관한 공감적 이해를, 우리가 살고 있는 이 세계의 복합성에 대한 이해를 추구함으로써 말이다. 최근 몇 년간의 과학 교육이 비판적 사고, 논리적 분석, 상상력을 교육하는 데 초점을 맞추어온 일은 바람직하다. 바람직하게 추구된다면, 과학은 인문학의 적이라기보다는 친구일 것이다. 비록 훌륭한 과학 교육이 [이 책에서] 내가 다루는 주제는 아니지만, 그 주제에 관한 동반 연구는 인문학에 대한 나의 연구에 가치있는 보완물이 될 것이다.[3]

내가 괴탄해 마지않는 교육 추세는 지금 전 세계에 널리 퍼져 있지만, 이 책에서 나는 내가 잘 아는 매우 상이한 두 국가에만 초점을 맞추고자 한다. 내가 살고 있고 가르치고 있는 나라인 미국 그리고 내가 전 지구적 발전 양상에 관한 개인적 연구(이 연구의 초점은 대부분 교육에 맞추어져 있다)를 진행시켜온 나라인 인도에만 말이다. 위대한 타고르의 이론과 실천에서 예증되는 바와 같이, 인도는 인문교양 교육과 예술 교육에서 빛나는 전통을 지니고 있다. 나는 독자 여러분께 한 민주 국가의 초석을 놓은 인물이자 유럽과 미국 내 민주 교육에 막대한 영향을 끼친 인물인 타고르의 빼어난 아이디어들을 소개하고자 한다. 하지만 나는 또한 오늘날 여성과 소녀를 위한 '소외지역 국어 교육 프로젝트 Rural Literacy Project*'에서 교육이 담당하고 있는 역할에 관해서도 이야기하고자 한다. 이 프로젝트에서는, 예술을 통한 실력 배양이라는 [타고르식 교육의] 동력은 분명하게 남아 있는 바, 이 실력 배양이 민주주의에 끼친 효과 역시 분명 가시적인 것이다.

미국과 관련된 내 주장은, 수많은 학교에서의 소크라테스식 자기 시험법의 활용에서부터 공립 학교 커리큘럼의 빈 구멍을 채우는 예술 단체들의 역할에 이르기까지, 다채로운 교육 실험들을 넘나들 것이다(6장에서 언급할 시카고 어린이 합창단의 눈부신 성취에 대한 이야기는 자세한 사례 연구가 될 것이다).

교육이 실천되는 장소는 그러나 비단 학교만이 아니다. [이 책에서] 나의 주 관심 대상이 되는 인간 자질들 중 대부분은 가정에서도 함양될 필요가 있으며, 이는 아주 어린 시기와 더 성숙한 시기에 해당된다. 이

---

* 원문 Rural Literacy Project의 '리터러시(literacy)'는 '읽고 쓸 줄 아는 능력'을 말한다. 역자는 본문에서 이 단어를 '문해력'으로 번역하였다.

책의 선언이 제기하는 문제들에 대한 포괄적 공공 정책 접근법은, 아이들의 능력 함양이라는 과제를 실천하는 마당에서 각 가정이 어떤 식으로 지원될 수 있는지에 관한 논의를 포함해야만 한다. 학교와 가정의 노력을 지원하는 것이든 뒤엎는 것이든, 주위 동료[또래] 문화와 사회적 규범과 정치 제도라는 보다 큰 문화 역시 중대한 역할을 수행한다. 그렇지만 학교 · 전문대학교 · 대학교에 대한 관심 집중은 정당한 것이다. 경제 성장에의 압력이 커리큘럼 · 페다고지^{pedagogy*} · 교육지원자금에서의 일정한 변경을 초래하며, 가장 파괴적인 변화가 일어나고 있는 곳은 바로 이곳들이기 때문이다. 만일 우리가 지금 '사람은 어떻게 시민으로 성숙될 수 있는가'에 관한 이야기 중 단 한 분야[학교 교육]만을 다루고 있다는 점을 인지한다면, 우리는 왜곡 없이 이 주제를 논의한다고 볼 수 있다.

교육의 목적이란 비단 시민 양성에만 있는 것은 아니다. 교육은 사람들을 직장에 고용될 수 있게, 더 중요하게는 의미 있는 삶을 살 수 있게 준비시킨다. 이러한 목표들을 현실화하는 데 예술과 인문학이 지니는 소임을 설명하는 책이 집필될 수도 있을 것이다.⁴ 그러나 모든 종류의 근대 민주주의 체제들은 인간 삶의 의미와 궁극적 목적에 관해 (많은 다채로운 종교적 · 세속적 견해의 임자인) 시민들이 합리적 방식으로 합의하지 않는 사회들이다. 또 그 시민들은 다양한 유형의 인문학 교육이 얼

* 교육에 관한 이론적 방법론과 구체적인 교수법 담론 양자를 포괄적으로 일컫는 말이다.

마나 자신들의 인생 목표 실현에 도움이 될는지에 대해서도 자연스레 서로 다른 의견들을 제시할 것이다. 우리가 동의할 수 있는 것은 다만, 전 세계 모든 젊은이들, 다행히 충분히 민주적인 그 모든 국가의 젊은 이들은 (언젠가는 유권자로서, 때로는 선출되거나 임명되는 공직자로서, 그들 자신이 다룰 중대한 [정치적] 이슈들에 대해 자기 스스로 요청되는 앎을 갖추게 될) 특정 형태의 통치 과정에 참여할 수 있는 정치 참여자로 성숙해갈 필요가 있다는 점일 뿐이다. 모든 근대 민주주의 체제는 또한 종교·민족[종족]·부·계급·신체장애·성·섹슈얼리티를 포함한 많은 기준 요소들에 따라 사람들 사이에 의견 차이가 큰 사회이기도 하며, 모든 유권자가 자신이 아닌 타인의 삶에 지대한 영향을 미치는 결정을 내리는 사회이기도 하다. 그것이 어떤 정책이든 교육 정책을 평가할 수 있는 한 가지 방법은, 이러한 특징을 보이는 사회적·정치적 삶[의 무대]에 젊은이들이 나갈 수 있도록, 교육이 얼마나 잘 준비시키고 있는지 따져보는 것이다. 적절히 교육된 시민들의 지탱 없이는 그 어떤 민주주의 체제도 안정적으로 지속될 수는 없기 때문이다.

민주주의 체제들을 살아 있게 하고 (널리) 깨어 있게 하는 일에, 훈련된 비판적 사유·성찰 능력은 필수 항목이다. 여러 다양한 문화·집단·민족[종족]들을 세계 경제에 대한 이해의 맥락에서, 또 여러 국가적·집단적 상호 교류사의 맥락에서 사려 깊게 사색할 수 있는 능력은, 민주주의 체제들로 하여금 각기 상호 의존적인 세계의 일원으로서 현재 우리가 직면하고 있는 [전 세계적] 문제들에 책임 있는 자세로 대응하도록 하는 데 절대적으로 필요한 능력이다. 또한 우리가, 그 어느 근대 국가든 경험하고 있는 숱한 [사회 내 집단 간] 분열들을 넘어서서 훌륭한 제도들을 유지·존속하려는 희망을 한 줌이라도 가지고자 한다면, 타자의 경험을 상상할 수 있는 능력이 (특정 형태로 거의 모든 인간이 소유하고 있는 능력이) [우리 자신에게서] 크게 향상되고 세련화되어야 할 것이다.

모든 근대 민주주의 체제는 튼튼한 경제와 번창하는 비즈니스 문화를 국가 관심사로 둔다. [이 책에서의] 주된 주장을 발전시켜나가면서, 나는 또한 두 번째로 이러한 경제적 관심사 역시 우리로 하여금 인문학과 예술에 의존케 한다고, 책임감 있고 신중한 관리자 정신^{stewardship}의 환경을, 창조적 혁신의 문화를 증진하기 위하여 그렇게 한다고 주장하고자 한다. 따라서 우리는 '이익[이윤] 증진 중심의 교육'과 '훌륭한 시민 양성 중심의 교육' 중에서 어느 하나를 선택해야 하는 것이 아니다. 번영하는 경제 역시 시민 정신에 요청되는 동일한 기술을 필요로 하며, 내가 '이익[이윤]을 위한 교육' 또는 (보다 포괄적 의미로 말해본다면) '경제 성장을 위한 교육'이라 부르게 될 교육의 주창자들은, 그들 자신의 목표를 이루는 데 무엇이 필요한지 [사실상] '빈곤한 개념'을 채택하고 있는 것이다. 그러나 이러한 주장은* 민주 제도의 안정성과 관련된 주장에 종속되고 그것에 기여하는 것이어야 한다. 튼튼한 경제란 인간적

* 경제 성장을 위한 교육론의 주장.

목적을 위한 수단이지, 그 자체가 목적은 아니기 때문이다. 대부분의 사람들은 더는 민주적이지 않은, 경제 번영국에서 살고 싶어하지는 않을 것이다. 그뿐 아니라 어떤 튼튼한 경제 문화가 일부 상상력 풍부하고 비판적인 사람들을 필요로 한다는 것은 분명하겠지만, [민주주의 문화가 아니라] 그 문화 자체가 그러한 기술들을 습득한 국민 전체를 필요로 하는지는 분명하지 않다. 민주적 참여에는 보다 많은 것들이 필요하며, [이 책에서] 내가 주로 지지하고자 하는 바는 바로 이러한 많은 것들이다.

만일 그 [최종적] 혜택이 오직 부유한 엘리트들에게만 돌아가고 마는 시스템이라면, 그 어떤 교육 시스템도 제 소임을 훌륭하게 다하고 있는 것이 아니다. 수준 높은 교육에 접근할 수 있는 권리의 [공정한] 분배는 모든 현대 민주주의 체제의 다급한 이슈인 것이다. 스펠링스 위원회 보고서The Spellings Commission Report*는 이 이슈에 관심의 초점을 맞추어야 할 것이다. 수준 높은 초·중·고등 교육, 특히 전문대·대학 교육에 대한 접근권리가 그토록 불평등하게 분배되고 있다는 사실은 부국 중 하나인 미국의 오래된 수치 중 하나였다. 수많은 개발도상국은 이 접근권에서 보다 큰 불평등을 보이고 있다. 이를테면 인도는 남성의 경우 약 65

---

* 2005~2009년, 조지 부시 2세 미 행정부의 교육비서(교육부 장관에 해당)로 재직했던 마거릿 스펠링스(1957~)가 2005년 미국 고등 교육(고등학교 이상의 교육)의 개혁을 위해 구성한 위원회(the Secretary of Education's Commission on the Future of Higher Education, 약칭 스펠링스 위원회)의 보고서. 참고로 마거릿 스펠링스는 전미 아동 교육 법령(아동 낙오 방지법)의 열렬한 옹호자였다.

퍼센트, 여성의 경우 약 50퍼센트밖에 안 되는 문해력(비-문맹) 비율을 보이고 있다. 도시와 지방 간 불평등 격차는 더욱 크다. 중·고등 교육 그리고 대학 교육 분야에서는, 심지어 그보다도 더 놀라운 격차가 있다. 남성과 여성 사이에, 부자와 빈자 사이에, 도시와 지방 사이에 말이다. 앞으로 대학, 심지어 대학원 교육 과정을 밟게 되리란 것을 알면서 성장하는 아이들의 삶은, 많은 경우 학교 문턱에 가볼 단 한 번의 기회조차 얻지 못하는 아이들의 삶과는 완전히 다르다. [그리하여] 많은 국가들에서 이 문제를 해결하려는 숱한 노력들이 수행된 바 있다. 그러나 이것은 이 책의 주제를 벗어난다.

이 책은 '과연 우리가 무엇을 애쓰며 살아야 하는지'에 관한 책이다. 이 점에 대해 우리 스스로 분명한 입장을 갖기 전까지는, 이 입장을 필요로 하는 이들에게 그것을 전달할 방법을 알아내기란 어려울 것이다.

2장

———

이익을 위한 교육,
민주주의를 위한 교육

———

우리 미국인은, 보다 완벽한 연방을 구성하고 정의(Justice)를 세우고, 국내 평화(Tranquility)를 보장하고, 모두를 위한 국방을 제공하고, 보편적 복지(Welfare)를 증진하고, 우리 자신과 우리 후세대에 대한 자유여신의 축복(Blessings of Liberty)을 확실히 받기 위해 아메리카 주 연방[미국]을 위한 이 헌법을 정하며 세운다. — 미국 헌법, 서문, 1787

우리 인도인은, 엄숙한 결정에 의해 모든 시민에게 다음을 보장하기로 결정한다. 경제적·정치적 정의(Justice), 사상, 표현, 신념, 신앙, 경배의 자유(Liberty). 신분과 기회의 평등(Equality). 그리고 모든 이의 신분과 기회 증진의 평등, 개인의 존엄과 나라(Nation)의 단일성과 통일성을 보장하는 형제애(Fraternity). 1949년 11월 26일 개최된 헌법회의는 이 헌법을 여기에 채택하고 제정하며 우리 자신을 이 헌법에 바친다. — 인도 헌법, 서문, 1949

교육은 인격의 완전한 계발과 인권 및 인간의 근본적 자유에 대한 존중의 강화를 목표로 삼아야 한다. 교육은 모든 국가와 인종적 또는 종교적 집단 사이의 이해, 관용 및 친선을 증진해야 한다. — 세계인권선언, 1948

민주적 시민 정신을 위한 교육을 생각해보기 위해 우리는 무엇이 민주국가인지, 그 국가가 무엇을 지향하는지 생각해봐야만 한다. 대체 한 국가가 '진보한다는 것'은 무엇을 의미하는가? 어느 견해에 따르면 그것은 곧 1인당 국내총생산량^{GDP}의 증대를 의미한다. 국가적 성취도에 대한 이러한 측정법은, 마치 그것이 한 나라의 전반적 삶의 수준을 표상하는 훌륭한 대리물이라도 되는 양, 지난 수십 년 동안 전 세계 개발경제학자들에 의해 사용되어온 표준 측정법이다.

이러한 발전 모델에 따르면 국가의 목표는 경제 성장이 되어야 한다.

분배와 사회적 평등? 안정적 민주주의라는 선요건? 수준 높은 성·인종 관계? 경제 성장과 잘 연결이 안 되는, 인간의 복된 삶을 위한 다른 요소들의 개선? 마음 쓰지 마라. (경험주의적 연구들은 지금까지 정치적 자유·건강·교육은 모두 경제 성장과 잘 연결되지 않는다는 사실을 보여주고 있다.)[1] 이 모델이 생략하고 있는 것이 무엇인지 보여주는 한 가지 표지는, 아파르트헤이트^{apartheid}* 아래의 남아공이 [경제] 발전 지표상의 상위권을 계속 차지했던 국가라는 사실이다. 당시 남아공에는 수많은 부^{wealth}가 있었는데, 옛 발전 모델은 그러한 '성취'(또는 '행운')에 잘 보답해 주었다. 경악할 만한 분배 불평등, 잔혹한 아파르트헤이트 정권 그리고 그 정권하에서의 핍진한 건강·교육 등의 사태를 [통째로] 무시하면서 말이다.

이러한 발전 모델은 지금까지 이 문제에 진지하게 접근해온 수많은 '발전' 사상가에 의해서 거부되어왔지만, 그것은 계속해서 숱한 정책 입안 과정을, 특히 미국에 의해 영향을 받는 정책들의 입안 과정을 지배하고 있다. 제임스 울펀슨** 체제의 세계 은행$^{The\ World\ Bank}$은 발전에 관한 보다 풍요로운 개념을 인식했다는 점에서 일부분 상찬될 만한 진보를 이룩했지만, 그 뒤 사태는 나쁜 방향으로 흘러갔다. 국제통화기금$^{International\ Monetary\ Fund,\ IMF}$은 울펀슨 체제의 세계 은행이 이룩했던 것과 같

---

* 남아프리카공화국에서 있었던 흑인·유색인 차별 정책. 1993년에 폐지되었다.
** James Wolfensohn. 1933~. 세계 은행 제9대 총재. 1995년 7월 세계 은행 총재로 부임한 후, 2000년 재임되어 2005년까지 총재직에 있었다.

은 종류의 진보를 단 한 번도 이룩한 적이 없다. 많은 국가와 주^{state}들은 오늘날 이러한 모델의 발전을 추구하고 있다. 오늘날의 인도는 이러한 시도들을 극명히 보여주는 사례인데, 인도 내 일부 주들(구자라트, 안드라프라데시)은 건강·교육·지역 빈민들의 삶의 조건에 관해서는 거의 아무것도 하지 않은 채, 해외 투자를 통한 경제 성장을 추구해왔다. 반면 인도의 다른 주들(케렐라, 델리, 웨스트벵골의 경우 어느 정도)은 건강·교육이 모든 이에게 보장되도록, 모든 이에게 혜택이 돌아갈 수 있게 사회 인프라가 발전되도록, 또 극빈층의 일자리 창출에 투자가 연결되도록 노력함으로써 보다 평등주의적인 전략을 추구해왔다.

옛 발전 모델의 주창자들은 이따금 경제 성장의 추구는 그 자체로 (내가 방금 지적했던) 다른 훌륭한 것들, 즉 건강·교육·사회경제적 불평등의 감소 따위를 생산할 것이라고 주장하려 한다. 그러나 지금까지 이러한 여러 상이한 시도들의 결과를 검토해보면, 우리는 옛 모델이 주장되는 만큼 그 훌륭한 것들을 정말로 생산해내지는 못한다는 사실을 발견하게 된다. 예컨대 건강과 교육상의 성취도는 경제 성장 수준과는 거의 연관성이 없다.[2] 중국의 놀라운 성공 사례에서 목격할 수 있는 것처럼, 정치적 자유 역시 경제 성장의 발걸음을 쫓아가지 못한다. 따라서 경제 성장을 이룩하는 일이 곧 민주주의를 창조하는 일을 의미하는 것은 아니다. 경제 성장은 또한 건강하고, 정치 참여적이고, 교육받은 사람들의 사회를, 좋은 삶을 위한 기회가 그 모든 사회 계급에게 주어지는 사회를 창조하는 일 역시 의미하지 않는다. [그러함에도] 여전히 오늘날 모든 사람은 경제 성장을 바라 마지않고, 이러한 추세는 (만일 그러한 것이 있다면) 사회가 그 구성원을 위해 성취하려고 노력하는 것에 관한 보다 심층적인 이야기보다, 내가 '옛 패러다임'이라고 불러온 것에 계속 의존하고 있다.

이러한 악독한 추세는 이 책의 관심의 초점이 되는 두 국가 [미국과 인도] 모두에서 최근 위기를 맞고 있다. 오바마 행정부를 선택함으로써 미국의 유권자들은 의료 보험에서의 보다 높은 평등성을 실천하려 하고, 대체적으로 기회에 대한 평등한 접근권에 더 깊은 관심을 두는 [정치] 집단을 선택했다. 2010년 5월, 인도의 유권자들은 놀랍게도 온건한 경제 개혁과 강력한 지역 빈민 구제법을 융합한 의회당^{Congress party}*에 사실상의 다수석을 제공했다.[3] 하지만 두 국가 모두 인간 계발^{human development}에 관한 확연한 이념과 함께 [국가] 정책이 충분히 재검토된 적은 없다. 따라서 과연 두 국가가 경제 성장 중심 패러다임과 반대되는 인간 계발 중심 패러다임을 채택하고 있는지는 분명하지 않다.

그러나 두 국가 모두 자체의 헌법을 지니고 있고, 그 헌법은 심지어 보다 많은 경제적 혜택을 얻기 위해서조차 폐기될 수는 없는, 일련의 근본적 권리들을 다수당의 변덕스러운 횡포로부터 보호하고 있다. 두 국가 모두 일련의 정치적 · 시민적 권리들을 보호하고, 모든 시민에게

---

* 1885년 창당된 정당으로 대영제국의 식민통치 기간 동안 인도의 독립 운동을 이끌었다. BJP와 함께 오늘날 인도의 양대 정당 중 하나. 공식명칭은 인도 의회당(Indian Congress Party)이다.

자신의 인종적·성적·종교적 정체성과 무관하게 법에 의해 차별 없이 보호받을 수 있는 권리를 보장한다. 미국의 목록보다 더 긴 인도의 [권리] 목록은 또한, 무상 의무 초·중·고등학교 교육을, 그 어떤 절박한 삶의 정황으로부터 자유로울 수 있는 권리(인간 존엄의 원칙에 맞는 삶의 권리)를 포함한다.[4] 미 연방 헌법은 교육의 권리를 보장하고 있지 않지만, 수많은 주 헌법은 보장하고 있다. 또 수많은 주 헌법들은 다른 종류의 사회 복지 관련 조항들 역시 추가해놓고 있다. 일반적으로 말해, 이렇게 결론 내려도 좋을 듯하다. 미국과 인도 모두 국가가 진일보해가는 옳은 길로서 단순히 경제 성장을 최대화하는 이념은 거부해왔다고 말이다. 그렇다면 양국 모두에서 교육 관련 주요 인사들이 마치 교육의 목적이 경제 성장인 양 행동하고 있는 사태란 더더욱 납득하기 어려운 기이한 사태인 것이다.

국가 발전의 옛 패러다임에서 볼 때 모두가 이구동성으로 말하는 것은, 경제 성장과 동일한 것으로 인식되는 국가 발전을 위한 교육의 필요성이다. 그러한 교육의 골자는, 최근 미국 교육부가 발행한, 고등 교육에 초점을 맞추고 있는 스펠링스 위원회 보고서에 기술된 바 있다. 그러한 교육은 지금 수많은 유럽 국가에서 [이미] 시행되어오고 있다. 유럽 국가들은 기술 관련 대학과 대학 학부들에 강조점을 두는 한편, 인문학 분야에는 점점 더 가혹한 [예산] 삭감 조치를 단행하고 있는 것이다. 세계 시장에서의 더 많은 시장 점유를 확보하고자 분투하는 대부분의 개발도상국에서 그러하듯, 오늘날 인도의 교육 논의의 중심에 있는 것 역시 국가 발전을 위한 교육이다.

미국은 단 한 번도 순수한 의미에서 성장 중심 교육 모델을 채택한 적이 없다. 미국 교육 시스템의 독특한 일부로서 이제는 전통이 된 특징들은 그러한 말*로 묘사되기를 적극 거부한다. 사실상 세계 거의 모든 국가와는 다르게, 미국은 대학 교육상의 교양 교육 모델^{liberal arts model}을 갖추고 있다. 단 하나의 분야를 전공하기 위해서 대학에 진학하는 대신, 학생들은 처음 2년 동안 다양한 과목들을 수강하도록 요청되며, 이 과목들 중 특히 현저히 눈에 띄는 것이 인문학 과목들이다. 이러한 대학 [교육] 모델은 중·고등학교 교육에도 영향을 미친다. 그 누구도, 그것이 순수과학적인 것이든, 순수직업적인 것이든, 비인문학 분야로 이른 시기에 나아갈 수 없게 되어 있다. 동시에, 인문학 교육에 공부의 초점을 맞추는 아이들 중 그 누구도 아주 이른 시기에 과학과 완전히 끈을 놓지는 않는다. 또한 교양 인문학에 대한 강조가 엘리트주의의 흔적이거나 계급 차별화의 흔적인 것도 아니다. 초창기부터 선도적인 미국의 교육가들은 인문교양 교육이 지적이고 독립적이며, 남에게 공감할 줄 아는 민주적 시민이 되는 공부에 중요하다고 여겼다. 인문교양 교육 모델은 여전히 상대적으로 튼튼하다. 하지만 경제 위기의 시대인 오늘날 이 모델은 맹렬한 압박을 받고 있다.

성장 중심 [교육] 모델로의 동화를 고집스레 거부하는 미국 교육 전

* '성장 중심 교육 모델'이라는 말.

통의 또 한 가지 특징은, 탐구와 질문을 통해 아이들이 학습 과정에 적극적으로 참여할 수 있도록 독려한다는 점이다. 18세기 장 자크 루소의 이론부터 20세기 존 듀이의 이론에 이르기까지, 오래된 서구 교육 이론의 철학 전통과 연관된, 이러한 공부 모델의 실천자들에는 독일의 프리드리히 프뢰벨, 스위스의 요한 페스탈로치, 미국의 브론슨 올컷, 이탈리아의 마리아 몬테소리와 같은 탁월한 교육가들이 포함된다. [이 책의] 4장에서 우리는 그들의 생각들을 좀 더 소상히 논의하게 될 것이다. 이러한 전통은, 교육이란 단지 사실과 문화적 전통에 대한 수동적 흡수에 관한 것이 아니며, 정신 활동의 능력을 배가할 수 있도록, 복잡다기한 세계에서 사려 깊게 비판적·비평적일 수 있도록 훈련하는 것이라고 주장한다. 이러한 교육 모델은, 학생들로 하여금 주어진 학습 자료들을 종일 책상 앞에 조용히 앉아 단지 흡수하고, 이해되지도 않은 것을 반복학습하기만 하도록 하는 구식 교육 모델을 대치했다. 그 기원이 소크라테스에까지 올라가고, 대개 비평적 사색과 논쟁에 커다란 비중을 두는, 이러한 '적극적 배움'에 관한 이념은 미국 초등학교 교육에, 그리고 어느 정도는 중·고등학교 교육에 지대한 영향을 끼쳐왔다. 또 어떤 규격화된 시험에서 우수한 성적을 받을 수 있는 유형의 학생을 만들어내라는, 학교에 가해지는 점점 가중되는 압력에도 불구하고, 이러한 영향력은 아직 그 운명을 다하지 않았다.

이러한 교육 이론들은 뒤에서 [소상히] 논의할 예정이지만, 그 순수한 의미에서 볼 때 '경제 성장을 위한 교육'의 사례를 아직까지 미국에서 발견하기란 어렵다는 사실을 지적하고자, 잠깐 소개해보았다. 인도는 [경제 성장 교육 모델에 미국보다] 더 가깝다. 비평적 사색과 공감적 상상이라는 아이디어에 방점을 둔 학교를 만들려 했던, [그리고 실제로] 다학제간^{多學際間} 인문교양 교육 모델에 방점을 둔 대학을 창설했던 위대한 인물인 타고르의 막대한 영향력에도 불구하고, 오늘날 인도의 대학들은 유럽의 대학들처럼 인문교양 패러다임보다는 단일 전공과목에 초점을 맞추어 오랫동안 그 뼈대를 다져왔으니 말이다. 타고르가 창립한 대학인 비스바바라티^{Visva-Bharati}('세계 전부'를 의미한다)는 일찍이 정부에 귀속되었고, 오늘날 단일 전공과목 수학 모델을 채택하고 있는데, 시장 내 성과를 목표로 삼는 여느 대학과 하등 다를 바가 없는 실정이다. 마찬가지로 타고르의 [다른] 학교 역시 인도의 초·중·고등학교 교육 목표 자체를 설정하는 임무를 다한 지 오래다. 국가표준시험들을 위한 강제 주입식 교육법을 위해, 교양 교육을 통한 적극적 배움과 탐험이라는 소크라테스식 교육법은 거부되어왔다. 타고르가 (그리고 앞서 언급했던 유럽과 미국의 교육 이론가들이) 그토록 전심진력으로 거부했던 바로 그 교육 모델(즉 학생들이 책상 앞에 수동적으로 앉아만 있는 대신 교사와 교재는 무비판적으로 흡수되어야 하는 학습 자료를 제공하는 모델)이 인도의 공립 학교 그 어디에서나 발견되는 현실인 것이다. 다른 목표들에 관심 없이 추구된, 경제 성장을 위한 교육의 이미지를 상상해볼 때, 우리는 [무엇보다도] 인도의 공립 학교들이 늘 제공하는 교육에 상대적으로 가까운 무언가를 떠올리기가 쉽다.

하지만 우리의 목적은 전 세계에 두루 영향을 미치는 교육 모델을 이해하는 것이지, 한 국가의 특정 학교 시스템을 기술하는 것이 아니므로, 질문들을 추상적인 방식으로 제기하기로 하자.

그 구식 발전 모델은 대체 어떤 종류의 교육을 제안하는가? 경제 성장을 위한 교육은 기초 기술, 문해력^{literacy}, 수학 능력^{numeracy*}을 필요로 한다. 그것은 또한 어떤 이들에게 컴퓨터과학과 테크놀로지 분야에서 보다 높은 기술 능력을 습득하라고 요청한다. 그러나 동등한 접근권리란 [이 모델에서] 그다지 크게 중요하지 않다. 인도의 여러 주에서 최근에 벌어진 사건들이 보여주고 있는 바와 같이, 한 국가는 지역 빈민들이 문맹인 상태로, 기본적인 컴퓨터 관련 자재 없이 남아 있는 가운데에도 꽤 근사하게 [경제] 성장할 수 있는 것이다. 구자라트, 안드라프라데시와 같은 주들에서 우리는 (그 주들을 외국인 투자자들에게 매력적인 장소이게 만든) 기술 엘리트 양성 교육을 통한 1인당 GNP의 상승을 목격해왔다. 이러한 성장의 결과가 지역 빈민의 건강과 복지 개선으로 이어졌던 것은 [물론] 아니다. 더구나 경제 성장[이라는 목표 달성]에 적절한 지역 빈민 교육이 필요하다고 생각할 만한 이유란 없다. 바로 이것이 GNP 발전 패러다임이 지녀온 가장 기초적이며 근본적인 문제다. 이 패러다임은 분배의 문제를 무시하며, 위험 수준의 불평등 상태에 있는 국가나 주에 높은 점수를 준다. 이러한 원칙은 교육에서도 적용된다. IT 경제

---

* 숫자에 관한 사고 능력과 숫자를 이용하여 계산할 줄 아는 능력.

의 속성을 고려해보건대 [인도라고 하는] 국가는 교육의 공정한 분배에 관하여 과히 걱정하지 않고서도, 유능한 기술·비즈니스 엘리트들을 양산하는 한 그 자체의 GNP를 상승시킬 수 있다.

여기에서 우리는 또 하나의 다른 방식을 목격한다. 적어도 이론상으로는 미국이라는 나라가 이러한 경제 성장 패러다임으로부터 전통적으로 벗어나 있어왔던 방식을 말이다. 공교육에 관한 미국의 전통에서 평등한 기회와 평등한 접근권이라는 아이디어는, 비록 현실에서는 강고한 것이 아니긴 했지만, 늘 [미국 사회의] 이론적 목표가 되어왔다. 심지어 이는 경제에 가장 방점을 많이 둔 정치인들, 이를테면 스펠링스 보고서의 저자들까지도 옹호한 바 있는 아이디어다.

많은 이들이 기초 기술 교육 이후에, 일부는 보다 더 높은 수준의 기술 교육 이후에 받게 되는 경제 성장을 위한 교육은 역사와 경제적 사실에 관한 매우 기초적인 지식을 요구한다. 우선 초등 교육을 마치게 될 이들, 그리고 훗날 상대적으로 소수자인 엘리트가 될지도 모르는 이들에 대한 교육 과정에서 말이다. 그러나 [이 교육 이념에 따르면] 그 역사적·경제적 서사가 계급, 인종과 성에 관한 외국인 투자가 실제로 지방 빈민에게 이로운가, 또는 기초적 삶의 불평등이 만연할 때 과연 민주주의가 지속가능한가 등에 관한 진지한 수준의 비판적 사색을 이끌어내지 않도록 주의해야만 한다. 그리하여 비판적 사색은 경제 성장을 위한 교육의 중대한 일부가 되지는 않을 것이었다. 그리고 이는 실제로도 기술적 세련을 온순성, 집단적 사고와 혼합하는 것으로 유명한, 서부 인도의 구자라트와 같은, 경제 성장의 목표를 단호히 추구해온 주들에서 현실이 되어왔다. 만일 바람직한 상으로 제시되는 이들이, (외국인 투자와 기술 발전을 목표로 하는) 엘리트들이 짜놓은 계획을 단순히 실행할 뿐인 기술적으로 훈련된 순종적 노동자 집단이라면, (학생들의) 자유로운 정신이란 기실 위험천만한 것이다. 그리하여 비판적 사색 따위는 단념하라고 요구된다. 오래도록 구자라트의 공립 학교들에서 그래왔던 것처럼 말이다.

이미 말했지만, 역사는 필수 과목이다. 그러나 경제 성장을 위한 교육자들은 계급 · 카스트 · 젠더 · 민속종교적 정체성에 초점을 맞추는 역사 학습을 원하지는 않을 것이다. 그러한 학습은 현재 상황에 대한 비판적 사색을 유발할 것이니 말이다. 교육자들은 또한 민족주의의 흥기랄지, 민족주의적 이상이 야기한 폐해랄지, 최고 수준 기술의 지배력 아래서 도덕적 상상력이 으레 마비되고 마는 이유랄지 등속의 주제에 관한 그 어떤 진지한 고려도 원하지 않을 것이다. [그런데] 이 모든 주제들은 타고르가 자신의 책 『민족주의^{Nationalism}』에서 [특유의] 신랄한 비관주의적 입장과 함께 다루었던 것들이다. [참고로] 이 책은 제1차 세계대전 중 진행된 강연의 기록물로, 노벨상 수상 작가로서의 타고르의 세계적 명성에도 불구하고, 오늘날 인도에서 무시되고 있다.[5] 그리하여 (제시될) 역사 비전은 국가의 야망을, 특히 부를 향한 국가의 야망을 하나의 지선至善으로 제시하며, 가난과 국제적 책임성과 같은 이슈들은 경시할 것이다. 되풀이하여 강조하건대, 이러한 종류의 교육의 실제 예들은 쉽게 발견된다.

  역사에 대한 이러한 접근법을 보여주는 중뿔난 사례는 인도의 힌두-민족주의자 정당인 BJP^{The Bharatiya Janata Party}*가 만든 [역사] 교과서에서 목격된다(BJP 역시 경제 성장 본위의 발전 의제를 저돌적으로 추구하고 있다). (2004년 BJP가 실각한 후 이제는 다행히도 폐기 처리된) 이 책들은 비판적 사색의 가능성을 그 싹부터 잘라내며, 그러한 사색을 격려할 학습 자료조차 제공하지 않는다. 이 교과서들은 [인도인의] 물질적 · 문화적 성공에 관한 무비판적 이야기로서의 인도사를 제시한다. 이 이야기에서 [인도 내] 그 모든 문제는 결국 이방인 그리고 국내의 '외국물 든 것들' 탓이 된다. 사려 깊은 질문의 싹은 자르는 한편, 흡수와 반복 학습은 촉구하는 이 교과서들의 내용과 거기에 암시되어 있는 페다고지(예컨대 각 장의 말미에 있는 질문들) 때문에, 과거 인도의 부정의에 대한 비판은 사실상 불가능하게 된다. 학생들에게 요청되는 것은 간단하게도, 오점 없는 선^{goodness}에 관한 이야기를 [무비판적으로] 흡수하는 것, 카스트 · 젠더 · 종교상의 그 모든 불평등을 가볍게 지나치고 마는 것이다.

  현시대의 발전이라는 주제 역시 경제 성장의 최고 중요성 그리고 분배 평등의 상대적 비-중요성에 대한 강조와 더불어 제시된다. 학생들이 듣게 되는 말이란, 중요한 것은 '평균적인^{average}' 사람들의 상황이라는 것

---

* 1980년 창당된 인도의 정당. 당명을 한국어로 풀면 '인도인의 당'이다. 인도에서 규모 제2위를 자랑하는 정당이다. 힌두 민족주의, 자유 시장주의를 고집하는 전형적 우파 정당으로, 타 정당들과 연합해 1998년부터 2004년까지 집권한 바 있다.

이다(이를테면 가장 못사는 이들이 어떻게 사는지가 아니다). 그리고 그들은 심지어, 이질적 권리를 지닌 이질적 사람들로서가 아니라 진보하고 있는, 하나의 거대한 집합의 부분으로서 자신들을 생각하라고 독려된다. "사회 발전 과정에서 개인이 얻게 되는 모든 혜택은 오직 한 집합적 존재자^{a collective being}로서 얻게 되는 것일 뿐이다."[6] 논쟁의 여지가 많은 이러한 표준적 사고는, 만일 국가가 현재 잘 나가고 있다면 너 역시 현재 잘 나가고 있는 상태임이 분명하다고 말한다. 설혹 그 '너'가 현재 극빈하고, 숱한 빈곤으로부터 고통 받고 있다 할지라도 말이다. 이 표준적 사고는 의무적인 국가시험들에서 [정답으로 제시할 수 있도록] 학생들이 암기하고, 이해 없이 반복 학습해야만 하는 하나의 사실로 제시된다.

경제 성장을 위한 교육은 그 모든 곳에서 이러한 특징을 보일 공산이 크다. 제약 없는 성장 추구란 분배나 사회적 불평등에 관한 명민한 사색에는 하등 도움이 되지 않기 때문이다(지난날 남아공에서 그러했듯, 한 국가가 매우 근사하게 성장하고 있을 동안에도 불평등 수치는 경이로운 비율에 도달할 수 있다). 사실, 가난에 관심을 두는 일은 성장 추구를 주저하는 태도를 야기할 공산이 크다. 외국인 투자란 지역 빈민에게 큰 피해를 가하는 정책의 비호를 받기 십상이니 말이다(이를테면 인도의 많은 지역에서 빈곤한 농업 노동자들은 공장 부지가 되어야 하는 대지를 계속 보유하고자 하는데, 그들의 대지가 정부 손에 들어가게 되는 경우 그들이 이익을 얻게 될 가능성은 적다. 설혹 보상이 주어진다 할지라도, 그들은 대개 그들을 대체한 새로운 산업에 고용될 수 있을 만한 기술 보유자가 아니다)[7].

민주주의 교육자들이 그토록 자주 그 가치를 강조한 예술과 문학은 어떠한가? 경제 성장을 위한 교육은 그 무엇보다도 아동 예술, 문학 교육을 경멸할 것이다. 개인적인 것이든 국가적인 것이든, 이 분야의 교육이 경제적 진보를 이끌어낼 성싶지 않기 때문이다. 바로 이러한 이유로, 전 세계의 예술과 인문학 프로그램들이 그 모든 교육 단계*에서 기술인 양성을 위해 사라져가고 있는 것이다. 인도의 학부모는 기술·경영 대학에 입학한 자녀들을 자랑스러워하며, 문학이나 철학을 공부하는 자녀들, 또는 그림을 그리거나 춤을 추거나 노래하기를 원하는 자녀들을 부끄러워한다. 그 오래된 인문교양 전통에도 불구하고, 미국의 부모들 역시 이러한 방향으로 빠른 속도로 변하고 있다.

그러나 경제 성장을 위한 교육의 옹호자들은 교양·예술 교육을 단지 무시하는 것에 그치지는 않을 것이다. 그들은 그것을 두려워할 것이다. 함양되고 성숙된 공감 능력은 특히 위험하기 짝이 없는 '둔감성'의 적인데, 도덕적 둔감성이야말로 불평등을 무시하는 경제 발전 프로그램을 수행하는 데 필수적인 것이니 말이다. 만일 누군가 타인을 다른 식으로 보는 방법을 전연 배우지 못했다면, 타인을 조작할 대상으로 취급하는 것 역시 쉬울 것이다. 타고르가 말했듯, 공격적 민족주의는 [사람들의] 도덕적 양심을 무디게 할 필요가 있으며, 하여 그것은 개인을 개인으로서 인식하지 않는 사람을, 집단의 말을 하는 사람을, 유순

---

* 초·중·고등학교, 대학 교육의 단계.

한 관료처럼 세계를 인식하고 행동하는 사람을 필요로 한다. 예술은 그러한 둔감성에 엄청난 적이며, 예술가(완전히 겁에 질렸거나 부패한 이가 아닌 이상)는 그 어떠한 이데올로기(심지어 기본적으로 훌륭한 이데올로기일지라도)에도 믿음직스럽게 봉사하지는 않는 법이다. 예술가는 늘 상상력으로 하여금 통례적 제약을 넘어 이동하라고, 세계를 새로운 방식으로 보라고 요청하는 이들인 것이다.[8] 따라서 경제 성장을 위한 교육자들은 기초 교육으로서의 인문교양·예술 교육에 반대하는 캠페인을 할 것이다. 그리고 그러한 맹렬한 공격이 지금 전 세계 그 모든 곳에서 진행되고 있다.

순수한 모델로서의 경제 성장을 위한 교육 모델은 [사실] 민주주의가 번영한 체제에서는 찾기 어렵다. 민주주의 체제는 모든 개인에 대한 존중을 기반으로 세워지는 것인데, 성장 모델은 오로지 어떤 군집체aggregate만을 존중하니 말이다. 하지만 전 세계의 교육 시스템들은 이 성장 모델이 민주주의의 목표에 얼마나 부적합한지에 대한 숙고 없이 점점 더 이 모델에 가까워지고 있다.

그렇다면 우리가 만들어내고자 하는 유형의 국가와 시민에 관해 우리는 어떤 다른 것을 생각해볼 수 있을까? 세계 교육계에서 통용되고 있는 성장 본위 모델에 대한 제1의 대안이자, 내가 그동안 참여해온 모델은 '인간 계발 패러다임Human Development Paradigm'이라고 알려진 것이다. 이 모델에 따르면, 중요한 것은 생명·건강·육체적 온전성에서부터 정치적 자유·정치적 참여·교육에 이르는 여러 핵심 분야에서 개인이

지니는 기회 또는 '가능성'이다. 이러한 계발 모델은 모든 개인이 법과 제도에 의해 존중되어야만 하고, 그 누구에게도 양도될 수 없는 인간 존엄성을 지닌다는 점을 인정한다. 국가다운 국가라면 최소한 시민들이 여러 권리들을 지닌다고 공인할 것이며, 시민들이 최소 수준 이상의 기회를 갖게끔 방법적 전략들을 고안할 것이다.

인간 계발 모델은 민주주의에 절대적 관심을 둔다. 한 인간의 삶을 지배하는 정책들의 선정 과정에서 일정한 목소리를 내는 일이야말로, 존엄한 인간 삶의 핵심 요소이니 말이다. 그런데 인간 계발 모델이 선호하는 종류의 민주주의란 다수당의 변덕스러운 횡포가 사람들에게서 빼앗을 수 없는 근본 권리들이 강력한 역할을 하는 종류의 민주주의다. 그리하여 그 모델은 정치적 자유, 발언의 자유, 결사의 자유, 종교의 자유, 교육과 건강과 같은 여타 분야에서의 근본 권리들의 강력한 보호를 찬성할 터이다. 이러한 모델은 인도의 헌법(그리고 남아공의 헌법)에서 표명된 포부에 잘 부합된다. 미국은 단 한 번도 건강과 교육 같은 '사회적·경제적' 분야의 권리들에, 적어도 연방 차원에서는 헌법의 보호를 천명한 적이 없다. 하지만 미국인들 역시 모든 시민이 이러한 권리들을 향유할 수 있는 상태야말로 국가적 성공을 나타내는 중대한 지표라는 생각만은 강하다. 따라서 인간 계발 모델은 그저 '그림의 떡' 같은 이상주의가 아니다. 그것은 (대부분이 아니라면) 많은 세계의 민주 국가들이 내건 (항상 완전히 실현되는 것은 아닌) 헌법적 약속과 긴밀히 연관되는 무엇이다.

한 국가가 이러한 유형의, 인간적이며 인간에 대해 세심히 배려하는 민주주의를, 그 모든 사람에게 '생명 · 자유 · 행복 추구' 기회의 증진에 헌신하는 민주주의를 진흥하고자 한다면, 그 국가는 어떤 종류의 능력 · 자질을 지닌 시민을 배양해야 할까? 적어도 다음과 같은 [시민의] 능력 · 자질은 극히 중요하게 보인다.

:: 전통에도 권위에도 판단을 맡기지 않으며, 국가 전체에 영향을 미치는 정치 이슈에 대해 제대로 생각할 수 있는 능력, 검토 · 성찰 · 주장 · 논쟁할 수 있는 능력.

:: 인종 · 종교 · 젠더 · 섹슈얼리티가 다르더라도 동료 시민을 동등한 권리를 가진 자로서 인정할 수 있는 능력. 즉 그들을 존중하며, 한 사람 · 조직의 고유한 이익을 위해 조작되어야 마땅한 도구가 아니라 목적으로 대할 수 있는 능력.

:: 타인의 삶에 관심을 기울일 수 있는 능력, 특정 종류의 많은 정책이 동료 시민의 기회나 경험에 무엇을 의미하는지, 그러한 정책들이 자신이 살고 있는 국가 밖의 타인들에게 무엇을 의미하는지 파악할 수 있는 능력.

:: 한 인간의 삶의 서사에 영향을 미치는 다양하고 복잡한 이슈들을 제대로 상상할 줄 아는 능력. 그저 합계 데이터에 의존함으로써만이 아니라, 인간에 관한 다채로운 이야기에 귀 기울임으로써 어린 시절, 청소년 시절, 가족 관계, 병, 죽음, 그 외 많은 것들을 생각할 줄 아는 능력.

:: 정치 지도자들에게 허용되는 가능성을 보는 현실적이고 지적인 감각과

더불어 그들을 비판적으로 판단할 수 있는 능력.

:: 자신의 지역 집단에게 이로운 것만이 아니라, 전체로서의 국가에 이로운 것을 생각할 수 있는 능력.

:: 반대로 자신의 조국을 (많은 종류의 이슈들이 그 해결을 위해 초국적 차원의 지적 숙고가 요청되는) 복잡한 세계 질서의 일부로 인식할 수 있는 능력.

이것들은 소묘에 불과하지만, 적어도 우리에게 요청되는 것이 무엇인지에 대한 명료한 기술^{description}의 시작은 되겠다.

3장

———

시민 교육:
도덕적 · 비도덕적 감정

———

아이들의 첫 번째 감정은 자기 자신에 대한 사랑의 감정이다. 이 감정에서 나오는 두 번째 감정은 자기에게 가까이 다가오는 이들에 대한 사랑의 감정이다. 나약한 상태에 있을 때 아이는 자신이 받게 되는 도움과 사랑에 의거하지 않고서는 그 어느 누구도 인식하지 못하기 때문이다.

― 장 자크 루소, 『에밀』, 4권, 1762

만일 민주주의가 성숙이라면, 성숙이 건강이라면, 건강이 소망스러운 것이라면, 우리는 민주주의를 강화하기 위해 어떤 일이 실행될 수 있는지 알고 싶다.

― 도널드 위니코트, '세계 민주주의의 의미에 관한 사색', 1950

교육은 사람을 위한 것이다. 교육을 위한 하나의 안을 디자인하기 이전에 우리는 학생들을 책임감 있고 민주적이며, 국내적 · 세계적 중요성을 띤 다채로운 이슈들에 대해 제대로 생각하고 결정 내릴 수 있는 시민들로 만드는 방법과 관련하여, 우리가 마주하고 있는 문제들을 이해할 필요가 있다. 도대체 인간 삶의 그 무엇이 평등한 존중, 법의 평등한 보호에 기초한 민주 제도의 지탱이라는 과제를 그토록 어렵게 만드는 것일까? 그 무엇이 우리로 하여금 다양한 형태의 권력위계 제도^{hierarchies}에, 심지어 더욱 나쁘게는, 특정 집단에 대한 폭력적 적대 프로젝트에 그토록 쉽게 빠지게 하는 것일까? 어떠한 힘들이 유세有勢한 집단으로 하여금 통제와 지배를 추구하게 하는 것일까? 무엇 때문에 다수는 그 모든 곳의 예화들이 증거하듯, 소수를 중상모략하려고 낙인 찍으려고 애쓰는 것일까? 이 힘들이 무엇이든 간에, 국가와 국제 세계에 책임지는 태도를 지닌 시민 배양을 위한 교육이 대항하여 싸워야만 하는 것은 궁극적으로 바로 이 힘들이다. 그리고 그러한 교육은, 민주주의가 계급 제도를 이길 수 있도록 도와주는, 인간 성정性情 내의 그 모든 자원을 활용하여 그 싸움을 수행해야만 한다.

우리는 때로 악惡이 우리들 바깥에 존재한다는 말을 듣는다. 미국을 위협하는 '악의 축'이라는 수사학적 창조물을 생각해보라. 사람들은 기괴하고 거대한 '문명의 충돌'에 속한 참여자로서 자신들을 인식하는 사태를 기분 좋게 여긴다. 세계의 다른 곳에서 온, 사악하다고 알려진 종교 · 문화가 선한 민주 국가와 서로 대치한다고 여겨지는 문명의 충돌 말이다. 좋은 녀석의 문제를 어떤 '나쁜 놈들'이 죽어야 끝이 날 무엇으로 묘사함으로써, 대중문화 역시 자주 이런 식의 세계 인식을 부추긴다. 비서구 문화권이라 해서 이러한 악독한 사유로부터 자유로운 것은 아니다. 이를테면 인도의 힌두 우파는 오랫동안 인도를, 힌두교상의 선한 세력과 악한 세력, 일련의 위험천만한 '이방 세력들'(이 말로 그들이 의미하는 것은 무슬림과 크리스천이다. 비록 두 집단 모두 힌두교도만큼 인도 땅에 오래 자리 잡아 왔는데도 말이다¹) 간의 투쟁이라는 늪에 빠져 있는 나라로 그려왔다. 이 과정에서 그들은, 고전 서사극에서 그려진 '선한', '악한' 인물들의 복잡다기한 면모를 깡그리 삭제하는 식으로, 또 청자들로 하여금 그 '악한' 인물들을 현재의 무슬림 세력과 동일시하도록 독려하는 식으로,[2] 고전적 서사극 이야기를 각색함으로써 대중문화 창조에 이바지해왔다.

그러나 '순수'에 관한 이러한 신화들은 해롭고 악독하다. 어떤 사회도 순수하지 않으며, '문명의 충돌'은 기실 모든 사회에 내재되어 있다. 모든 사회는 상호 존중과 상호 의존의 약속하에 다른 이들과 함께 살 준비가 된 이들과 [타인에 대한] 지배의 편이를 추구하는 이들을 자기 내부에 거느린다. 우리는 어떻게 하면 전자의 시민들을 더 많이 배양하고 후자의 시민들을 더 적게 배양할지, 그 방법에 정통해야 한다. '우리 사회는 본디 순수하다'는 그릇된 생각은 오직 이방인을 향한 적개심을, 그리고 내국민을 향한 적개심에 대한 무감각만을 양산할 뿐이다.

어떻게 하여 사람들은 존경과 민주적 평등이라는 가치들을 내면에 수용할 수 있게 되는 것일까? 무엇이 그들로 하여금 지배를 추구하게 하는 것일까? 이러한 질문들에 답하려면 우리는, 상호 존경과 상호 의존[이라는 원칙]에 나쁘게 작용하는 그 모든 개인 안의 힘을, 민주주의를 강력히 지탱하는 그 모든 개인 안의 힘을 이해하는 한편, '문명의 충돌'의 속성을 보다 더 심층적 차원에서 추적해봐야만 한다. 독립된 민주 국가 인도의 최고 설계자 중 한 명이었고, 우리 세계의 가장 창조적인 민주 정치 지도자 중 한 명이었던 마하트마 간디는 자유와 평등을 위한 정치 투쟁이란 그 무엇보다도 개인의 '내면 투쟁[충돌]'이어야만 한다는 점을 매우 잘 인지하고 있었다(컴패션^{compassion}*과 존경이 공포·탐욕·나르시스적 적개심과 투쟁 관계에 있다는 의미에서 말이다). 간디는 되풀이하여 탐욕·적개심·나르시스적 불안이 자유롭고 민주적인 나라를 창조하는 과업에 해로운 작용을 하는 힘들이라고 주장하며, 심리적 조화와 정치적 조화 간의 밀접한 연관성을 이야기했던 것이다.

문명의 내적 충돌은 현대사회에서 발생되는 포섭과 평등에 관한 숱한 투쟁들에서 목격된다. 이민에 관한 논쟁들, 종교적·인종적·민족적 소수파에 관한, 성 평등에 관한, 성 정체성의 입장에 관한, 차별 철폐 정책^{affirmative action}**에 관한 논쟁들에서 말이다. 그 모든 사회에서 이러한 논쟁들은 불안감과 적개심을 양산하기 마련이다. [그러나] 또한 그 모든 사회에는 컴패션과 존경의 힘이 있기 마련이다. 특정 성격의 사회적·정치적 체제들 자체가 이러한 투쟁들에 결과상의 큰 차이를 가져올 것이다. 그러나 우리는 적어도 임시적으로는, 제도와 사회 규범이 더 발전시킬 수도, 막을 수도 있는 문제들을 인간의 어린 시절에서 발견해보기 위해, 인간의 어린 시절에 관한 널리 공유되는 이야기를 다루는 것도 좋을 듯하다.³ 그 어떤 종류든, 이러한 이야기의 세목을 소상

---

* 주지하다시피 이 단어는 (특히 그리스도교 전통에서) 독특한 울림을 갖는다. 이 단어의 한국어 번역어로 가까운 것은 '연민', '동정'보다는 유학적 의미의 '측은지심' 또는 '고통에 대한 공감'인 것으로 보인다(저자 역시 이 단어를 sympathy란 단어와 큰 구별 없이 사용할 때가 적지 않다). 그러나 보다 적실해 보이는 후자로 이 단어가 번역되는 경우는 그닥 많지 않은 듯하다. 이러한 사정으로 이 책에서 이 단어는 '컴패션'으로 번역되었다.
** 이 용어는 미국 사회에서 독특하게 쓰이는 용어로, 차별받는 소수자의 고통을 해결하려는 정책이나 활동을 말한다.

히 언급하는 일은 [어린아이에 관한] 현행 연구와 주장이 담당해야 할 몫이다. 또한 가능한 개입 지점을 탐색해보는 일 역시 이와 똑같이 복잡한 문제일 것이다. 그러나 우리는 어디에선가는 시작해야만 한다. 하지만 교육에 관한 숱한 제언서들은 인간 계발 심리학을 전혀 설명해내지 못한다. 따라서 도대체 무엇이 해결될 필요가 있는 문제들인지, 아니면 그 문제들을 해결하기 위해 우리가 어떤 자원들을 지니고 있는지는 불분명하다.

어린아이는 자신이 만들지 않았고 통제하지도 않는 어떤 세계에 무방비 상태로 태어난다. 갓난아이의 가장 이른 경험에는, 세계 전체가 자신의 필요에 대한 충족을 중심으로 돌아가는 듯한 (마치 자궁 안에서처럼) 지복 속의 완전성 그리고 욕망된 순간에 욕망되는 것들이 도착하지 않을 때의 (어린아이는 그것이 확실히 자신에게 도착되도록 하기 위해 할 수 있는 게 아무것도 없다) 제 무능력함에 대한 고통스러운 자각 사이의 동요가 있다. 인간은 동물의 왕국 그 어디에서도 찾아볼 수 없는 특정한 육체적 무능력의 임자인 것이다. 그리고 그 무능력은 굉장히 높은 수준의 세련된 인지 능력과 결합되어 있다(이를테면 오늘날 우리는 일주일 된 어린아이조차 제 엄마의 모유 냄새와 다른 엄마의 모유 냄새를 구별할 수 있는 능력이 있음을 알고 있다). 그 '내적 투쟁'이 무엇인지 이해하려면 이러한 기이하고 독특한 이야기에 대한 사색이 필요하다. 즉 능력과 무능력이 기이하게 결합되어 있는 인간이라는 사태에 대한, 무능력 · 도덕성 · 유한성에 대해 우리 인간이 맺는 문제적 관계에 대한, 그 어떤 지성적인 존재라도 수용하기 고통스러운 조건들을 초월하고자 하는 우리의 끊임없는 욕망에 대한 사색이 필요하다.

갓난아이들은 성장함에 따라 자신들에게 무슨 일이 벌어지는지 점점 또렷이 자각한다. 하지만 그들은 그 사태에 대해 아무것도 할 수가 없다. 지속적으로 누군가의 주의를 받고 있는 이러한 상태('어린아이의 전능.' 프로이트는 이를 '아기 폐하His Majesty baby'라는 말로 잘 포착한 바 있다)에 대한 기대감에 이어지는 것은, [자신을 돌보아주는] 한 사람이 사실상 전지전능하지 않으며 오히려 완전히 무능력한 사람이라는 것을 알 때의 불안감과 수치심이다. [바로] 이 불안감과 수치심으로부터 자신들이 [실은] 유한한 존재이고 (무언가를 필요로 하는 이들로 가득 차 있는) 세계의 일부일 뿐이라는 점을 (그들 자신이) 얼마나 잘 알게 되든지 관계없이, 영원히 그들 자신으로부터 떨어지지 않을 완전성에 대한 끈질긴 욕망이 출현한다. 그리고 불완전 상태에 대한 수치심을 초월하려는 바로 이 욕망이 더 많은 불안과 도덕적 위험성을 이끌어낸다.

이 시기의 어린아이에게 타인들은 아직 완전히 현실적인 존재가 아니다. 그들은 단지 [자신에게] 필요한 것을 가져다주거나 가져다주지 않는 도구일 뿐이다. 어린아이는 자신이 필요한 것들을 공급하는 힘들을 통제하기 위해, 정말로 자기 부모를 자기의 노예들로 만들고 싶어한다. 교육에 관한 탁월한 작품인 『에밀』에서 장 자크 루소는, 제 부모를 노예로 만들고 싶어하는 어린아이의 욕망에서 계급 질서를 갖춘 세계의 시작이 발견된다고 말한다. [물론] 루소는 아이들이 본성상 악마적이라고 생각했던 것은 아니다(사실 그는 사랑과 컴패션을 향한 아이들의 자연스러운 본능을 강조했다). 하지만 루소는, 아이들의 나르시시즘과 지배 성향이 보다 생산적인 방향으로 이어지지 못한다면, 그들의 약함과 필요 자체가 윤리적 타락과 잔혹한 행동을 야기할 수 있는 모종의 역학을 이끌어낸다는 점을 알고 있었다.

자신의 무력함에 대한 아이의 수치심에 관해서는 이미 앞서 언급했다. 특정 순간에 (자신이) 기대하게끔 되는 '축복의 완전성', 이를 얻을 수 없는 그들 자신의 무능력에 대한 아이들의 수치심 말이다.[4] '원형적 수치심'이라고 불릴 수 있는 이러한 수치심은 곧 또 하나의 매우 강력한 감정으로 이어진다. 그것은 바로 사람의 배설물에 대한 혐오감이다. 대부분의 감정과 마찬가지로 혐오감에는 진화상의 선천적 기초가 있지만,* 그것은 또한 [후천적] 배움으로 가능한 감정이기도 하다. 그리고 이 감정은 아이의 인지 능력이 상당히 성숙하게 되는 시점인 '배변 훈련기$^{toilet\ training}$'에 가서야 비로소 나타난다. 따라서 아이의 행동의 선택 방향 자체에 사회가 영향을 미칠 수 있는 여지는 [제법] 많다고 할 수 있다. 혐오감에 대한 최근의 연구는 혐오감이 단지 본능이 아니라고 말한다. 오염, 불결과 같은 아이디어를 포함하여, 혐오감에는 강력한 인지적 요소가 있다는 것이다. 실험심리학자들의 결론은 이러하다. 혐오

---

* 인간의 혐오감이라는 감정은 종으로서의 인간이 현재의 인간으로 진화해오면서 가지게 된 어떤 기초(base)에 뿌리를 두는 측면이 있다는 말이다.

감과 함께 우리는 우리 자신의 동물성, 소멸할 운명, 그리하여 중요한 문제를 스스로 해결하지 못하는 우리의 무능력을 증거하는 것들(즉 똥, 다른 종류의 육체적 배설물, 시체)을 오염 물질로서 거부하게 된다. 혐오감에 대해 연구하는 실험물리학자들은 한결같이 이렇게 말한다. 이러한 배설물들로부터 자신을 분리시키는 과정에서 우리는, 배설물을 가지고 있는 사태, 우리 자신이 배설물이 되고 마는 (그리하여 동물적이고 죽을 운명의 우리 자신이 되고 마는) 사태로부터 발생되는 불안감을 해결한다.[5]

이렇게 서술된 혐오감은 우리에게 무언가 쓸모 있는 안내를 해줄 수 있는 것 같기도 하다. 똥과 시체에 대한 반감은 (기피 대상이 되는) 위험물을 발견해내는 (거친) 방법으로서는 아마도 유용할 테니 말이다. 비록 혐오감이라는 감정은 위험물을 매우 불완전하게 찾아내긴 하지만 (자연의 수많은 위험 물질들은 사실 혐오스럽지 않으며, 많은 혐오스러운 것들은 무해하다), 혐오스러운 냄새를 풍기는 우유를 피하는 일은 분명 현명한 일이며, 매번 실험실에서 검사하는 것보다는 간편한 방법인 것이다.[6] 그러나 혐오감은 곧 어린아이의 기본적 나르시시즘과 관련됨으로써 정말로 아이들에게 해를 끼치기 시작한다. 어느 개인이 제 동물성으로부터 스스로를 완전히 거리 두는 효과적인 방법은, 동물성을 나타내는 특정 성질들(나쁜 냄새, 질척질척함, 끈적끈적함)을 특정 집단의 사람들에게 투사投射하는 것, 그러한 이들을 오염의 원인 제공자, 불결한 이들로 취급하는 것이다. 즉 그들을 하나의 하위계급으로, 실제로는 불안감을 느끼기 마련인 인간과 동물성이라는 공포스럽고 저주받은 성질 사이의 경계 지대 또는 완충 지대로 만들면서 말이다. 특정 [또래] 아이들을 더럽거나 불결하다고 인지하며, 어린아이들은 이러한 일을 매우 이른 나이에 시작한다. 이에 관련된 한 가지 예는 평범한 아이들의 놀이다. 이 놀이는 '쿠티 캐처$^{cootie\ catcher}$*'라 불리는 접힌 종이쪽을 만든 후 이를 이용하는 게임으로, 놀이 도중 아이들은 더럽거나 혐오스러운 아이로 낙인 찍힌 (무리 가운데 인기 없는) 아이들에게서 나온 혐오스러운 바이러스나 '쿠티^{cootie}[세균]'를 '잡는다^{catch}'.

한편 아이들은 자기들 주변의 어른 집단으로부터도 배우는데, 어른 집단은 보통 이 '투사되는 혐오감'을 일정한 구체적 종속 집단들(아프리칸 아메리칸, 유대인, 여성, 동성애자, 빈민, 인도 카스트 제도에서의 하층 카스트)을 향해 발산한다. 사실상 이러한 집단들은 동물적 '타자'의 기능을 하며, 그 타자의 배제를 통해 특권 집단은 자신을 보다 우월하고 심지어 초자연적 존재로 규정한다. 이 '투사되는 혐오감'을 나타내는 한 가지 평범한 방법은 종속 집단의 구성원들과 신체 접촉을 피하는 것, 심지어는 이 집단의 구성원들이 접촉했던 물체들과의 접촉조차 피하는 것이다. 심리학 연구들이 강조하는 것처럼 혐오감이라는 감정을 가득 채우고 있는 것은 비합리적이며 마술적인 생각이다. 오염이라는 관념

---

* cootie는 단정하지 않은 이들로부터 나왔다고 믿어지는 상상의 세균을 의미하는데, 어린아이들이 쓰는 용어다.

이 인종주의와 그 외 다른 유형의 집단 종속화가 있는 모든 곳에 편재한다는 사실은 놀라운 것이 아니다.

투사되는 혐오감이란 늘 의심쩍은 감정이다. 그것은 모종의 '자기 거부'를 동반하며 오직 사회적으로 더 무세無勢할 뿐, 투사 행위의 주체인 이들과 별반 차이가 없는 인간 집단에 자기 거부를 옮기는 일을 동반하니 말이다. 이런 식으로 부모를 노예로 만들려는 나르시스적 아이의 근본 욕망은 사회적 계급 제도의 창조를 통해 충족된다. 바로 이러한 역학이 민주적 평등성에 지속적인 위협이 되고 있는 것이다.[7]

이 이야기는 어느 정도는 인류 보편적인 것처럼 보인다. 사회 속에 존재하는 수많은 혐오감에 대한 여러 연구들은 [이와] 비슷한 유형의 역학을 발견하고 있고, 우리는 슬프지만 모든 인간 사회가 수치스럽거나 혐오스러운 그리고 보통은 이 둘 다인 이들로서 낙인 찍힌, 추방된 집단들을 창조해왔다는 사실을 인정해야만 하겠다. 그렇지만 약함 · 필요 · 상호 의존성에 대한 사람들의 태도를 일정하게 형성함으로써 이 이야기의 결말에 영향을 미칠 변수의 출처들은 무수하다. [이를테면] 개별 가정의 특성, 사회적 규범, 법률 같은 것들. 통상 이 셋은 복잡한 방식으로 서로 상호 작용하는데, 이는 부모가 하나의 사회정치적 세계의 거주자들이며, 그들이 자녀에게 보내는 신호들은 바로 그 세계에 의해 형성되기 때문이다.

[특정인을] 낙인 찍는 행동은 [낙인 찍는 이] 자신의 허약함과 나약함으로 인한 불안감, 그 자체에 대한 반응인 것처럼 보인다. 그러므로 그

행동은 심층에 자리 잡고 있는 불안감에 대처하지 않고서는 절대 부드러운 행동으로 변화될 수 없다. 불안감에 대한 대처 방법 중 루소가 강조했던 것은 삶에 실제로 소용되는 능력들을 연마하는 것이다. 처한 환경에서 [스스로] 잘 타협하여 원만히 일을 처리할 줄 아는 아이들은 자신들에게 시중드는 이의 필요성을 덜 느낀다. 그러나 [이러한 개인적 차원 말고] 인간이란 나약하기 짝이 없는 이라는 느낌과 이 느낌이 초래하는 고통에 대한, 또 다른 성격의 사회적 대응이 있어야 한다. 어떤 사회·가족 규범들은 이 고통에 창조적으로 대처한다. 그 규범들은 자라나는 젊은이에게 인간은 본디 모두 상처받기 쉬우며 소멸할 존재라고, 이러한 삶의 면모는 증오되고 거부될 것이 아니라 도리어 상호 의존과 상호 도움으로 접근할 필요가 있다고 말한다. 루소는 인간의 본래적 허약성에 대한 배움을 자신의 교육 이론 전체의 핵심으로 삼았다. 그는 인간의 본래적 허약성을 인지하는 것만이 우리를 사회적 존재로 만들고 인간다움의 가치로 향하게 한다고, 그리하여 우리 자신의 그 '부적합성'이야말로 공동체다운 공동체에 대한 희망의 기초가 될 수 있다고 말했다. 루소에 따르면 프랑스의 귀족은 그러한 교육을 제대로 받지 못한 이들이다. 즉 그들은 자신이 평범한 운명의 인간들 이상의 삶을 살 존재라고 배우면서 성장했다는 것이다. 강함[비허약성]에 대한 이러한 욕망이 바로 다른 이들 위에 안하무인으로 군림하고자 하는 그들의 욕망을 부추겼다는 것이다.

수많은 사회들은 루소 시대의 프랑스 귀족이 배웠던 악독한 것, 바로 그것을 가르친다. 사회적·가족적 규범 양자를 통해 그 사회들은 완벽함·강함·지배야말로 성공한 삶의 핵심 요소라는 메시지를 가르친다. 수많은 문화권에서 그러한 사회적 규범들은 으레 젠더의 형태를 취한다. 혐오감에 관한 연구자들의 발견에 따르면, 타인에 대한 혐오감 투사 행위에는 종종 강력한 젠더의 요소가 들어 있다. 남성은 몸과 몸의 허약성을 넘어서는 것이 곧 성공이라고 배우는데, 그리하여 그들은 일부 하위계급(여성, 아프리칸 아메리칸)의 특성이 지나치게 육체적이라고, 그래서 그들은 누군가에 의해 지배되는 상태를 원하고 있다고 배운다. 이러한 이야기에는 숱한 문화적 버전들이 있는데, 이 버전들은 특정 사회의 문맥 속에서 언급되기 이전에 우선 그 자체로 면밀히 연구될 필요가 있다. 심지어 한 문화 사회 내에 그러한 병적 규범들이 전혀 없는 경우라 할지라도, 개별 가정들은 특정 종류의 속악한 메시지들을 아이들에게 여전히 전달하고 있을지도 모른다. 이를테면 성공을 위한 유일한 길이란 완벽해지는 것, 모든 것을 통제하는 것뿐이라는 메시지다. 이렇게 사회적 계급 제도의 원천은 인간의 삶 바로 그 심층에 있다. [그런데] 그 '내적 투쟁'은 학교·대학 공간에서만 진행되는 것이 아니다. 즉 그 투쟁 공간에 가정 그리고 보다 큰 영역인 사회 역시 포함되어야만 한다. 하지만 학교는 적어도 한 아이의 삶에 영향을 미치는 [분명한] 힘이며, 다른 것들과 비교해볼 때, 우리는 학교의 메시지를 보다 손쉽게 모니터링할 수 있다.

앞에서 언급했듯, 혐오감이라는 질병은 '순수한 것'과 '순수하지 않은 것'으로 세계를 양분한다. 그것은 결점 없는 '우리'와 더럽고 사악하며 세계를 오염시키는 '그들'의 창조로 구분된다. 국제 정치학에 관련된 숱한 악독한 생각들은 이러한 병증의 흔적을 보여준다. 사람들은 자신들이 천사의 편이라 생각하는 반면, 특정 집단이라는 타자를 흑인들 또는 오염된 이들이라고 생각하는 데 전혀 주저함이 없다는 점을 보여주니 하는 말이다. 오늘날 우리는, 인간 심층부에 자리 잡고 있는 이러한 성향이 오랫동안 존중되어온 '아동용 스토리텔링storytelling'에 의해 그 자양분을 받았음을 알고 있다. 추하고 혐오스러운 마녀나 괴물이 죽을 때, 또는 그 마녀나 괴물을 요리해 먹을 때에야 비로소 세계에 안녕이 찾아온다고 말하는 스토리텔링이 그렇다.[8] 아동을 위해 제작되는 숱한 현대의 이야기들은 이와 동일한 세계관을 공급한다. 우리는 아이들에게 복잡한 세계의 실상을 말해주는 예술가들에게 고마워해야 한다. 이를테면 야생적이고 환상적인 영화를 통해 보다 부드럽고 보다 풍요로운 의미를 함축한 선악관을 드러내는 일본의 영화감독 미야자키 하야오의 작품. 그의 영화에서 위험은, 훌륭한 인간들과 자연환경의 관계처럼 실제적이면서도 복합적인 무언가로부터 출현한다. 또 [영화감독] 모리스 센닥은 〈괴물들이 사는 나라Where the Wild Things Are〉(이제 이 작품은 하나의 감동적인 영화로 인정받고 있다)에서, 자기 내면의 세계를 [상징적으로] 나타내는 괴물들, 그 세계에 잠류하는 위험과 신나게 뒹굴고 뛰노는 인물인 맥스를 창조했다. 이 영화에서 괴물들은 심지어 완전히 추악하게 그려지지도 않는다. 어느 개인의 내면에 도사린 악마에 대한 증오란 그 악마를 다른 이에게 투사할 필요의 원천이 되기 쉬우니 말이다. 어린 시절에 배우게 되는 이야기들은 성인成人으로서 우리가 살게 되는 세계의 강력한 구성요소가 된다.

자, 이제껏 문제들에 관해서 이야기해왔다. 그렇다면 희망은? 그 '내적 투쟁'의 밝은 쪽에서 우리가 발견하는 것은, 타인을 단순한 수단이 아니라 목적으로 인식하는 능력, 공감적 관심의 능력이 아이들에게서 점차 증가한다는 사실이다. 만일 모든 것이 잘 진행된다면, 시간이 지나면서 아이들은 자신들의 필요를 계속 충족시켜주는 이들에 대한 감사와 사랑의 마음을 자연스레 느끼게 될 것이다. 그러면서 그들은 점점 더 그들의 관점에서 보이는 세계를 상상하는 능력을 갖추게 될 것이다. [타인에게] 관심을 느끼는 이러한 능력, 상상적 관점에서 공감sympathy*하며 반응하는 이러한 능력은 우리의 진화 유산 중 중요한 일부분이다.[9] 코끼리들이, 아마도 개들이 그러하듯 많은 종류의 영장류들은 일정한 유형의 공감을 경험하는 것처럼 보인다. 침팬지의 경우, 아마도 개와 코끼리의 경우, 공감은 깊은 공감empathy, 즉 다른 생명체의 관점에서 세계를 볼 수 있는 능력인 '입장 전환의 사고positional thinking' 능력과 결합된다. 입장 전환의 사고 능력은 [반드시] 공감 체험에 필요한 무엇은 아니다.

---

* sympathy의 번역어로 이 책에서 채택된 단어는 '공감'이다. 이에 비해 empathy의 번역어로는 '깊은 공감'이 채택되었다. 이는 우선은 '공감(sympathy)'이라는 말과 구별하기 위해서이기도 하지만, 동시에 '감정 이입'이나 '공감'은 심리학의 주요 개념인 empathy의 원의를 제대로 담아내기 어려운 것으로 보이기 때문이다.

또 이 사고 능력은 분명 그 자체로 충분한 무엇도 아니다. 가학증 환자 sadist라면 누군가를 고문하기 위해 그 사고 능력을 이용할 수도 있을 테니 말이다. 하지만 입장 전환의 사고는 공감이라는 감정을 형성하는 것과 관련해서는 큰 도움을 준다. 또한 이 공감이라는 감정은 (이번에는) 누군가를 도와주는 행동과 연결된다. 대니얼 뱃슨의 놀라운 실험 연구는, 어떤 이의 곤경에 관한 생생한 이야기에 마음을 다해 귀 기울인 이들, 타인의 관점을 받아들인 채 그 이야기에 귀 기울인 이들이, 곤경에 처한 이와 자신 간의 거리를 좀 더 두는 식으로 '듣기만 한' 이들보다, 훨씬 더 공감 어린 반응을 보이기 쉬움을 보여준다. [연구에 따르면] 더욱이 공감 어린 감정과 함께 반응했던 이들은 그 반응 대상인 타인을 도우려고 한다. 만일 그들에게 그러한 도움을 가능하게 하는 너무 높은 비용이 들지는 않는 선택지가 있는 경우라면 말이다.[10]

종종 '깊은 공감empathy'에서 나오는 관점 전환의 경험을 통하여, 공감sympathy 또는 컴패션compassion 능력을 발전시키는 어린아이는 이제, 점점 더 자신에게 소중해져가는 어느 한 사람에 대한 자신의 공격 행위가 무엇이었는지 알아챈다. 그리하여 아이는 자신의 공격성에 대한 죄책감을, 그 사람의 행복에 대한 관심을 진심으로 느끼게 된다. 깊은 공감은 그 자체로 도덕성은 아니다. 그러나 그것은 도덕성의 핵심 성분들을 공급할 수 있다. 타인에 대해 관심을 기울이는 능력이 발전하면, 이제 그 능력이 내부의 공격성을 제어하고자 하는 점점 더 커져가는 [어린아이의] 욕구를 유발한다. 어린아이는 다른 사람들이 자신의 노예가 아니라 그들 자신의 삶에 대한 권리를 지닌 별개의 존재자임을 인식하게 되는 것이다.

인간의 삶 자체가 불확실성에 기반을 둔 활동이므로 이러한 인식은 으레 불안정하기 마련이다. 우리 인간은 모두, 자신을 타인에 대한 통제를 포함하여 [세계에 대한] 더 많은 통제를 원하는 이들로 만드는 감정인 불안감의 임자인 것이다. 그러나 바람직한 가정 양육은 (훗날의 훌륭한 교육과 결합됨으로써) 타인이 필요로 하는 바에 공감적 관심을 가지도록, 타인을 자신과 동등한 권리의 임자로 인식하도록 아이들을 이끌 수 있다. 사회적 규범, 성인다움이나 남성다움에 대한 사회 통념적 이미지가 그러한 인격 형성을 방해하는 경우 어려움과 불안이 따르겠지만, 훌륭한 교육은 그러한 상투적 사고를 분쇄하는 동시에, 깊은 공감과 상호 호혜의 중요성에 대한 감각을 아이들에게 가르칠 수 있다.

컴패션 또한 그 자체가 신뢰할 만한 무엇인 것은 아니다. 다른 동물들처럼 사람은 으레 자신들이 모르는 이들이 아니라 아는 이들에 측은지심을 느끼기 마련이다. 우리는 오늘날, 쥐처럼 분명한 저등 생물조차 다른 쥐들의 육체적 불편에 대해서 불편 어린 반응을 보인다는 점을 알고 있다. 만일 그런 반응을 보이는 쥐들이 육체적으로 불편한 쥐들과 이전에 함께 산 적이 있는 경우라면 말이다.[11] 그러나 외부에서 온 쥐의 고통은 (공감의 전조가 되는) 감정상의 전염을 만들어내지 못한다. 따라서 세계를 아는 곳과 모르는 곳으로 나누는 성향은 아마도 우리 인간의 진화 유산, 그 깊은 심층에 자리 잡고 있을 것이다.

우리는 또한 다른 나쁜 이유들로 인해 컴패션을 억제할 수도 있다. 예를 들어 우리는 고통 받는 사람을 잘못(그 사람의 불운이 문제라며) 비난할 수도 있다. 많은 미국인이 빈민들은 게으름과 노력 부족으로 스스로 가난을 초래했다고 생각한다. 그 결과 (이것은 자주 잘못된 것임에도) 그들은 빈민들에게 그 어떠한 컴패션도 느끼지 못하는 것이다.[12]

이러한 컴패션 능력의 부족은 혐오감과 수치심의, 예의 그 악독한 역학으로 이어질 수 있다. 사회 내 특정 집단이 수치스럽고 혐오스러운 이들로 인식되는 경우, 그 집단의 구성원은 사회의 주류 집단보다 '아래'에 있으며, 그 집단과는 매우 상이한 이들인 양 냄새 나고 오염되었으며 사회를 오염시키는 동물인 양 취급된다. 그리하여 그들을 컴패션의 대상에서 제외시키기란 쉬워지는 반면, 그들의 관점에서 세계를 보는 일은 어려워진다. 다른 백인에 대해서는 커다란 컴패션을 느끼는 백인이 유색인의 관점에서 세계를 보는 일을 거부한 채 그들을 동물이나 사물처럼 취급할 수 있는 것이다. 남성 역시 다른 남성에 대해서는 공감을 느끼면서도 여성을 그런 식으로 취급하기 쉽다. 간단히 말해, 컴패션 능력의 함양은 그 자체로 노예화와 종속화의 힘을 극복하기에 충분한 것이 아니다. 이는 컴패션 자체가 엘리트들 간의 연대를 강화하고 종속 집단들과의 거리를 더욱 멀게 하면서, 혐오감과 수치심의 동맹 세력이 될 수 있기 때문이다.

소년 소녀들이 점점 성인에 가까워질수록 [그들에 대한] 주변 또래 문화의 영향력 역시 커지게 된다. 타인에 대한 관심이 나르시스적 불안감 · 수치심과 맞서 투쟁해갈 때, 그 성장 과정에 지대한 영향을 미치는 것은 바로 훌륭한 성인(훌륭한 남자, 훌륭한 여자)에 관한 어떤 가치기준이다. 만일 어떤 청소년 또래 문화가 '진짜 남자real man'를 허약하지도 않고 무언가 남의 필요도 느끼지 못하는 이로, 삶에 필요한 그 모든 것을 통제하고 있는 이로 규정한다면, 그러한 가르침은 유아적 나르시시즘을 만들어내고, 약하거나 종속적인 이로 인식된 여성과 타인에 대한 공감 확대를 강력하게 훼방할 것이다. 심리학자 댄 킨들런과 마이클 톰슨은 그러한 문화가 실제로 미국의 십대 소년들 사이에 있다고 지적한다.[13] 모든 문화권이 어느 정도는 남성을 통제 역할을 담당하는 이로 그리고 있지만, 미국 문화는 분명 그러한 방식으로 남성을 그리고 있다. 그 누구의 도움도 받지 않고 스스로의 힘으로 살아가는 고독한 카우보이의 이미지를 젊은이들에게까지 주입하고 있는 것이다.

킨들런과 톰슨이 강조하는 것처럼, 그러한 이상적인 남자가 되고자 함이란 실제로는 통제하지 못하는 세계를 마치 통제하는 것인 양 가장假裝하는 일을 수반한다. 이러한 거짓 가면은 사실상 삶 그 자체에 의해서 나날이 벗겨진다. 그 젊은 '진짜 남자'는 허기 · 피로 · 갈망을 그리고 종종 병 또는 공포를 느낄 테니 말이다. 따라서 이러한 신화에 이끌려 살아가는 그 어떤 사람의 심리에도 수치심은 잠류하기 마련이다. 나는 '진짜 남자'가 되어야만 한다. 하지만 내가 나의 환경을, 심지어 내 몸 하나조차 통제하지 못함을 무수한 경험을 통해 알고 있는 것이다. 만일 [이렇게] 수치심이라는 감정이 인간의 나약함에 응해 나타나는 보편적 반응이라면, 그 감정은 상호 필요와 상호 의존의 이상과 더불어 성장한 이보다는, 완벽한 통제의 신화와 더불어 성장한 이에게서 훨씬 더 강렬하게 나타날 것이다. 다시 강조하건대 그렇다면 우리는, 아이들이 통제 또는 강함[비허약함]을 열망하지 않는 일이, 평범한 운명의 삶을 초월하는 무엇으로 제 삶의 가능성을 규정하지 않는 일이, 얼마나 중요한지 인식하게 된다. 또 (아이들이) 여러 다양한 사회적 정황 속에서 어떻게 평범한 인간의 나약함이 생생히 체험되는지를 이해하고 배우는 일이, 어떻게 사회정치 제도의 성격 자체가 그 모든 인간이 공유하는 나약함에 영향을 미치는지 이해하는 일이, 얼마나 중요한지 인식하게 된다.

루소는 주장한다. 교육자라면 반드시 두 방향에서 타인 위에 군림하고자 하는 에밀의 나르시스적 욕망을 분쇄해야만 한다. 우선, 신체적으로 성숙해감에 따라 에밀은 [스스로] 나약한 이가 되지 않는 법을, 맨손 맨발로 남의 시중을 마냥 기다리고만 있지 않는 법을 배워야만 한다. 그가 이 세계에서 무언가를 스스로 할 수 있는 이가 되는 한, (갓난아이처럼) 타인에게 많은 도움을 요청할 필요는 느끼지 않을 것이다. 그리하여 그는 자신들만의 용무가 있는 그 사람들, 자신의 손짓과 부름에 오지 않는 그들에 대해 짜증을 덜 내게 될 것이다. 루소가 보기에, 대부분 학교는 그 어떤 실제적 활용과도 거리가 있는 배움, 즉 순수하게 추상적이기만 한 배움을 제시함으로써 아이들의 나약함과 수동성을 부추긴다. 이와는 대조적으로 그가 이상적으로 생각하는 교육자란,

에밀로 하여금 자신이 살고 있는 세계에서 타협하도록 가르칠 것이었다. 에밀을 능력 있는 참여자로 만들면서 말이다. 다른 한편으로 에밀의 '감정 교육'이 지속되어야만 한다. 여러 가지 다양한 이야기들을 만나봄으로써 에밀은 타인의 운명을 자신의 운명처럼 느끼는 법을, 그들의 눈을 통해 세계를 보는 법을, 상상력을 통해 그들의 고통을 아주 생생히 느끼는 법을 배워야만 한다. 오직 이러한 방식을 통해서만 멀리 있는 타인들은 실재하는 이들이자 에밀 그 자신과 동등한 이들이 될 것이다.

나르시시즘, 나약하기 짝이 없음, 수치심, 혐오감, 컴패션에 관한 이러한 이야기는 민주적 시민 교육이 꼭 다루어야만 하는 내용의 심장부에 있다고 생각한다. 그러나 교육자들이 염두에 두어야 하는 또 다른 심리학적 이슈들이 있다. 실험심리학 연구들은 여러 다양한 사회들에서 공통적으로 보이는 숱한 파괴적 성향들을 발견한 바 있다. 스탠리 밀그램은 (이제는 고전이 된 자신의 유명한 실험상의) 실험 참가자들이 권위 집단의 판단에 순종하기 쉬운 경향성을 보인다고 말한다. 그가 반복적으로 실험했던 실험의 참가자 대부분은, 감독관-과학자가 자신들에게 "여러분이 하는 일은 모두 다 괜찮은 일이에요"라고 말하는 한, 다른 이들에게 극히 고통스러우며 위험한 수준의 전기 충격을 가하는 일을 자발적으로 하려 했던 것이다. 심지어 그 다른 이들이 고통 속에서 신음하고 있는 데도 말이다(물론 이러한 신음은 실험을 위해 조작된 것이다).[14] 밀그램보다 먼저 솔로몬 애시는, 주변의 모든 이가 자신들과 반대로 감각 판단을 할 경우, 실험 속 행위 주체들은 자신들의 감각이 분명히 지시해주는 것과 반대되는 쪽으로 행동하려 한다는 점을 보여주었다. 엄정하며 종종 [사실로] 확증된 애시의 연구는 평범한 인간이 동료의 압박$^{peer\ pressure}$에 순종하고 마는 기이한 사태를 보여준다. 밀그램의 연구와 애시의 연구 모두 크리스토퍼 브라우닝에 의해 효과적으로 응용되었는데, 브라우닝은 나치 시대에 유대인을 학살했던 경찰 부대에 소속된 젊은 독일인들의 행동을 설명한다.[15] 브라우닝에 따르면, 동료의 압박과 권위 집단이 이들 젊은이에게 미친 영향이 너무나도 컸던 나머지, 유대인을 쏘지 못하고 만 이들은 자신들의 나약함에 수치심을 느꼈다는 것이다.

이러한 두 성향*이 앞에서 서술된 '나르시시즘-불안감-수치심 역학'에 가깝다는 점을 이해하기란 어렵지 않다. 사람들은 동료 집단에 결속되는 사태를 좋아한다. 이 사태는 곧 일종의 '대리적 비허약성^{surrogate} ^{invulnerability}'의 사태이기 때문이다. 또한 사람들이 어떤 이들을 낙인 찍고 박해하는 경우, 그들은 흔히 집단의 일원으로서 그렇게 하기 마련이라는 사실은 전혀 놀라운 것이 아니다. 권위에의 순종은 모든 집단생활에서 공통적으로 발견되는 특징이며, 나약하지 않다고 여겨지는 지도자에 대한 신뢰는 약하기 그지없는 자아가 불안한 사태로부터 자기 자신을 보호하는 대표적 기제이므로. 그렇다면 어떤 의미에서 이 연구는 내

---

* 권위 집단에의 순종과 동료 압박에의 순종 성향을 말한다.

가 제시한 이야기[*]가 옳다고 말해주고 있는 것이다.

또한 이 연구는 우리에게 무언가 새로운 것을 말해준다. 대개 유사한 성향을 보이는 사람들은 만일 처한 상황이 특정 방식으로 디자인된 경우라면 더욱더 나쁘게 행동한다는 점을 보여주는 것이다. 애시의 연구에 따르면, 만일 단 한 명이라도 [다수의 의견에] 반대의 목소리를 내는 이가 있다면, 실험 행위 주체는 자신만의 독자적 판단을 말할 수 있게 된다. 즉 주위에 온통 잘못된 판단을 내리는 이들만이 있는 상황이 행위 주체로 하여금 자신의 생각을 말하지 못하도록 하는 것이다. 밀그램의 연구에 따르면, 어떤 권위적 인물이 사태 전체를 책임지고 있으니 자신들이 내린 결정에 대해 그들 스스로는 책임질 필요가 없다는 생각을 행위 주체들에게 허락하는 일 자체가, 그들의 무책임한 결정을 이끌어낸다. 간단히 말해, 다른 유형의 상황에서는 제대로 행동할 수도 있는 바로 그 사람들이 특정한 상황 체계 속에서는 나쁘게 행동하는 것이다.

그러나 이것이 이야기의 전부는 아니다. 또 다른 연구에 따르면, 지배[통제]자의 역할을 맡고 타인이 자신들보다 열등하다는 말을 듣게 되는 상황에 처한 경우, [평소] 분명히 올바르게 행동하는 훌륭한 사람들이라도 [타인을] 모욕하고 비난하는 행동에 적극 가담한다. 등골을 오싹하게 만드는 한 예화는 학생들에 관한 것으로, 담임 선생은 그들에게 푸른 눈동자를 지닌 아이들이 갈색 눈동자를 지닌 아이들보다 우월하

---

[*] '나르시시즘-불안감-수치심 역학'에 관한 이야기를 말한다.

다고 일러준다. [그에 따라] 학급을 나누는 행위, 잔혹 행위가 뒤이어 일어난다. 담임 선생은 이제 아이들에게, 이는 사실이 아니며 실수로 잘못 말한 거짓이라고 일러준다. 실상은 갈색 눈동자를 지닌 아이들이 우월하며 푸른 눈동자를 지닌 아이들은 열등하다고 말이다. [이 말에] 학급을 나누는 행위, 잔혹 행위는 계속 일어난다. 즉 행위의 주체만 뒤바뀌는 것인데, 갈색 눈동자의 아이들은 차별받았던 고통의 경험으로부터 아무것도 배우지 못한 것처럼 보인다.[16] 요컨대 나쁜 행동은 비단 개인에 대한 병든 교육이나 병든 사회가 초래하는 결과만이 아니다. 그것은 특정 상황에서라면 분명히 훌륭한 사람들에게도 열리는 하나의 가능성인 것이다.

아마도 이러한 유형의 실험 중 가장 유명한 것은 필립 짐바르도의 스탠포드 감옥 실험일 것이다. 이 실험에서 짐바르도는, 간수와 수감자 역할을 무작위적으로 맡게 되는 실험 속 행위 주체들은 [자신의 역할이 무엇이냐에 따라] 즉각적으로 다르게 행동하기 시작한다는 점을 알아낸다. 수감자들은 수동적이며 절망적인 이들이 된다. 간수들은 모욕하고 비난하는 데 제 권력을 사용하게 된다. 짐바르도의 실험은 여러 가지 면에서 잘못 디자인되었다. 이를테면 그는 간수들에게 그들의 목표가 수감자들에게 소외·절망감을 유발하는 것이어야 한다며, 그들이 해야 할 일들을 상세히 지시했던 것이다. 따라서 실험이 알아낸 바들은 결론이 되기에는 미비하다.[17] 그럼에도 그의 실험 결과는 많은 것을 시사해준다. 또한 그것은 다른 여러 자료들과 결합되는 경우, 개인적으로 전혀 병적이지 않은 이들도 처한 상황이 나쁘게 디자인된 경우 타인에게 아주 몹쓸 행동을 할 수 있다는 생각이 옳다고 확증해준다.

따라서 우리는 개인과 상황 모두를 동시에 바라봐야만 한다. 상황만이 중요한 것은 아니다. 연구들에 따르면, 분명 개개인 사이에는 차이점들이 있기 때문이다. 또 실험들이 보편적 인간 심리 성향이 행위에 미치는 영향을 보여준다고 해석되기 때문이다. 그리하여 우리는 컴패션과 깊은 공감empathy이 증오와 공포를 둘러싼 투쟁에서 이길 수 있도록 우리가 무엇을 할 수 있을지 자문함과 동시에, 궁극적으로 간디가 실천한 바를 실천할 필요, 즉 개인의 심리학을 깊이 들여다볼 필요가 있다. 그러나 상황 역시 중요하다. 의심할 여지없이 불완전한 존재인 우리 인간은 특정 유형의 상황에 처하는 경우 훨씬 더 나쁘게 행동할 터이다.

어떤 상황들이 그러할까? 연구들은 몇 가지를 말해준다. 첫째 '자신에게는 개인적으로 책임이 없다'고 생각하는 경우 사람은 나쁘게 행동한다. 사람들은 자신들의 행동이 [외부에] 드러나는 경우, 개인들로서 책임을 져야 하는 경우보다는 익명성의 천막 아래에 있을 때, 얼굴 없는 대중의 일부가 될 때 훨씬 나쁘게 행동한다(단 한 번이라도 속도위반을 해본 이, 백미러로 경찰차를 보고 속도를 줄여본 경험이 있는 이라면, 이러한 현상이 얼마나 보편적인지 알 것이다).

둘째 아무도 비판적 목소리를 내지 않는 경우 사람들은 나쁘게 행동한다. 애시의 실험에 참가한 이들은 자신들이 동료라고 (그리고 실험에 실제로 참여한 이들이라고) 여긴 다른 모든 이가 한결같이 잘못된 판단에 동의할 때, 바로 그 잘못된 판단에 동의했다. 그러나 만일 단 한 명이라도 반대 의견을 내는 이가 있었다면 그들은 자유로워져 자신들만의 인식과 판단을 따랐을 것이다.

셋째 자신들의 권력행사 대상인 인간들이 비인간화되거나 비개인화되는 경우 사람들은 나쁘게 행동한다. 다양한 상황에서 그러한데, 사람들은 '타인'이 동물 역할을 하는 경우 또는 이름보다는 숫자를 지닌 이의 역할을 하는 경우 훨씬 나쁘게 행동한다. 이 연구 결과는 킨들런과 톰슨의 임상 관찰 결과와 포개진다. 지배[통제]에 미친 듯 집착하는 젊은 남성은 여성을 조작 대상이 되어야 하는 단순 사물로 생각하게 되었고, 여성을 '사물화'하는 이러한 능력은(이는 오늘날 미디어와 인터넷 문화의 많은 요소들로 말미암아 독려되고 있다) 지배에 대한 그들의 환상을 더욱 키웠다.

물론 상황상 나타나는 이러한 특징들은 어느 정도는 기초 교육의 일부분이 될 수 있다. 즉 어떤 교육 과정은 개인적 책임성의 감각, 타인을 개별적 특성을 지닌 개인들로 보는 성향 그리고 비판적 목소리를 내려는 자발성을 강화할 수 있는 것이다. 우리는 아마도 그 모든 조작 행위에 대하여 흔들림 없는 사람을 만들어낼 수는 없을 것이다. 하지만 그 자체가 하나의 강력한 '상황'이 되는, 즉 낙인 찍기와 지배하기의 성향을 극복하게 하는 성향들을 강화시키는 하나의 '상황'이 되는 사회 문화를 생산할 수는 있을 것이다. 예컨대 어떤 문화는 아이들로 하여금 이민자 집단이나 외국인을 자신들의 헤게모니를 위협하는 '얼굴 없는 대중'으로 인식하도록 가르칠 수 있다. 아니면 이러한 집단의 구성원들을 그들 자신과 똑같으며, 보편적 권리와 책임을 지니는 개인들로서 인식하도록 가르칠 수도 있을 것이다.

학교는 성장하는 정신과 가슴의 주인인 아이에게 영향을 미칠 수 있는 요소들 중 하나에 불과하다. 나르시시즘을 극복하고, 타인에 대한 관심을 발전시키는 일들 중 많은 부분은 가정이 담당해야 한다. 또한 또래 집단 내 관계 역시 강력한 역할을 수행한다. 그렇지만 학교 역시 좋은 가정이든 나쁜 가정이든 가정의 성취를 강화할 수도, 약화할 수도 있을 것이다. 학교는 또래 문화 또한 만들어낸다. 자체의 커리큘럼과 페다고지를 통해 학교가 제공하는 것은 자라나는 아이의 정신에 지대한 영향을 미친다.

건강한 민주주의 체제를 위한 시민을, 그 체제 내 구성원인 시민을 양성하기 위해 학교가 무엇을 할 수 있고 해야 하는지 물어볼 때, 우리는 이러한 분석에서 무엇을 배울 수 있는가?

:: 타인의 관점, 특히 사회가 '그저 사물'보다 덜 중요하게 보는 이들의 관점에서 세계를 볼 수 있는 능력을 계발하기.

:: 나약함은 수치스러운 것이 아니며, 타인을 필요로 하는 것은 남자답지 못한 것이 아님을 일러주는, 인간의 허약성과 나약함에 대한 태도 교육. 즉 아이들에게 [자신의] 필요^{need}, 자신의 불완전성에 수치스러워하지 않도록

협동과 상호 호혜를 위한 기회로서 이러한 것들을 인식하도록 가르치기.

:: 가까이 있든 멀리 있든 타자에 대해 진심으로 관심을 기울이는 능력을 계발하기.

:: 다양한 종류의 소수자 집단을 '저열하고', '세상을 오염시키는' 이들로 보거나 혐오감 속에서 그들을 피하려는 성향을 약화하기.

:: 다른 집단들(인종적, 종교적, 성적 소수자, 장애인)에 관한 참된 실상을 가르쳐 그들과 연결되는 상투적 사고 · 이미지와 혐오감을 없애기.

:: 아이 하나하나를 책임 있는 행위자로 대하기, 그럼으로써 아이들의 책임감을 진작하기.

:: 반대 목소리를 내는 비판적 사유에 필요한 기술과 용기, 비판적 사유 자체를 활발히 증진하기.

물론 이는 [간단하지 않은] 거대한 의제다. 지역 사회 문제와 자원에 관한 풍요로운 지식과 더불어, 지역 사회 상황에 관한 지속적인 이해와 더불어 실행되어야만 한다. 또한 교육 내용을 통해서뿐만 아니라 그 교육법, 즉 페다고지를 통해서도 다루어져야만 한다. 다음 장에서 페다고지를 살펴보기로 한다.

4장

소크라테스의 페다고지:
논쟁의 중요성

나라고 하는 사람은 신들에 의한 민주주의에 붙어 있는 한 마리 쇠파리 같은 이녀, 민주주의라고 하는 것은 그 움직임이 게으르고 굼뜨며, 살아 있으려면 따끔한 자극을 받아야 하는 거대하고 고 결한 말[馬]이다.

– 소크라테스, 플라톤, 『소크라테스의 변명』, 30ㅌ

우리 인간의 정신은 지식을 갖추는 데 소용되는 것들을 획득함으로써가 아니라, 타인의 생각들을 소유함으로써가 아니라, 그 자신만의 판단 기준을 형성함으로써, 그 자신만의 생각을 생산함으로써 비로소 참된 자유를 얻는다.

– 라빈드라나트 타고르, 타고르의 학교 강의 개요 중에서, 1915년경

"자세히 검토[질문]되지 않은 삶이란 살 만한 가치가 있는 삶이 아니다." 소크라테스의 말이다. [사람을] 흥분시키는 수사학을 좋아하고, 논쟁을 의심쩍어하던 민주주의 체제에서, 소크라테스는 비판적 질문 제기라는 이상理想에 매진한 탓에 목숨을 잃고 말았다. 오늘날 그의 예화는 서구 전통에서 교양 교육의 이론과 실천의 중심에 있다. 또한 그와 연관된 아이디어들 역시 인도와 여타 다른 비서구 문화권에서 교양 교육 이념의 중심을 차지한다. 모든 학부 학생은 철학과와 인문학 분야 다른 학과가 제공하는 일정 과목들을 수강해야 한다고 사람들이 고집

스레 주장했던 이유는, 그러한 과목들이 내용과 교수법 양자를 통해 전통과 권위에 순종하기보다는 스스로 생각하고 논쟁할 수 있도록 학생들을 자극할 것이라고 믿었기 때문이다. 또 이러한 소크라테스식으로 논쟁하는 능력은, 소크라테스가 천명했듯 민주주의에 가치 있을 것이라고 그들이 믿었기 때문이다.

그러나 오늘날 이 소크라테스식 이상은 경제 성장을 극대화하는 데 몰두하는 세계에서 심각하게 짓눌리고 있다. 만일 우리가 원하는 것이 계량 가능한, 시장에서 판매될 만한 산출물이라면, 스스로 생각하고 논쟁하는 능력이란 많은 이들에게는 없어도 좋은 것이다. 더욱이 규격화된 시험으로 소크라테스식 능력을 측정하기란 지난한 일이다. 오직 수업 중의 대화와 학생의 작문에 중점을 두는 섬세한 평가만이 학생들의 비판적 논쟁 기술 습득 정도를 우리에게 일러줄 수 있다. 그리하여 규격화된 시험이 학교 평가 규범이 되는 한 커리큘럼·페다고지상의 소크라테스적 요소들은 뒤로 물려날 공산이 크다. 경제 성장의 문화는 규격화된 시험을 사랑하며, 규격화된 시험 방식으로 쉽게 평가되지 못하는 교수법과 수업 내용을 참아내지 못한다. 개인적 또는 국가적 부가 커리큘럼의 근본 초점이 되는 한 소크라테스식 재능들은 덜 함양될 가능성이 큰 것이다.

그러나 도대체 이것이 어째서 문제란 말인가? 소크라테스가 성장했던 아테네의 민주주의를 생각해보자. 많은 점에서 아테네 민주주의 제도는 상찬될 만하다. 모든 시민에게 공적 중요성을 띤 이슈들에 관해 논쟁할 기회를 제공하며, 투표와 사법 체제에서 시민 참여를 고집하는 제도이기 때문이다. 실제로 아테네는 군대의 통솔직을 제외한 모든 주요 공직을 제비뽑기 방식으로 충원했다는 점에서 그 어떤 현대사회보다도 직접 민주주의에 가까운 체제였다. 의회 참여가 어느 정도 노동과 거주지를 기준으로 제한되긴 했지만 비엘리트 남성이 공적 논쟁에 참여하며 그 논쟁에 새로운 무언가를 제시하는 일은 가능한 일이었다(도시 거주민 그리고 노동에 시간을 뺏기지 않는 한가한 시민들이 다른 이들에 비해 더 많은 역할을 수행했고, 여성·노예·외국인과 같은 비시민의 의회 참여권 배제는 말할 나위조차 없다). 그렇다면 왜 소크라테스는 이처럼 꽃피어나는 민주주의를, 논쟁 기술(그가 가장 잘 전수했던 기술)에 의해 자극되어 크게 깨어날 필요가 있는 게으르고 굼뜬 말[馬]이라고 생각했던 것일까?

[당시의] 정치적 논쟁(예컨대 투키디데스*의 『펠로폰네소스 전쟁사History of the Peloponnesian War』에서 그려진 바와 같은 논쟁)을 실제로 들여다보면, 우리는 당시 사람들이 그다지 논리적 방식으로 대화하지 못했음을 발견한다. 그들은 (해보기라도 했다면) 도시의 주된 정책 목표들을 거의 검토[질문]해보지 않았으며, 자신들이 가치 있다고 여긴 다양한 것들을 어떻게 서로 조화롭게 할 것인지도 거의 체계적으로 검토[질문]해보지 않았던 것이다. 그리하여 우리는 자기 검토self-examination**의 부족이라는 사태가 초래

---

* Thucydides. 고대 그리스의 역사학자. BC 460~400.
** 이 책에서 자기 검토는 자기 자신이 누구인지에 대한 검토라기보다는, 검토하는 이 스스로의 힘으로 스스로의 필요로 말미암아 검토 대상에 대해 질문을 던지며 하는 검토를 말한다.

하는 첫 번째 문제란, 그 사태가 '목표에 대한 불명료성'을 유발하는 것임을 알 수 있다. 플라톤은 그의 대화록인 『라케스^{Laches}』에서 이 문제를 설명한다. 플라톤은 여기서 아테네의 선도적 장군들인 라케스와 니키아스 모두 군인으로서의 용맹을 지녔다고는 생각하지만, 그 용맹의 실체가 무엇인지 제대로 설명하지는 못한다. 그들은 어떤 대의를 위해 싸워야 하는지, 도시의 관심사가 궁극적으로 무엇인지에 관한 사유가 용맹에 선결되어야 하는 것인지, 아닌지조차 확신하지 못했다. 소크라테스가 이러한 생각을 말하자, 그들은 소크라테스의 생각을 반긴다. 하지만 그들은 [소크라테스의 말을 듣기] 전에는 이를 또렷하게 생각해보지 못했다. 자신들의 중심 가치들에 대한 그들의 이러한 완전한 혼돈 상태는 비교적 결정 사안이 가벼운 경우라면 무해할 수도 있다. 그러나 중대한 결정이 요청되는 경우라면 '내가 무엇을 원하고 중시하는지'에 대한 명확한 입장을 갖는 것이 이로울 것이다. 플라톤은 훗날 시실리 원정[*]에서의 군사적·정책적 실수라는 재난이 [문제에 대한] 그들 자신의 [심층적] 검토^{self-scrutiny} 부족과 관계있다고 말한다. 시실리 원정에서 장군 니키아스는 아테네의 치명적 패배에 결정적 책임이 있었다. [그 자체로] 일련의 훌륭한 목표들로 우리를 이끌어주는 것은 아니지만, 소크라테스식 [자기] 검토는 적어도 추구되는 각 목표들이 분명히 보이게 하며 경솔함으

---

* 펠로폰네소스 전쟁 중 BC 415~413년 간 진행된 아테네인들의 시실리로의 원정. 처음부터 그 정당성과 가능성에 대한 논의가 분분했지만, 아테네인들의 시실리 점령 시도는 결국 실패로 귀결된다.

로 말미암아 중대한 이슈들이 자각되지 못하는 사태를 방지한다.

스스로의 힘으로 [문제를] 검토해보지 못하는 이들의 또 다른 문제는 그들이 종종 너무 쉽게 남의 의견에 흔들린다는 점이다. 재능 있는 선동가가 아테네인에게 감동적인 언변술로, 그러나 조악한 논리로 연설했을 때 아테네인들은 그 논리를 검토하지도 않은 채 너무나 쉽게 휘둘렸다. 그러한 그들은 다시 그 반대편의 입론에도 쉽게 휘둘릴 수 있었는데, 그들의 입장이 진정 무엇인지 스스로는 전연 감을 잡지 못했던 것이다. 투키디데스는 미틸레네의 반역적인 식민주의자들의 운명에 관한 논쟁에서 확실한 예를 제시한다. 실추된 명예 운운하는 선동가 클레온*의 영향력 아래 의회는, 미틸레네의 모든 남자를 죽이고 여성과 아이들을 노예로 삼자고 투표로 결의한다. 도시는 그 명령을 행할 함선한 척을 출정시킨다. 그러자 또 다른 웅변가인 디오도투스**는 사람들의 마음을 가라앉히고 자비를 베풀어야 한다고 역설한다. 이 말에 설득된 도시는 예의 명령을 취소하기로 결의하는데, 그리하여 첫 번째 함선을 정지시키라는 명령을 실은 두 번째 함선이 출항한다. 순전히 우연으로 먼저 출항한 함선이 잠시 항해를 멈추는 바람에, 두 번째 함선은 그 배를 따라잡을 수 있게 된다. 수많은 생명의 운명이 (그토록 중차대한 정

---

* Cleon. 출생년도 미상~BC 422. 고대 그리스의 정치인. 귀족 출신이었지만 아테네 정치사상 최초로 상인 계급을 대표하게 된다. 당시 투키디데스 등에 의해 '호전론자', '민중선동가'로 불렸다.
** 유크라테스의 아들 디오도투스(Diodotus). BC 427년 미틸레네의 봉기 후 미틸레네의 남성을 모두 죽이고 여성과 아이들을 노예화하자는 클레온의 입장에 반대한 이로 유명하다. 그의 주장은 의회의 지지를 받게 된다.

책 이슈가) 논리적 논쟁이 아니라 우연의 힘에 맡기어졌던 것이다. 만일 소크라테스가 이 사람들로 하여금 클레온의 연설을 멈추게 하고, 그것에 대해 성찰·분석해보고 클레온이 주장하는 바를 비판적으로 사색해보게 했다면, 적어도 그들 중 일부는 (디오도투스의 연설을 들을 필요조차 없이) 클레온의 강력한 수사학에 저항하고 폭력이 필요하다는 그의 입장을 거부했을 가능성이 크다.

우유부단함은 종종 권위나 동료의 압박에 순종하는 태도(우리가 보았듯 모든 사회에 고질적인 문제)와 결합하여 한층 더 악화된다. 논리가 관심의 중심이 되지 못할 때, 사람들은 쉽게 발언자의 명성이나 문화적 신망에 휘둘리거나 동료 문화가 그것을 추종하는 현실에 휘둘린다. 이와는 상반되게 소크라테스식 비판적 질문은 철저히 반권위주의적이다. [이 비판적 질문에서] 발언자의 지위·신망 따위는 하등 중요하지 않은데 중요한 것은 오직 논리뿐이다(플라톤의 『메노^{Meno}』에 등장하는 노예 소년의 논리는 유명한 정치인들의 논리보다 나은데, 이는 부분적으로는 노예 소년이 오만하지 않은 까닭이다). 만일 스스로를 권위적 인물로 생각하는 철학 교사가 있다면, 그이는 소크라테스의 유산을 저버린 이일 것이다. 소크라테스가 아테네에 가져다준 것은 민주주의적 유약함^{柔弱 vulnerability}과 겸허함의 참된 예였다. [소크라테스에게는] 중요한 것은 계급·명성·신망이 아니라 오로지 논리였다.

[소크라테스에게는] 동료 집단 역시 중요한 것이 아니다. 소크라테스식 논쟁자는 확실한 이견 제시자^{dissenter*}이다. 왜냐하면 그이는 사태를 결

국 해결하는 것은 [다른 무엇이 아니라] 각 사람과 논리 그 자체임을 알기 때문이다. 이런 식 혹은 저런 식으로 생각하는 사람들의 수가 얼마냐는 전혀 중요하지 않다. 수가 아니라 논리를 따르도록 훈련된 이는 민주주의 체제에 필요한 훌륭한 사람인데, 애시의 실험이 보여주듯 그릇된 것을 말하도록 또는 경솔히 말하도록 강제하는 압박에 저항하며 떨쳐 일어나는 유형의 사람이다.

자세히 검토[질문]하지 않고 삶을 끌고 가는 사람들의 또 다른 문제는 그들이 서로를 공경심 없이 대하기 십상이라는 점이다. 정치 논쟁을 (그 목표가 자기편 점수를 올리는 것인) 운동 경기와 같다고 생각할 때 사람들은 '상대편'을 적으로 보며, 상대편을 이기거나 심지어 모욕하고자 한다. 하키 경기에서 시카고 블랙호크 선수들이 상대편과 공유하는 '공통지대common ground'를 찾지 못하는 것처럼, 그들이 서로 협상·양보하거나 '공통점common ground'을 찾는 일은 일어나지 않을 것이다. 반면 상대편 대화자에 대한 소크라테스의 태도는 자기 자신에 대한 태도와 완전히 동일하다. [소크라테스가 보기에는] 모든 이에게 검토는 필요하며 모두가 논리 앞에서 평등하다. 바로 이러한 비판적 태도가 각 개인의 입장이 무엇인지 드러내주며, 또한 그 과정에서 동료 시민들을 하나의 공통된 결론으로 나아가게 하는 공통의 가정과 [입장들의] 교차점을 드러내

---

* 여기서 이견 제시자는 문제가 되는 사안에 무조건 반대 의견을 제시하는 이가 아니라, 옳다고 막연히 가정되거나 생각되는 통념이나 사고에 대해서 다른 의견을 제시하는 이를 말한다.

줄 것이다.

철학과의 수업을 포함하여 일련의 '인문교양' 수업을 들어야 했던 매사추세츠 대학 경제학부 19세 학생 빌리 터커의 경우를 생각해보자.[1] 흥미롭게도 그를 담당했던 강사 크리슈나 맬릭은 콜카타 출신의 인디안*아메리칸이었다. 그는 타고르의 교육 이상을 잘 알고 있었던 데다 그 이상을 제대로 실천하던 이였는데, 그리하여 그의 수업은 아주 소크라테스적인 두 문화권[인도와 서구 문화권]의 교차 지점이었다. 그의 수업을 수강한 학생들은 맨 처음 수업에서 소크라테스의 삶과 죽음을 배운다. 이상하게도 터커는 논리를 추구하고자 제 생명을 버리는 그 사람에게 감동한다. 다음으로 수강생들은 정식으로 논리학을 약간 배우게 되는데, 터커는 이 과목 중 한 시험에서 자신이 높은 점수를 받았다는 사실에 기뻐한다. [이전까지] 그는 추상적이고 지적인 무언가에서 자신이 잘할 수 있으리라고는 단 한 번도 생각해보지 못했던 것이다. 또한 학생들은 논리적 결함을 찾아내며 정치적 연설·사설을 분석한다. 마지막으로 학기 후반부에 수강생들은 현시대의 이슈를 둘러싼 논쟁에 대해 연구한다. 터커는 자신이 찬성했던 사형 제도에 반대하는 입장을 제시해야 한다는 점에 놀란다. 그는 어떤 사람이 스스로 지지하지 않는 입장을 위한 논리를 생산할 수 있다는 점을 그간 한 번도 알지 못했던 것이다. 그는 이 경험으로 정치 토론에 대한 새로운 태도를 가지게

---

* Indian. 여기에서는 인도(인디아) 사람을 말한다.

되었다고 고백했다. 이제 그는 상대편 입장을 훨씬 더 존중하게 되었고 양편의 논지와 '공통점'에 대해 훨씬 더 많은 호기심을 가지게 되었다. 토론이란 자만을 떨고 주장을 펼치는 데 쓰이는 단순한 방법이라고 생각하지 않고 말이다. [여기서] 우리는 어떻게 이러한 전환이 정치적 '타자'를 인간화하는지, 어떻게 그것이 상대방을 우리 자신의 집단과 적어도 일부분은 생각을 공유할 수도 있는 이성적 존재로 여기게 하는지를 알게 된다.

이러한 [논리 · 논쟁] 능력이 강력한 국제 시장들로 둘러싸인 다정당 기반의 현대 민주주의 체제에 어떤 중요성을 띠는지 생각해보자. 우선 말해볼 수 있는 것은, (설사 지금 우리가 단순히 경제적 성공만을 목표 삼고 있다 할지라도) 선도적 기업의 간부들은 비판적 목소리가 묵살되지 않는 기업 문화, 개인성과 책임성 양자를 중시하는 기업 문화의 중요성을 매우 잘 이해하고 있다는 것이다. 내가 이야기 나누어본 적이 있는 미국 내 선도적 기업 교육가들은 미국의 최대 비극적 재난들 중 일부(확실한 단계에까지 갔던 나사^{NASA}의 우주 왕복선 프로그램의 실패, 엔론과 월드콤의 더욱 끔찍한 실패들)가 권위와 동료 압박이 사태를 좌지우지하게 하며, 비판적 사고는 전연 표명되지 못하게 하는 문화인 '예스피플^{yes-people} 문화'와 관계있다고 지적한다(이러한 문화 개념을 유효한 것으로 확인시켜 주는 최근의 연구는 항공사 파일럿의 문화에 관한 말콤 글래드웰의 연구로서, 권위에의 순종이야말로 안전이 포기되는 사태가 출현하리라고 미리 알려주는 주요한 적신호다).[2]

기업 관련 두 번째 이슈는 바로 '혁신'이다. 인문교양 교육이 성공적 혁신 문화의 지속에 필수 사항인 상상력과 독립적 사색 기술을 강화시켜준다고 생각할 만한 이유는 많다. 되풀이하지만, 선도적 기업 교육자들은 으레 학생들에게 여러 다채로운 영역들에 두루 발을 담그는 학습 프로그램을 선택하고 상상력을 계발하라고 촉구한다. 또 수많은 기업들은 협애한 교육을 받은 졸업생보다는 인문교양학부 졸업자들을 선호한다. 비록 그 주제에 관해 통제된 실험을 하는 것은 어렵지만, 미국 경제력의 한 특징적 면모는 미국인이 그동안 인문교양 교육에 의지해왔으며, 과학에서는 응용 기술에 협애한 초점을 맞추는 대신 기초 과학 교육·연구에 의지해왔다는 사실인 것으로 보인다. 이 주제들은 보다 길고 완전한 탐구의 대상이 될 만한데, 그렇게 탐구된다면 나의 권고 사항들을 더욱 강하게 뒷받침하는 결론을 생산할 것이다.

하지만 앞에서도 언급했듯, 안정성을 추구하는 민주주의 체제들의 목표가 단순히 경제 성장이어서는 안 될 것이다. 하니 우리의 중심 주제인 정치 문화로 되돌아가보자. 인간은 권위와 동료 압박에 순종하는 경향이 있다. 따라서 우리는 악행을 막기 위해서 이러한 경향을 없애고 개별적 이견의 문화를 생산할 필요가 있다. 다시 기억해보면, 실험집단의 단 한 사람이라도 진실을 옹호하는 경우 다른 이들 역시 그 의견에 따라왔다고 애시는 보고한다. 이는 곧 하나의 비판적 목소리가 심대한 결과를 초래할 수도 있음을 보여준다. 우리는 또한 개인의 개별적이고 적극적인 목소리를 강조함으로써 '책임지는 문화'가 성장하도록 도울 수 있다. 자신의 생각을 자신이 책임져야 하는 것으로 인식할 때 사람들은 자신들의 행동 역시 스스로가 책임져야 하는 것으로 인식하게 될 공산이 크다. 이는 『민족주의』에서 타고르가 제기한 한 주장이기도 하다. 이 책에서 타고르는 사회적 삶의 관료제화 그리고 잔혹한 기계와 같은 현대 국가의 면모가 사람들의 도덕적 상상력을 살해했다고, 그들이 그 어떤 양심의 가책도 느끼지 않은 채 악행을 묵인하도록 조장한다고 주장한다. 만일 세계가 파멸을 향해 가지 않게 하려면 독립적 사고 능력이야말로 핵심 가치라고 그는 덧붙인다. 1917년 일본에서의 한 강연에서 그는 '영혼의 축소를 통한 점진적 자살'에 관해 이야기한다. 그가 보기에, 사람들은 어떤 거대한 기계가 그 부품으로 자신들을 이용하는 사태에, 스스로 국가권력이 추진하는 프로젝트의 수행자가 되는 사태에 자신들을 방치하고 있었다. [그에 따르면] 오로지 강력한 비판적 대중문화만이 이러한 악마적 트렌드를 저지할 수 있을 것이다.

소크라테스식 사색은 그 어떤 종류의 민주주의 체제에서도 중요하다. 그러나 그것은 소수민족성, 카스트, 종교상 상이한 사람들이 사회 구성원으로서 존재하는 사태 자체와 씨름해야 하는 사회들에서 특히 중요하다. 한 사람이 자기 자신의 사유에 대해 책임을 지고 또 이성理性에 대한 상호 존중의 분위기 속에서 타인과 의견을 교환한다는 아이디어는 일국 차원에서도, 점점 더 소수민족·종교 간 분쟁으로 극화되어 가고 있는 세계 차원에서도 차이들[이 초래하는 문제들]을 평화로이 해결하는 데 근본적으로 중요하다.

소크라테스식 사색은 일종의 사회적 실천이다. 이상적으로 그것은 여러 수많은 사회적·정치적 기구들의 기능을 구체적으로 만들어내야 좋을 것이다. 하지만 우리의 주제가 정규 교육인 관계로 우리는, 그 사색이 하나의 분과 학문이기도 하다는 점 역시 인지하게 된다. 즉 소크라테스식 사색은 학교나 대학의 커리큘럼의 일부로 채택될 수 있다. 그러나 그것이 교실 내 교수법의 기율과 학교 전체의 에토스[ethos]*에 영향을 미치지 않는 한 소크라테스식 사색을 제대로 가르치기는 어려울 것이다. 개별 학생은 성장 중인 지적 능력의 임자로, 수업 중 토론에 적극적·창의적인 기여를 할 것으로 기대되는 개인들로 취급되어야만 한다. [그런데] 이러한 종류의 교수법은 소규모 학급이 아니라면, 적어도 대규모 학급 내 소그룹의 정기 만남이 아니라면 실행이 불가능하다.

그러나 보다 구체적으로 말해서, 도대체 '어떻게' 교양 교육이 소크라테스식 가치들을 가르칠 수 있단 말인가? 전문대학·대학에서 이 질문의 답변을 찾기란 [상대적으로] 쉽다. 조사·연구법을, 사실·증거들의 평가법을, 논리정연한 작문법을, 다른 텍스트에서 제시된 다른 논리들에 대한 분석법을 학생들은 학습해야 하므로, 비판적 사색이라는 요소는 하나의 출발 지점으로서 수많은 유형의 [대학] 수업의 교수법에 스며 있어야 하는 것이다.

그러나 만일 상대적으로 성숙한 이 학생들이 인문교양 교육이 가능

---

* 무엇이 좋은 것이냐에 관한 개인 또는 집단, 사회의 감각, 태도, 의견, 기풍.

케 하는 소크라테스식의 적극적 사색법에 충분히 몰입해야 한다면, 논리적 주장 체계를 보다 강조하는 수업이 필수적으로 요청되는 듯하다. 바로 이러한 이유로 나는 모든 대학이 최소 2학기의 철학 수업과 추가적인 신학·종교 연구 수업을 필수 이수 과목으로 삼고 있는 미국 가톨릭 대학들의 모델을 따라야 한다고 주장한 바 있다.[3] 벤틀리 대학에서 터커가 수강했던 수업은 어떻게 그러한 유형의 수업이 만들어질 수 있는지를 보여주는 훌륭한 사례이다. 일부 철학 텍스트들이 하나의 출발점을 제공해줄 것이다. 즉 영감을 불러일으킨다는 점에서 소크라테스의 삶과 예화들과 더불어 플라톤의 대화편은 탐구와 적극적인 사색을 자극하는 데 모자람이 없다. 터커가 수강했던 수업은 또한 논리 체계에도 집중하는 수업이었는데, 이는 [수강생들에게] 매우 유익한 것이었다. (신문의 사설, 정치적 연설부터 그들이 중요시하는 주제에 관한 고유의 주장에 이르기까지) 여러 유형의 수많은 텍스트에 차후 적용할 수 있는 모델로서의 주형^{鑄型, template}을 그 논리 체계가 제공해주었으니 말이다. 마지막으로, 배웠던 바를 수업 중 논쟁과 작문(강사로부터의 소상한 피드백과 함께)을 통해 실천해보게 하는 훈련은 배운 바를 학생들 스스로 자기화하고 숙달하게 할 것이다.

대학에 입학하기 이전 이미 상당한 능력을 갖춘 학부생이라 할지라도 시민 정신과 정중한 정치적 상호 작용 능력을 보다 완전히 함양하기 위해서라면, 이러한 유형의 수업을 수강해야 할 필요가 있다. 상당한 실력을 갖춘 영특한 학생이라 할지라도 인내를 요청하는 훈련 없이 논쟁에 개입하는 방법을 보통은 잘 알기 어려우므로 여전히 미국에서는 상대적으로 보편화되어 있는 그러한 훈련은, [사실] 많은 재능을 [학생들로부터] 요청하며 단순한 대규모 강의들을 통해서는 잘 수행될 수 없다. 학부생들 간에 이루어지는 이러한 종류의 열정적 상호 작용[으로서의 논쟁]은 유럽과 아시아 국가 대부분에서 목격되지 않는다. 그곳에서 학생들은 [대개] 단일 주제를 공부하기 위해 대학에 입학하며, 우선 과제로 인문교양 과목을 수강할 필요는 없다. 또 통례적인 수업은 대규모 강의를 통해서 진행된다. 학생의 적극적 수업 참여는 거의 없거나 조금도 없으며 학생이 작성한 작문 숙제에 대한 피드백 역시 거의 없거나 조금도 없다(이 주제는 이 책의 마지막 장에서 다시 언급할 것이다).

터커는 이미 고등학교 졸업자였다. 하지만 소크라테스식 사색법을 (아동 교육의) 매우 이른 단계에서부터 독려하는 일은 가능하며 또 중요하다. 사실 이는 자주 실행되어왔는데, 바로 이것이야말로 현대 진보 교육의 특징인 것이다.

역사적 관점에서 이 문제를 생각해보자. 왜냐하면 가치 있는 소크라테스식 교육 모델들은 수많은 나라에서 주입식 교육에 대한 반작용으로서 오랫동안 발전되어왔기 때문이며, 그 모델들은 우리의 탐구에 무언가를 알려줄 수 있고 또 알려주어야 마땅하기 때문이다. [여전히] 지속되고 있는 이 풍요로운 전통에 대한 검토는 우리에게 더 많은 분석을 위한 참조 사항들을, 나아가 그 분석을 풍요롭게 할 이론적 근거를 제공해줄 것이다.

18세기부터 유럽과 북유럽의, 또 도드라지게는 인도의 사상가들은 암기 교육 모델로부터 선을 긋고 아이를 활동적이고 비판적인 참여자로 성장케 하는 교육 실험들을 추구하기 시작한다. 이러한 실험들은 어느 정도는 각기 독립적으로 상이한 장소들에서 진행되었지만, 결국에는 서로 막대한 영향을 주고받으며 서로가 서로를 모방해가며 진행되었다. 소크라테스는 이러한 개혁 운동들에 영감을 고취시킨 인물이었지만, 그 운동들에 (아마도 더 많은) 영감을 주었던 또 다른 요소는 기성 학교들이 완전히 고사되고 있었다는 사실, 암기 학습과 학생의 수동성이 시민 교육과 삶을 위한 교육에 좋을 리 만무하다고 교육자들이 느끼고 있었다는 사실이다.

이러한 학교 실험들은 모두 소크라테스식 질문법 이상의 것들이었다. 이 실험들의 제언 중 많은 부분은 다음 장에서 놀이와 예술을 다룰 때 언급될 것이다. [그리하여] 이 장에서 우리는 각 개혁자의 [개혁] 목표가 무엇이었는지, 그 전모를 보여주는 각 교육 개혁의 기본 이념들을 개괄적으로 살펴보기로 한다. 개혁자들이 세웠던 목표를 우리가 이해한다면 비판적 사색에 관한 [그들의] 사상을 탐구하는 틀을 얻게 될 것이다. 하지만 우리는 각 사상가들이 건네는 제언의 소크라테스적 요소에 초점을 맞추도록 하자. 나머지 요소들에 관해서는 5장과 6장에서 다시 언급할 것이다.

유럽에서 이러한 모든 실험의 시금석은 장 자크 루소의 역작인 『에

밀』이었다. 이 작품은 에밀이라는 젊은이를 자율적이며, 스스로 독립적으로 생각할 수 있고, 권위체에 의존함 없이 스스로의 힘으로 실제적 [삶의] 문제들을 해결할 수 있는 이로 만들려는 교육을 논한다. 루소는 자신만의 지혜로 세계를 항해할 수 있는 능력[의 함양]이야말로, 타인을 자신의 노예로 만드는 것이 아니라 타인과 동등한 이로서 삶을 살아갈 수 있는 훌륭한 시민으로 한 아이를 성장케 하는 핵심 요소라고 주장했다. 그리하여 에밀이 받는 교육의 상당수는 실용적인 것인데 [무엇보다] 에밀은 '실행doing'을 통해 학습한다. 바로 이것이 진보 교육에서의 후속적 실험들이 지니는 [공통] 특징이다. 하지만 소크라테스식 요소 역시 중요하다. 단지 자세히 따져보고 질문할 뿐 권위에 대해서는 일절 말하지 않는 교사로부터 에밀은 그 모든 퍼즐을 스스로의 힘으로 풀어야만 한다는 말을 듣는다.

루소는 학교를 창립하지 않았다. 또 『에밀』은 오직 한 명의 개인 교사와 함께 있는 한 아이만을 보여줄 뿐이므로, 훌륭한 학교의 상이 어떠한지에 대해서도 (우리에게) 거의 말해주는 바가 없다. 이러한 의미에서 『에밀』은 그 철학적 깊이에도 불구하고 굉장히 비실용적인 작품이다. 따라서 약간 도식적인 느낌이 나는 이 철학 작품의 세목에 대해서 깊이 숙고하기보다는, 이 작품에 의해 영감을 받았던 실제 교육 실험들에 초점을 맞추는 편이 낫겠다. 루소의 사상은 루소와 동시대를 살고 [교육에 관한] 자신들의 입장에 맞는 학교를 창립했던 유럽의 두 사상가에게 지대한 영향을 미친다.

스위스 교육가 요한 페스탈로치는 그가 살던 당대의 모든 학교에서 목격되던 암기 학습과 주입식 교육을 [주요] 표적으로 삼았다. 그에 따르면 이러한 종류의 교육의 목적이란, 권위(체)에 순종할 뿐 질문을 제기하지는 못하는 순종적 시민의 양성이었다. 이와는 대조적으로 교육에 관한 자신의 풍요로운 저작물들(이들 중 일부는 픽션이다)에서 페스탈로치는 아이 자신의 자연스러운 비판 능력을 계발하여 아이를 적극적이고 탐구적인 인간으로 만드는 일에 목표를 둔 교육에 관해 말한다. 그는 소크라테스식 교육을, 아이를 참여하게 하고 유쾌하게 하는 교육, 상식적이기 이를 데 없는 교육으로 제시한다. 만일 교육의 목표가 가축 떼에게서 관찰되는 순종을 양산하는 일이 아니라 정신을 훈련시키는 일이라면 말이다.

페스탈로치의 교육은 좁은 의미의 소크라테스주의가 아니다. 페스탈로치는 공감과 사랑^{affection}이 교육에 중대하다고 역설했던 인물이었다. 그가 생각한 이상적인 교육자란 소크라테스와 같은 지적 자극자^{challenger}인 동시에 어머니와 같은 이였다. 학생 체벌의 완전한 금지를 촉구했을 정도로 그는 그 자신의 시대를 너무나도 앞서나갔던 사람이다. 그는 아동 교육에서의 놀이의 중요성 역시 강조했다. 이 컨텍스트는 6장에서 더 [자세히] 언급하겠지만 그의 소크라테스적 제언들을 연구할 때 우리는 이러한 컨텍스트를 염두에 두어야 한다.

『레오나르도와 거트루드$^{Leonard\ and\ Gertrude}$』(1781)라는 영향력 있는 소설에서 페스탈로치는 한 작은 마을의 교육 개혁을, 엘리트적 세뇌 교육으로부터 매우 참여적이고 민주적인 형태의 정신 각성에 초점을 둔 교육으로의 [교육] 개혁을 그린다. 중요한 것은 이러한 변혁을 이끌어내는 이가 노동계급의 여성(거트루드)이라는 점이다. 그녀는 모성을 지녔고 탐구적이며 세상 물정에 환한 이로 이 모든 것을 한 몸에 체현한다. 마을 학교에서 모든 계급 출신 소년 소녀를 가르치는 그녀는 아이들을 평등하게 대우하는 동시에, (그들에게) 실용적인 기술들을 가르친다(페스탈로치는 이렇게 근사하게 말한다. "우리가 가르치는 이들은 인간들이지, 성장이 기막히게 빠른 식물들이 아니다.").

에밀의 개인 교사처럼 거트루드는 아이들로 하여금 스스로 문제를 해결하도록 만들며(페스탈로치는 '실물 교육object lesson'이라는 개념의 창시자다) 언제나 적극적 질문 제기를 독려한다. 하지만 소크라테스와는 달리, 그리고 어느 정도는 루소가 상상한 [개인] 교사와는 달리 거트루드는 아이들에게 자애롭다. 나아가 그녀는 아이들의 비판 능력과 더불어 심성(능력)을 계발하는 데에도 관심을 둔다. 1801년 출간된 『거트루드의 자녀 교육법How Gertrude Teaches Her Children』에서 페스탈로치는 훌륭한 교육의 원칙들을 일목요연하게 정리해 보여준다. 그는 모든 참교육의 원천이자 생생한 원칙이 다름 아닌 '가정 안의 사랑'이라는 점을 확실히 한다. 젊은 남자와 여자 모두 보다 모성적이고 보다 남을 사랑하는 이들이 되어야 한다고 그는 말한다. 그에 따르면 [이른바] 남성 왕족이라는 이들이 사람들을 이기적 목적 달성을 위해 호전성을 드러내는 이들로 만들고 말았지만, 인간 본성의 정수精髓는 본디 모성적이다. 나아가 이 모성애야말로 "시민이 갖추어야 할 덕과 애국심의 신성한 원천"이다. 페스탈로치 이론의 소크라테스적 요소는 늘 그가 강조한 심성 함양과 더불어 이해되어야 한다.

페스탈로치는 그가 살던 시대와 장소에 비해 지나치게 급진적이었다. 그가 시작했던 다양한 학교들은 모두 실패로 귀결되었고, 그가 접촉한 바 있는 나폴레옹은 그의 생각에 관심이 없었다. 그러나 궁극적 의미에서 그는 [당대의 그리고 후대의] 교육 실천들에 지대한 영향을 미쳤다. 유럽 전 지역 사람들이 그를 방문했고 그와 이야기를 나누었으니 말이다. 그의 영향력은 미국에까지 확대되었는데, 브론슨 올컷과 호레이스 만은 그의 생각에 크게 빚지고 있다.

페스탈로치보다 약간 뒤에 나타난 독일의 교육가 프리드리히 프뢰벨은 페스탈로치 정신으로, 사실상 전 세계 어린이의 학교 공부 시작 방식을 변화시킨 교육 개혁을 단행한다. '유치원^{kindergarten}'의 창시자이자 이론가였던 프뢰벨 덕분에, '정규' 교육이 시작되기 직전 한 해 동안, 어린이들은 놀이와 사랑이 충만한 환경에서 (자신들의) 인지 능력을 넓히도록 부드럽게 안내되는 것이며, 또 그 한 해 동안의 교육은 소크라테스를 따라 어린이 자신의 활동 자체를 배움의 원천으로서 강조하고 있는 것이다. 페스탈로치처럼 프뢰벨 역시, 나이 든 이들이 자신의 지혜를 부어내는 용기容器로 아이들을 인식하는 전통적 교육 모델을 극도로 염오厭惡했다. 프뢰벨에 따르면, 교육의 초점은 어린이의 자연스러운[선천적] 능력들을 놀이를 통해 이끌어내고 함양시키는 일에 맞추어져야 한다. 유치원이라는 [혁신적] 아이디어는 결국, 어린이가 놀이를 통해 배우고 자신을 성숙시키는 어떤 장소라는 [간단한] 아이디어에 불과하다. 프뢰벨은 특정한 물리적 사물들(이른바 '프뢰벨의 선물')의 속성에 대해 신비주의적인 생각을 꽤 많이 했는데, 이를테면 공ᵇᵃˡˡ이 그러한 사물이다. 이러한 상징적 사물들을 손으로 조작해봄으로써 아이는 적극적으로 생각하는 법을, 자신의 환경을 완전히 이해하는 법을 배운다. 현대의 유치원들은 지혜롭게 프뢰벨의 다소 신비주의적인 환상은 한쪽에 제쳐두고, 어린이들이 적극적 사고·상호 호혜·적극적 사물 조작을 통해 스스로를 성숙시키는 법을 익히게 된다는 핵심 아이디어는 보존하고 있다. [어린이의] 호전성이란 [그들의] 선천적 나약함에 대한 반작용이며, (자신들의) 자연스러운 공감 능력, 호혜 능력을 키우는 동시에, 자신들을 둘러싼 세계에 대처하는 법을 배우게 될 때 그 호전성은 (어린이들에게서) 저절로 사라지게 된다고 프뢰벨은 생각한다. 유아 성장에 관한 [앞서 살펴본] 우리의 이야기에 비추어볼 때, 이러한 지적은 적잖이 낙천적인 것이지만 그 방향만큼은 그르지 않다.

프뢰벨이 관심을 두었던 이들은 너무 어린 아이들이어서, 소크라테스적 테크닉들은 그 어떤 공식적 형태로든 그의 이론에서는 제시되지 않는다. 하지만 어린이들을 활동적이도록, 탐구적이도록, 질문하도록 (단순히 수용하게 하는 것이 아니라) 부추긴다는 점에서, 그의 이론에서 소크라테스적 테크닉들의 기초는 굳건하다. 모든 어린이가 존중받을 자격이 있다는 그의 생각, (계급이나 성과 상관없이) 모든 어린이가 탐구자가 되어야 한다는 그의 생각 또한 완전히 소크라테스적이다. [사실] 오늘날 전 세계 어린이가 그의 기여에 큰 혜택을 입고 있다. 공감과 사랑의 환경에서 놀이를 통해 실시되는 방식의 조기 교육에 관한 그의 생각이 거의 전 세계에 유치원을 만들어냈으니 말이다. [그러나] 오늘날 우리의 세계에서 이러한 건강한 생각은 억압받고 있다. 어린이들은 점점 더 이른 나이에 기술을 익히도록 압박받고 있고, 맘놓고 즐기는 놀이를 통한 학습의 기회를 자주 잃고 있는 것이다.

자, 이제, 우리의 역사 탐색은 미국으로 향한다. 미국의 교육은 그 형성 과정에서 유럽의 진보적 교육 개혁들로부터 지대한 영향을 받았는데, 이 점이 왜 인문교양 교육의 이념이 유럽에서가 아니라 미국에서 꽃피었는지를 설명해줄는지도 모르겠다. 브론슨 올컷은 현대 소설가 루이자 메이 올컷의 아버지로 가장 잘 알려진 인물인데, 그가 손수 창립한 학교는 그녀의 연작 소설 작품인 『작은 남자들과 조의 아이들^{Little} $_{Men\ and\ Jo's\ Boys}$』에서 사랑스럽게 그려진다. 루이자는 그의 부친(소설에서는 조의 남편인 바어 교수)을 '소크라테스식 교수법'을 따르는 이로 그린다. [소설 속에서] 그는 자신이 페스탈로치와 프뢰벨에게서 엄청난 영향을 받았다고 말한다. 이 말은 브론슨 올컷의 가치 지향을 정확하게 포착하고 있는 것처럼 보인다. 이러한 영향들에 덧붙여 독일 관념론과 워즈워스의 시를 언급해야겠지만.

1834년 창립된 보스턴의 템플 스쿨에서 올컷은 6세에서 12세에 이르는 30명의 소년 소녀들을 가르쳤다(교사들 역시 여성과 남성이 섞여 있었다). 1839년 템플 스쿨은 흑인 학생을 받아들이게 되는데 많은 학부모가 [이에 반발해] 자녀들을 자퇴시켰고, 급기야 학교는 문을 닫고 만다. 그러나 이 짧은 시기 동안 이 학교는 유럽 진보 교육의 유산을 지속시키고 또 확대했다. [나아가] 올컷의 방법들은 페스탈로치와 프뢰벨의 그것보다 더욱 분명한 방식으로 소크라테스적이기까지 했다. 교사의 가르침은 언제나 주장이 아니라 질문의 형태를 취했다. 아이들은 자신들의 생각과 감정을 스스로 검토해보도록 인도되었던 것이다. 올컷은 이렇게 쓰고 있다. "교육이란 생각이 영혼으로부터 열려 나오며, 바깥의 사물들과 결합하고, 또 스스로를 성찰하는 과정이자, 그럼으로써 그 사물들의 현실과 형태를 알게 되는 과정이다. …… 교육이란 자기 실현self-realization이다." 이는 플라톤의 목소리라기보다는 헤겔의 목소리이지만[*], 교육법의 측면에서 그 핵심은 다분히 소크라테스적이다. [올컷의 생각으로는] 교육이란 질문함으로써 심층적 자기 검토[조사]self-scrutiny를 통해 진척되는 무엇인 것이다.

프뢰벨과 페스탈로치처럼 올컷은 심성 교육과 시poetry의 역할을 강조

---

[*] 플라톤식 말이 아니라 헤겔식 말이라는 뜻으로, 헤겔의 관념철학과 빌둥(Buildung)론을 염두에 둔 듯하다. 헤겔의 빌둥론만 아주 간단히 역자의 언어로 언급해보면 이러하다. 인간은 되어야 하는 무엇이다. 그런데 되어야 하는 존재는 대단한 어떤 존재가 아니라 바로 자기 자신이다. 그러니까 인간은 되어야 하는 자기 자신이라는 이상 상태에서 (어느 정도 멀리) 떨어져 있고, 그런 상태로 살아가는 존재다. 이 이상 존재로서의 자기 자신과 현실의 나 사이의 간극을 좁히는 일이 바로 빌둥이다. 빌둥을 통해 인간은 비로소 자기 자신이 된다. 달리 말해 자기를 세계 속에 현실화 또는 실현한다. 요컨대 자기 실현의 한 방법은 헤겔의 언어, 헤겔을 이은 독일 사상가들의 언어로 하면 빌둥인 것이다. 브론슨 올컷에게는 이러한 의미의 빌둥이 바로 교육의 정수이며, 그리하여 이 책의 저자는 올컷의 말에서 헤겔의 목소리를 듣는 것이다.

한다는 점에서 소크라테스와 변별된다. 그의 수업은 자주 시 읽기와 시 해석에 초점을 맞추었다(워즈워스가 특히 그가 선호하는 시인이었다). 그 렇다고 논쟁이 경시되었던 것은 아니다. 또한 어린이들은 자신들의 생 각을 책임지고 변호하라는 가르침을 받았다. 유럽의 선배 사상가들에 게 그러했던 것처럼, 올컷에게도 소크라테스의 접근법은 불완전한 것 이었는데, 그 접근법이 심성·상상력 교육에 관심을 두지 않는 것이었 기 때문이다. 그럼에도 다음과 같은 점들을 강조하는 소크라테스의 교 육법은 [올컷을 비롯한] 모든 이들이 추구했던 이상적 교육의 중심에 있 었다. 자기 검토, 개인적 책임성 그리고 학생들을 전통적 권위(체)의 고 분고분한 도구로 만드는 교육에 대한 해독제로서의 개별적 정신 활동.

역사적으로 꽤 중요한 인물이지만, 호레이스 만에 대해서는 보다 간 략하게 언급할까 한다. 올컷과 동시대인이었지만 어떤 점에서 정치적 으로는 보다 주류파였던 만^{Mann}은 아마도 듀이 이전의 인물들 가운데에 서는, 미국 공교육 역사상 가장 영향력 있는 인물일 것이다. 그가 남긴 업적의 앞머리에 매사추세츠 주 공립 학교들의 선구적 개혁이 있었다 면 그 마지막에는 손수 창립했던 학교인 안티오크 대학에서의 교육 실 천이 있었다. 노예제 폐지론자였고 여성 평등권에 대한 선도적 옹호자 이기도 했던 만은 언제나 '모든 이들의 포용'을 옹호했다. 모두에게 무 상으로 시혜되어야 하는 교양 교육(단지 기술 교육이 아니라), 주 내 모든 지역에 설치되는 무상 도서관, 비엘리트 학생들이 다니는 학교의 고급 교육을 그는 변호했던 것이다. 그렇다면 우리가 앞서 살펴본 이들처럼

만 역시 단순 암기식 교육을 증오했던 교육 개혁가였다. 그의 개혁들은 평등주의적이며 포용적인 개념으로서의 민주주의에 매우 긴밀히 연관되어 있었다. 그의 생각으로는, 시민이 교육받지 못하고 적극적인 목소리를 내지 못한다면 그 어떤 민주주의도 지속가능하지 않았다. 포용에 관한 그의 입장은 [상당히] 급진적이었다. 인종이나 성^{sex}과 관계없이 모든 어린이를 평등하게 가르치라고, 교육 실천에서의 계급 차별을 없애라고, 심지어는 (안티오크에서) 여성 교직원에게 남성에게 지급되는 것과 동등한 임금을 지급하라고 그는 주장했다. 1852년 매사추세츠 주정부가 의무 교육에 관한 최초의 주 법안을 통과시켰던 것 또한 만의 영향력이 컸다.

어떤 의미에서 호레이스 만은 앞서 살펴본 개혁가들의 교수법에 관한 생각들을 공유하기도 했다. 즉 그는 비효율적이며 권위주의적인 교육법을 거부했고, 상투적 교육보다는 이해해가는 교육을 추구했다. 하지만 그가 강조한 것은 대개 기초 능력[자질], 문해력, 수학 능력이었다. 더욱이 권위주의적 교사들(특히 성경에 기초해 가르침을 펼쳤던 독단주의적 종교 교사들)에 대한 그의 비판은 그리하여 조금은 제한된 것이었는데, 그는 주로 읽기·쓰기를 가르치는 권위주의적 교육법이 초래하던 명백한 실패에만 초점을 두었던 것이다. 아이 스스로 읽고 있는 것을 이해하면서 읽도록 해야 한다는 그의 역설^{力設}에 깔려 있던 변호의 논리는, 질문과 성찰 그 본디 가치에 대한 호소라기보다는 이해하는 과정 없이 [읽는 법을] 모방하는 것만으로는 아이가 독서를 배울 수는 없다는

[보다] 단순한 생각이었다.

말년에 이르기까지 안티오크에서의 그의 급진적 포용성 실천은 계속되었다(안티오크는 여성과 남성을 완전히 동등하게 교육한 미국 최초의 대학이며, 흑인 학생과 백인 학생을 동등하게 교육한 미국 최초의 대학 가운데 하나다). 한편 그의 소크라테스적 교육 사상에 대한 몰두는 점점 더 뚜렷해져갔다. 안티오크는 수업 중 토론을 강조한 첫 번째 대학이었는데, 심지어 그 대학은 단과대 독자 수업을 보장하기까지 했다.

요컨대 호레이스 만은 위대한 실천적 개혁가이자 민주주의적 교육의 강력한 주창자였다. 하지만 적어도 학교에 관해서라면, 그는 그 무엇보다도 기본 기술 교육에 초점을 두었다. 또한 소크라테스적이며 민주주의적인 가치들에 대한 그의 몰두와 실천은, 우리의 이 역사 여담에 등장하는 다른 인물들의 그것에 비해 덜 심충적이며 덜 성찰적이었다. 아쉽지만, 그리하여 우리는 그와 이 지점에서 작별하기로 하고, 소크라테스의 교육 사상을 사실상 미국 내 모든 교실에 도입했던 다른 사상가에게로 발걸음을 옮기자.

두말할 것도 없이 가장 영향력 있고 이론적으로 탁월한 소크라테스식 교육의 미국인 실천가는 바로 존 듀이다. 그는 사실상 미국 내 전 학교의 교육관 또는 교육 이념을 변혁했다. 미국의 초·중·고등학교 전체에서 그 개별 결점이 무엇이든 보편적으로 공유되는 한 가지는 아이들에게 사실만을 그득 주입시키고 그것들을 수박 겉핥기식으로 되풀이하여 학습하게 하는 교육법은 교육에 하등 보탬이 되지 않는다는 생각이다. 더불어 아이들은 자신들만의 생각에 책임을 지는 법을, 호기심과 비판 정신을 지니고 세계와 뒹구는 법을 배워야 한다는 생각이다. 듀이는 전문 철학자였다. 따라서 [앞에서] 루소에 관해 그러했던 것처럼 그의 교육 실천에 밑깔려 있는 사상들을 여기에서 자세히 살펴보는 일은 가능할 성싶지 않다. 그러나 우리는 적어도 민주적 시민 정신과 소크라테스적 교육 간의 관계에 대해 그가 지적한 바를 개괄적으로 이해해볼 수는 있겠다.

우리가 이제껏 탐색했던 이론가들과 달리 듀이는 민주주의가 꽃피어나던 시대에 살고 가르쳤는데, 그의 주된 관심사는 적극적이며 호기심으로 가득 찬, 비판적이며 서로 존중할 줄 아는 민주적 시민의 양성이었다. 고전에 대해 그 자신은 아주 신중한 태도를 견지했지만(그러한 책들이 권위의 근거로 변모되고, 저명한 저작들의 이름을 떠벌리는 것이 실질적 지적 참여활동을 대체하고 마는 현상을 목격했던 것이다) 듀이에게 소크라테스는 늘 영감의 원천으로 남아 있었다. 살아 퍼덕이는, 합리적이며 비판적인 참여를 민주주의에 도입했던 인물은 [그가 보기에] 바로 소크라테스였기 때문이다. 또 한 사람의 중요한 영감의 원천은 프뢰벨이었다. 자신보다 앞서 태어난, 뛰어난 이들에 대해 쓰는 일을 대체로 좋아하지 않았던 그였지만, 프뢰벨의 사상을 접한 이후 그는 그 사상을 강조하는 데 상당한 시간을 할애했다.[4]

듀이가 보기에 전통적 교육의 핵심 문제는, 그것이 학생들에게 수동적 태도를 독려한다는 점이었다. [전통적으로] 학교는 듣는 곳, 흡수하는 곳으로 취급되어왔고, 분석·감별·적극적인 문제 해결보다는 청취[듣기]가 선호되어왔다. 학생에게 수동적인 청자가 되라고 요구하는 교육은 단순히 학생의 활달한 비판 능력들의 계발을 저해하는 것에 그치지 않는다. 그것은 그 비판 능력들을 적극적으로 약화시킨다. "아이는 그 어떤 지적인 열망도, 조심성도, 질문하려는 태도도 없이 책을 만나며, 그 결과는 개탄스럽기 그지없을 정도로 모든 이에게 공통되는 현상이다. 즉 사색과 탐구의 활기를 약화하고 불구화하는 것으로서의 책에 대한 노예적 의존 현상." 이러한 노예적 태도는 인간의 삶 일반에 나쁠 뿐만 아니라 민주주의에도 치명적이다. 민주주의는 경계하며 깨어 있는 적극적 시민들 없이는 지속될 수 없기 때문이다. 그러하기에 아이는 듣기보다는 늘 무언가를 적극적으로 해야 한다. 사물의 실상을 알아내고, 사물들을 생각해보고, 질문들을 제기해야 한다. 듀이에 따르면 그가 원했던 변화란 "다소간 수동적이며 타성적인 수용성과 자기 억제로부터, 활발하며 거침이 없고 에너지 넘치는 상태로의 변화"였다.[5]

듀이의 생각으로는, 어린아이들을 적극적인 이들로 변화시키는 최선의 길이란 교실 자체를 교실 밖 세계와 이어지는 하나의 실제-세계 공간으로, 즉 삶의 실제 문제들이 논쟁되며 실제적·실용적인 기술들이 [현실에] 재현되는 공간으로 만드는 일이었다. 그리하여 소크라테스적 질문법은 [그에게] 단지 하나의 지성 연마 기술만이 아니었다. 그것은 실제적인 세계 참여의 요소였고, 실제 삶의 문제들을 향한 태도였다. 그것은 또한 타인과 만나 상호 작용하는 방식이기도 했다. 듀이는 늘, 훌륭한 학교에서라면 서로를 존중하는 태도 그러나 비판적인 태도로 공통 과제를 수행하고, 함께 문제를 해결함으로써 학생들이 자연스레 시민 정신에 필요한 기술들을 연마하기 마련이라고 강조했다. 그에게 '협동'이란 손을 쓰는 노동과 다른 숙련 기술직에 대한 존중심의 함양이라는 추가 배당금을 받는 활동이었다. 전통적 교육법을 고수하던 학교에서는 흔히 사무직을 선호하는 엘리트주의적 태도를 독려했다. 그러므로 듀이의 소크라테스주의는 '책상머리에-앉은 채로-논쟁하는' 기술이 아니었다. 그것은 교사의 인도 아래(그러나 외부로부터 온 권위의 강요 없이) 실제 삶의 문제들 그리고 삶에 바로 적용할 수 있는 실용적인 프로젝트들에 대한 이해를 추구하는 가운데, 다른 아이들과 어울려 함께 실천하는 삶의 한 형태였다.

통상 학생들은 삶에 바로 적용할 수 있는 실용적이며 구체적인 과제, 즉 요리, 뜨개질, 정원 손질 따위의 과제를 수행함으로써 학업을 시작하게 된다. 삶의 직접적 문제들을 해결해가는 과정에서 그들은 많은 질문과 만나게 된다. 이러한 물질들은 어디에서 기원하는 거지? 대체 누가 이것들을 만들었지? 어떤 형태의 노동으로 이것들이 내게 온 거지? 사회가 이러한 형태의 노동을 유지·존속하도록 하는 방식에 대해 어떻게 생각해야 하는 거지? (직물로 짜기에 면화[목화, 무명]는 왜 그렇게 어려운 거지? 이러한 실천상의 문제들이 도대체 어떻게 노예 노동과 관계되는 거지? 질문들은 수많은 방향으로 뻗어 나갈 수 있을 것이다.)[6]

요컨대 소크라테스식 질문하기는 삶의 실제 사건들로부터 [자연스럽

게] 뻗어 나오며, 아이들은 이러한 사건들과 자신의 활동을 '출발 지점'
으로 여기도록 인도된다.[7] 그와 동시에 면화 실의 생산 과정이 이러한
복잡한 질문들과 관계된다는 점을 알아감으로써, 아이들은 손을 쓰는
노동 자체가 여러 문제들이 얽히고설킨 중요한 과정임을 이해하게 되
며, 그리하여 그 노동에 대한 새로운 태도를 습득하게 된다. 무엇보다
도 아이들은 수동적으로 [교사의 가르침을] 수용함으로써가 아니라 그
들 자신의 (사회적) 활동을 통해 배운다. 그들은 그리하여 시민 정신을
모방해보고 익히게 되는 것이다. 듀이의 시도들은 세계의 상호 연결성
에 대한 그의 역설이(이에 대해서는 5장에서 논의할 것이다), 예술에 대한
그의 강조가(이에 대해선 6장에서 논의할 것이다) 그러했던 것만큼이나
미국 내 조기 교육에 심대한 영향을 남겼다.

지금껏 유럽과 북미에 널리 영향을 미쳤던 소크라테스식 교육법에
대해 언급해왔지만, 조기 교육에 대한 소크라테스식 접근법이 오직 그
지역들에서만 발견된다고 생각한다면 오산이다. 인도의 타고르 역시
콜카타 외곽 산티니케탄에 한 학교를, 그리고 훗날 (그 학교와 짝을 이루
는) 인문교양 대학인 비스바바라티를 창립하면서, 소크라테스식 접근
법과 매우 밀접히 연관된 교육 실험들을 수행했다. 타고르가 20세기 초
반에 활동한 인도의 유일한 교육 실험가인 것도 아니다. 비슷한 형태의
진보적 초등학교가 (코란 전통이 소크라테스식 교육을 의무화하고 있다고
믿었던 무슬림에 의해 창립된) 교양 대학 자미아 밀리아 이슬라미아와 연
계되어 창립되었던 것이다.[8] 이러한 교육 실험들은 여성과 아이들과 관

련된 전통 법·관습의 개혁들, 이를테면 결혼 적령기를 높이는 일, 고등 교육 수혜의 권리를 여성에게 부여하는 일, 궁극적으로 (새로운 국가의) 시민으로서의 완전한 자격을 여성에게 부여하는 일 등의 개혁들과 밀접히 연관된 것들이었다. 그러한 개혁 운동들이 [당시] 수많은 지역에서 존재했던 것이다. 하지만 타고르의 시도는 이러한 시도들 중 가장 널리 영향력을 미쳤던 운동이었기에 그의 시도에 집중해보고자 한다.

1913년 노벨 문학상을 수상했던 타고르는 여러 다양한 분야에서 세계 최고 수준의 재능을 발휘했던 희귀종이다. 비록 시詩로 이 상을 받았지만 그는 뛰어난 소설가, 단편소설가, 극작가이기도 했다. 더욱 놀라운 것은 그가 시간이 지나며 더욱 높은 가격을 받고 있는 그림 작품들을 생산한 화가이기도 했고, 오늘날 벵골 문화권 사람들로부터 엄청난 사랑을 받았던 2,000여 곡(훗날 인도, 방글라데시의 국가國歌로서 채택된 노래들을 포함하여)을 쓴 작곡가이기도 했고, 이사도라 덩컨(그녀의 무용 작품의 작풍 역시 타고르에게 영향을 미쳤다)과 같은 현대 무용 창립자들에 의해 연구된 무용작품의 디자이너이기도 했고, (자신의 학교에서 수업받았던) 유럽과 미국의 무용가들에 의해 열렬히 상연되었던 무용 드라마들의 창작자이기도 했다는 것이다. 타고르는 또한 훌륭한 철학자이기도 했다. 그의 책『민족주의』는 현대 국가에 대한 사유에 커다란 기여를 하고 있다. 또『인간의 종교The Religion of Man』는 오직 포용적 공감 능력을 함양함으로써만 인류가 진보할 수 있으며, 그러한 능력은 오직 전인 교육global learning, 예술, 소크라테스식 자기 비판을 강조하는 교육을 통해서만 함양될 수 있다고 주장한다. 이러한 타고르의 천재적 면모들은 그가 창립한 학교의 일정과 일상적 삶에 고스란히 스며어 있었다. 그의 학교는 그 무엇보다도 시인, 예술가의 학교, 모든 예술이 인격의 완전한 성장에 얼마나 중요한 것인지를 알고 있던 사람의 학교였다.[9] 그 학교의 이러한 면모는 6장에서 자세히 다루겠지만, 바로 이 면모가 타고르의 소크라테스식 교육 실험이 전개되었던 컨텍스트를 만들어냈다는 점만은 기억되어야 하겠다. 그 학교의 소크라테스적 · 예술적 면모를 만들어냈던 것은, 남성과 여성 모두 자신들의 인간적 잠재성을 완전히 실현하지 못하게 훼방하던 [인도 사회의] 죽은 전통, 옥죄는 전통에 대한 그의 증오였다.

그가 속했던 사회 계급의 많은 이들과 마찬가지로 타고르는 서구의 사상과 문학 전통에서 교육받았다(그는 15세에 셰익스피어의 『맥베스』를 벵골어로 번역했다). 그의 교육 철학은 아마도 어느 정도는 루소로부터 영향 받은 것이었는지 모르며, 또 그의 사상 중 많은 부분은 프랑스 사상가 오귀스트 콩트로부터의 영향을 보여준다. 콩트는 또한 존 스튜어트 밀에게 영향을 미쳤는데, 밀은 콩트에 대한 책을 쓴 적이 있다.[10] 그리하여 우리는 타고르와 밀을 사촌지간이라고 부를 수도 있겠다. '인간man의 종교'에 관한 타고르의 생각은 '인간다움humanity의 종교'에 대한 밀의 생각과 비슷하며, 그 두 생각 모두 남을 포용하는 인간적 공감inclusive human sympathy에 관한 콩트의 사상에 뿌리를 두고 있는 것이다. 타고르와 밀은 관습의 독재에 대해 비슷하게 증오했고, 두 사람 다 개인의 자유에 대한 열정적인 주창자들이었다.

타고르가 일부 서구적 사유로부터 영향을 받았는지도 모르겠다. 하지만 영향은 반대 방향으로 (더욱 분명하게) 흘러갔다. 셀 수 없이 많은 유럽과 북미의 예술가·무용가·작가·교육자들이 그의 학교를 방문하여 타고르의 사상을 자신들의 고국으로 가져갔던 것이다. 타고르는 자신의 실험들을 보기 위해 산티니케탄을 방문했던 마리아 몬테소리와 만나 교유했다. 레오나르도 엠허스트는 타고르의 학교에서 수년을 보냈는데, 훗날 영국으로 돌아가 진보적 예술 교육 중심의 다팅턴 홀을 창립하게 된다. 오늘날에도 여전히 이 학교는 내가 지금 옹호하고 있는 유형의 교육의 등대 역할을 하고 있다. 타고르는 또한 존 듀이에게도 영향을 미쳤는지도 모른다. 비록 그러한 연결 관계를 추적하기는 힘들지만(자신이 누구로부터 영향을 받았는지 듀이 스스로 거의 기술하지 않으니 말이다), 우리는 듀이가 자신의 실험학교를 창립하고 있던 바로 그때에, 타고르가 (일리노이즈 대학에서 농업을 공부하고 있던 아들을 방문 차) 상당 기간을 일리노이즈에서 보냈다는 사실을 알고 있다. 둘 사이에 영향 관계가 있었든 아니든 비판적 사색과 예술에 대한 두 사람의 사상은 긴밀히 연결되어 있다.

타고르는 자신이 단 한 번이라도 출석했던 모든 학교를 증오했고, 가능한 한 신속히 그 학교들과 결별했다. 그가 증오했던 것은 암기 학습 그리고 세세손손 내려오는 문화적 가치들을 수동적으로 수용하는 빈 그릇으로 학생을 취급하는 태도였다. [그리하여] 타고르의 장편소설, 단편소설, 극작품들이 집착하고 있는 주제는 과거에 도전할 필요, 넓디너른 가능성들에 깨어 있을 필요다. 언젠가 그는 '앵무새 길들이기'라 불리는, 전통적 교육에 대한 우화를 통해 암기 학습에 대한 자신의 견해를 피력한 적이 있다.[11]

옛날 인도의 한 왕에게는 아름다운 앵무새가 있었다. 그는 점차 그 새가 교육받을 필요가 있다고 확신하게 된다. 그리하여 그는 제국 전역에 선포하여 그 모든 곳으로부터 현인들을 불러들인다. 모인 현인들은 쉬지 않고 교육 방법론에 대해 논쟁을 한다. 특히 교재에 대해서. 그들은 이렇게 말했다. "우리의 목적에 비추어보건대 교재는 결코 많아서는 안 돼!" [그리하여] 그 새는 하나의 아름다운 학교 건물을 얻게 되었다. 황금 새장 말이다. 가방 끈이 긴 그 교사들은 왕에게 자신들이 고안한 기막힌 교수법을 선보였다. "그 교수법이란 게 어마어마하게 불가사의한 것이어서, 어처구니없게도 그 새는 그 교수법에 비하면 하찮은 존재로 보일 정도였다." 그리고 "한 손에는 교재, 다른 손에는 지휘봉을 든 전문가님들(가방 끈 긴 교사들)은 그 불쌍한 새에게 가르침이라고 불리는 편이 과연 적절할지 어쩔지 모르는 것을 전해주었던 것이었다!"

그러던 어느 날 앵무새는 황천길에 오르고 만다. 얼마간 아무도 그 사실을 눈치 채지 못한다. 사실을 안 왕의 조카들이 이를 왕에게 보고한다.

조카들이 말했다. "폐하, 앵무새 교육이 마침내 완성되었나이다."

"이제 그 녀석이 뛴단 말이냐?" 왕이 물었다.

"전혀요!" 조카들이 말했다.

"난단 말이냐?"

"아뇨."

"어서 데려와 봐." 왕이 말했다.

그 새는 왕에게 전달되었다⋯⋯. 왕은 죽은 새를 손가락으로 찔러보았다. 오직 그 몸 안에 가득 차 있던 책-잎들이 바스락거렸다.

창밖에는 새로 싹튼 아소카 나무 이파리들 사이에서 부는 봄바람의 속삭임이 4월 아침을 수심 가득한 무언가로 만들고 있었다.

산티니케탄의 학교에 다니던 학생들은 아무도 그 새의 슬픈 운명을 지니지 않았다. 그곳의 온전한 교육은 그들에게 스스로 생각할 줄 아는 능력, (단순한 전통 신봉자가 아니라) 문화적·정치적 선택에의 역동적 참여자가 될 줄 아는 능력을 길러주었다. 또 타고르는 특히 과거의 죽은 관습이 여성에게 부과하던 불평등한 짐에 민감했다. 실제로 그의 극작품과 이야기들에 나오는 대부분의 열정적인 탐구자들은 모두 여성이다. 자신의 운명에 대한 불만족이 여성들을 도전하는 이로, 생각하는 이로 일깨웠기 때문이었다. 그의 무용 드라마 작품인 〈카드의 땅Lands of Cards〉에 등장하는 땅의 거주민들은 마치 로봇인 양 행동한다. 그들이 입고 있는 옷의 카드 그림들에 나와 있는 식대로 이차원적인 삶을 살면서 말이다. 그러한 삶은 그 여성들이 생각하고 질문하면서 끝나게 된다. 이렇게 타고르의 소크라테스주의를 만들어내었던 동력은 그의 안무 작품에서처럼 옛날 방식의 학교와 관련된 자신의 불행했던 체험들과 더불어, 여성의 권리 증진에 대한 그의 열정적인 옹호였다.

타고르가 세웠던 학교는 여러 면에서 통념과 인습을 크게 벗어나 있었다. 거의 모든 수업이 실외에서 진행되었다. 예술은 전체 커리큘럼에 속속들이 들어가 있었고, 재능 있는 예술가와 작가들이 그 실험에 참여하고자 몰려들었다. 그런데 소크라테스식 질문하기가 커리큘럼과 페다고지 둘 다에서 전면에 그리고 중심에 있었다. 학생들은 자신들의 일상적 삶을 지배하는 결정들을 숙고해보도록, 자발적으로 만남을 만들어보도록 격려되었다. 강의 개요들은 반복해서 학생들에게 지적 자립과 자유를 추구하도록 독려하는 자치 공동체로 학교를 묘사하고 있었다. 한 강의 개요에서 타고르는 이렇게 쓴다. "[학생들의] 정신은 …… 탐구와 경험에 주어진 완전한 자유로부터 자신이 받은 영향을 받아들일 것이다. 동시에 그 정신은 스스로 생각하도록 자극될 것이다. …… 우리 인간의 정신은 지식을 갖추는 데 소용되는 것들을 획득함으로써가 아니라, 타인의 생각들을 소유함으로써가 아니라, 그 자신만의 판단 기준을 형성함으로써, 그 자신만의 생각을 생산함으로써 비로소 참된 자유를 얻는다."[12] 그의 실천에 대한 보고서들은 그가 반복해서 학생들 앞에 문제들을 던져놓고 소크라테스식 질문을 건네며 학생들로부터 대답을 이끌어냈다고 보고한다.

소크라테스식 질문을 자극하기 위해 타고르가 사용했던 또 하나의 방법은 역할 놀이였다. 이 놀이에서 어린이는 자신만의 관점에서 벗어나 다른 사람의 관점 속으로 들어가보도록 안내되었다. 이 놀이는 어린이에게 다른 지성적 존재의 입장과 함께 실험해볼 자유를, 그 다른 이들을 자신의 입장에서 이해해볼 수 있는 자유를 주었다. 여기에서 우리는 타고르가 만들어냈던 소크라테스식 질문법, 그리고 상상력이 동원되는 깊은 공감empathy 사이의 상호 관계를 보게 된다. 즉 소크라테스식으로 주장을 펼치는 일은 다른 입장을 그 입장이 되어 이해하는 능력을 요청하며, 이러한 이해는 과거 낡은 전통에 대해 소크라테스식으로 도전하게 하는 새로운 자극을 제공한다.

지금껏 살펴본 역사 여담은 특정 유형의 시민을, 즉 적극적이고 비판적이며 호기심에 가득 차 있고, 권위와 동료 압박에 저항할 줄 아는 시민을 양성하기 위해 소크라테스적 가치들을 활용하는 살아 있는 전통을 우리에게 보여준다. 하지만 이 역사적 예화들은 우리에게 어떤 것들이 실천되어왔는지를 보여줄 뿐, 지금 이곳, 오늘날의 초·중·고등학교에서 우리가 무엇을 해야 하며 할 수 있는지는 보여주지 않는다. 페스탈로치, 올컷, 타고르의 사례들은 유용하지만 동시에 극히 일반적이다. 그들은 오늘날의 보통 교사들에게 어떤 논리의 논리적 체계를 이해하는 아이들의 능력을, 나쁜 논리 전개를 찾아내고 모호한 것에 도전하는 아이들의 능력(한마디로 나이에 알맞은 수준으로 터커의 교사들이 그 대학 수업 과정에서 했던 것을 수행할 수 있는 능력)을 이끌어내고 계발하기 위해 과연 어떻게 수업의 뼈대를 세워야 하는지, 그다지 많은 것을 말해주지 않는 것이다. 사실 타고르의 교육 실험이 지닌 가장 큰 결점(어느 정도는 페스탈로치와 올컷도 공유하는 결점)은 자신이 부재할 경우 남들이 계속해서 진행할 수 있는 그 어떤 수업 방법도 미리 정해놓지 않았다는 점이다. 물론 '미리 규정을 정해놓는 일'은 만일 어떤 이가 권위의 압력으로부터 자유를 추구하는 경우라면, 민감한 사안이기는 하다. 프뢰벨과 듀이는 [이들에 비해] 보다 명확한 가이드를 제공하고 있다. 그들은 단순히 이론만 만든 것이 아니라 조기 교육에서의 몇몇 일반적인 단계와 절차들을 권고하고 있다(다른 시대, 다른 장소의 사람들은 이것을 성공리에 모방하고, 변형하게 된다). 하지만 과연 어떻게 소크라테스식의 비판적 사색법을 다양한 연령대의 아이들에게 가르칠 것인가를 두고 듀이는 단 한 번도 체계적으로 검토한 일이 없었다. 그리하여 그의 제안들은 일반적인 것으로서, 즉 그의 접근법을 실현할 준비가 되어 있을 수도 아닐 수도 있는 실제 교사들에 의해 보충되어야 하는 과제로서 남아 있다.[13]

그렇지만 소크라테스식으로 가르치길 원하는 오늘날의 교사들에게 그 실천 가이드를 제공해주는 오늘날의 자료는 [또] 있다[물론 이 자료는, 종일 어린이들을 적극적이고 [눈에] 호기심 가득한 참여자들이게 하는 교실인 소크라테스식 교실의 (뼈대를 세우는) 전체 프로그램 가운데 오직 한 부분만 되어야만 하겠다]. 철학자 매튜 리프먼이 쓴 일련의 책들에서 교사들은 소크라테스식 페다고지에 대한 매우 유용하면서도, 일방적 지시가 아닌 조언을 발견할 수 있는 것이다. 어린이 커리큘럼을 위한 리프먼의 철학은 뉴저지 몽클레어 주립대학에 있는 '어린이를 위한 철학 진흥 연구소'에서 발전되었다. 리프먼은 어린이들이 본디 적극적이고 질문하는 이들이며, 자세히 검사하고 탐구하는 그들의 능력이 존중되고 나아가 계발되어야 한다는 확신으로부터 출발한다. 유럽의 진보 교육 전통과 그가 공유하는 출발점은 바로 이것이다. 그와 그의 동료 철학자 개러스 매튜스는 또한, 어린이들은 흥미진진한 철학적 사색을 할 능력이 있으며, 이 단계에서 저 단계로 미리 정해진 방식대로 움직이는 것이 아니라 삶에 관한 거대한 질문들을 적극적으로 곰곰 생각해보는 이들이라는 입장을, 그리고 그들의 식견을 성인들이 진지하게 받아들여야 한다는 입장을 공유한다.[14]

리프먼은 또한 아주 이른 나이에 사유의 논리적 성질에 관한 집중 교육을 받아보는 일 역시 어린이에게 큰 이득이 될 수 있다고 생각한다. 나아가 그는, 어린이들은 자연스럽게 논리 체계를 따라갈 능력이 있지만, 그러한 능력이 계발되도록 하려면 일정한 안내가 필요하다고 생각한다. 리프먼의 시리즈 책들은 늘 스스로 사물의 성질을 알아내는 어린이들에 관한 매력 넘치는 이야기들을 통해 복합적 아이디어들을 제시한다. 그 책들은 또한 논리 체계에 대한 집중 교육이 어떻게 어린이의 일상적 삶에, 그릇된 편견과 상투적 틀을 지양하는 데 보탬이 되는지 반복해서 보여준다. 그의 첫 번째 저서인 『해리 스토틀마이어의 발견 Harry Stottlemeier's Discovery』에 나오는 두 가지 예화는 그의 기본 생각을 말해준다. 해리(이 이름은 물론 아리스토텔레스, 또 아리스토텔레스의 발견, 해리의 발견을 모두 암시한다[*])는 문장들을 노리개 삼아 놀던 중 한 가지 발견을 하게 된다. 일부 문장들은 '앞뒤가 뒤바뀔 수' 없다는 발견! "모든 오크 나무는 나무다." 이것은 참이다. 하지만 "모든 나무는 오크 나무다." 이것은 참이 아니다. "모든 행성은 태양 주위로 돈다." 이것은 참이다. 하지만 "태양 주위로 도는 모든 것은 행성이다." 이것은 참이 아니다. 해리는 그의 발견을 친구 리사에게 말한다. 그러나 리사는 "넌 문장들의 앞뒤를 뒤바꿀 수 없어"라는 해리의 말은 잘못이라고 말한다. 'No'로 시작되는 문장들은 사정이 다르니 말이다. "No eagles are lions(그 어떤 독수리도 사자는 아니다)." 이것은 참이다. 하지만 "No lions are eagles(그 어떤 사자도 독수리는 아니다)." 이것 역시 참이다. 두 친구는 행복하게 더 많은 언어 게임에 착수한다. 그들 스스로 이 분야의 문제들을 해결하기 위해서 말이다.

한편 삶의 실제 문제가 해리에게 나타난다. 해리의 엄마가 이웃인 올슨 아줌마와 이야기를 하고 있는데, 올슨 아줌마는 새로 이사 온 베잇 아줌마에 대한 뜬소문을 엄마에게 전하려 한다. "베잇 씨 말이에요." 그녀는 말한다. "매일 같이 주류 판매점에 가더라고요. 알코올 끊지 못하는 그 불행한 족속들에 대해서 제가 얼마나 안타까워하는지 아시죠? 매일 같이 주류 판매점에 가는 이들 말이에요. 음, 그러니까 제가 궁금

---

[*] Harry Stottlemeier와 Aristotle의 발음상 유사성을 지적한 것이다. 전자의 영어 발음은 '해리-스토틀마이어', 후자의 그것은 '애리스토틀'이기 때문이다.

한 것은 베잇 씨가, 과연, 무슨 말인지 아시죠······?"

[듣고 있던] 해리에게 무언가 떠오른다. "올슨 아줌마." 해리가 말한다. "아줌마 말씀대로라면, 알코올을 끊지 못하는 모든 사람은 주류 판매점에 가는 사람들이죠. 그러나 그것이 곧 '주류 판매점에 가는 모든 사람은 알코올을 끊지 못하는 사람들이다'를 의미하는 것은 아니에요." 해리의 엄마는 어른들이 말하는 데 끼어들었다고 해리에게 꾸중을 놓는다. 하지만 해리는 엄마의 얼굴 표정에서 그녀가 자신이 말한 것에 대해 기뻐하고 있음을 간파한다.

논리는 실질적 · 실용적인 것이다. 또한 그것은 우리의 인간관계를 자주 지배한다. 수많은 중상모략과 상투적 사고와 태도는 정확히 이런 식으로, 즉 그릇된 추정을 통해 작동된다. 논리적 오류를 찾아내는 능력은 민주주의적 삶을 근사하고 품격 있는 것으로 만드는 요소들 중 하나인 것이다.

해리와 그의 친구 토니는 선생님과 함께 '그 각각 모두^{every}'와 '오직^{only}'의 차이를 공부한다. '모든^{all}'처럼 '그 각각 모두^{every}'는 그 앞뒤가 뒤바뀔 수 없는 문장을 만들어낸다. 토니는 해리에게 자기 아버지가 (아버지를 따라서) 자기도 엔지니어가 되기를 바라신다고 고백한다. 토니가 수학을 잘한다는 이유로 말이다. 토니는 어쩐지 아버지의 논리에 문제가 있다고 느끼지만, 그것이 무엇인지 확연히 알지는 못한다. 해리는 그것이 무엇인지 알아챈다. "모든^{all} 엔지니어는 수학을 잘하는 사람이다"가 곧 "수학을 잘하는 모든^{all} 사람은 엔지니어다" 또는 그와 동격인, "오직^{only}

엔지니어만이 수학을 잘한다"를 의미하는 것은 아니라는 사실! 토니는 집에 돌아가 이 점을 아버지에게 말한다. 다행히 토니의 아버지는 아들이 자신의 조언을 좋아하지 않는다는 데 짜증내지 않고 아들의 날카로운 지성에 놀란다. 토니의 아버지는 토니가 이 상황을 그림으로 그리는 일을 도와준다. 커다란 원은 수학을 잘하는 사람들을 나타낸다. 그 안의 보다 작은 원은 엔지니어들을 나타낸다. 그들 역시 수학을 잘한다. 그러나 큰 원에는 분명, 작은 원 바깥의 여백이 있다. "네가 옳다. 토니" 토니의 아버지는 잔잔한 미소를 머금고 말한다. "네가 완벽하게 옳다. 토니."[15]

이 이야기들은 10세에서 14세까지의 어린이를 위한 리프먼의 시리즈 중 제1권의 앞부분 몇 장에 나오는 내용이다. 이 시리즈는 이보다 더 복잡한 논리를 보여주는 책들도 포함하지만 [논리 분야가 아닌] 다른 분야, 예컨대 정신, 윤리학 등을 다루기도 한다. [이 시리즈 책들의] 전체 순서, 이론적 근거, 교수법상의 활용법은 교사용 책인『교실에서의 철학 Philosophy in the Classroom』에 멋지게 설명되어 있다. 이 책 역시 교사 훈련을, 이 분야 석사 학위 프로그램의 골자를 다룬다.[16] 이 시리즈 책들은 스스로 소크라테스식 대화를 통해 사색을 시작할 수도 있는 지점까지, 대략 빌리 터커의 수업이 시작된 지점까지 (소크라테스식 테크닉에 대한 정규 훈련을 통해 어린이는 보다 이른 시기에 이 지점에 도달할 수도 있겠지만) 학생들을 안내해간다.

이 시리즈 책들은 미국 어린이를 위한 것이다. 이 책들을 매력적으로 만드는 요소들에는 [그 당시 문화를 아는 사람이면] 누구나 다 아는 것과 책에 고루 스며 있는 가벼운 유머가 포함된다. 그리하여 이 책들은 문화권의 변화에 맞추어 다시 집필되어야 하고, 또 상이한 문화권에서는 상이한 버전들이 만들어져야 할 것이다. 중요한 것은 이와 같은 [대안적인] 무언가가 우리 곁에 있다는 사실을, 소크라테스, 페스탈로치, 타고르가 했던 일을 해보고 싶어하는 교사라 해도 그들처럼 꼭 창조적 천재가 될 필요는 없다는 사실을 인식하는 것이다. [그러나] 일부 현실에 응용되고 있는 방법들은 생명력이 없을뿐더러 지나치게 계몽적이다. 또한 일부는 [이 책들에 대한] 오용으로 인해 그렇게 되고 만다. 하지만 그런 경우 이 책들의 유머와 신선함 그리고 어린이 존중의 철학이 그러한 오용을 막는 강력한 방패막이 되어줄 것이다. 물론 이 책들이 완벽한 소크라테스식 교육법을 구체화하고 있다고 볼 수는 없다. 학교와 교실의 전반적 교육 기풍 자체에 어린이의 활동적 정신력을 존중하는 태도가 깃들어야 하고, 이 점과 관련하여 듀이의 교육 철학이야말로 강력한 안내자가 될 것이다. 하지만 이 [시리즈] 책들은 분명 그러한 [이상적] 교육의 한 요소를, 활용 가능한 생생한 방식으로 제공해준다.

　초 · 중 · 고등학교의 수업을 소크라테스식 수업으로 만들고자 하는 열망은 결코 이상주의적인 것이 아니다. 이 일에 천재가 필요한 것도 아니다. 그것은 어린이의 정신을, 민주주의를 성숙시킬 필요를 존중하는 공동체라면 그 어떤 공동체라도 성취할 수 있는 일이다. 그러나 지금 이 시대에 도대체 무슨 일이 벌어지고 있나? 수많은 나라들에서 소크라테스는 단 한 번도 각광을 받지 못했거나, 이미 오래 전에 구닥다리 취급을 받고 말았다. 인도의 공립 학교들은 대체로 말해 암기식 학습법이 횡행하는 곳, 타고르와 그의 동료 (소크라테스식) 교육자들의 성취의 영향을 전혀 받지 못한 [교육의] 황무지일 뿐이다. 듀이와 그의 소크라테스식 실험들이 널리 영향을 미쳤으니 인도에 비해 미국이 좀 더 낫기는 하다. 하지만 오늘날 사태는 급속히 변모하고 있다. 이 책의 결론에 해당되는 장은 미국이 소크라테스식 이상의 붕괴에 얼마나 가까이 와 있는지 보여줄 것이다.

오늘날 전 세계의 민주주의 체제들은, 활기차고 존중받을 만하며 책임 있는 민주주의로 유지하기 위해 우리에게 절박하게 요청되는 기술들을 평가절하하고 있고 (그 결과) 소홀히 하고 있다.

5장

————

세계 시민

————

우리는 우리의 이상을 현실화하기 위해 힘쓰고 일하고, 또 아주 열심히 일해야 합니다. 그러한 이상은 인도를 위한 것이지만, 동시에 세계를 위한 것이기도 하지요. 오늘날 모든 나라와 사람들은 자신들이 분리된 채 생존할 수 있다고 상상하기에는 너무나도 가까이 서로 결합되어 있기 때문입니다. [국가 간] 평화는 [각국에] 분할될 수 없는 것이라고들 하지요. 자유도 그러하고, 번영도 이제는 그렇습니다. 재난도 마찬가지입니다. 독립된 단편조각으로 더 이상 나뉠 수 없는 이 '하나의 세계(One World)'에선 말입니다.

– 자와할랄 네루, 1947년 8월 14일 인도 독립 전야 연설

상이한 인종들을 분리시켰던 장벽들이 홀연 사라져버린 것으로 보이며, 그리하여 우리는 이제 서로의 얼굴을 마주보며 서 있게 되었다.

– 타고르, 『인간의 종교』, 1931

오늘날 우리는 지리 · 언어 · 국적의 차이를 넘어 서로 상호 작용하는 세계에서 살고 있다. 과거 그 어느 때보다도 오늘날 우리는 단 한 번도 본 적 없는 이들에게 의존하고 있고, 반대로 그들 역시 우리에게 의존하고 있다. 우리가 해결해야 하는 문제들(경제 · 환경 · 종교 · 정치 문제들)은 그 범위에서 전 지구적이다. 그 문제들은 한때 멀리 떨어져 있던 사람들이 모여 선례가 없는 방식으로 협력하지 않는 한 해결될 희망이 없는 것들이다. 이를테면 지구 온난화를, 바람직한 무역 법규를, 환경과 동물(종) 보호를, 핵에너지의 미래와 핵무기의 위험을, 노동의 이

동과 바람직한 노동 기준 제정을, 매매 · 성범죄 · 강제노동으로부터의 아동 보호를 생각해보라. 이 모든 것은 오직 초국적 수준의 논의를 통해서만 대처될 수 있다. 또한 이와 같은 문제들의 목록은 거의 무한정 확대될 수 있다.

우리 중 그 누구도 이러한 전 지구적 상호 의존성의 바깥에 서 있지 않다. 세계 경제가 우리 모두를 우리에게서 멀리 떨어진 곳에 사는 이들과 묶어놓고 말았다. 소비자로서 우리가 내린 간단한 결정들은 우리가 사용하는 상품들의 생산에 참여하는 먼 이국 사람들의 생활수준에 영향을 미친다. 우리의 일상생활은 지구 환경에 일정한 압력을 가한다. 머리를 모래 속에 처박은 채 우리가 나날이 먼 이국 사람들의 삶에 영향을 미치는 방식을 나 몰라라 무시해버리는 일은 무책임한 것이다. 그렇다면 우리로 하여금 이러한 논의에서 우리의 소임을 다하도록, 단지 미국인 · 인도인 · 유럽인으로서가 아니라 (오래된 단어를 사용하자면) '세계 시민'으로서 우리 자신을 인식하도록 만들어주어야 하는 것은 다름 아닌 교육이겠다.

하지만 세계의 대학과 학교들 간 국제 협력에 관한 바람직한 토대가 부재하는 가운데, 오늘날 인간 사이의 교섭 행위는 (인간의 삶을 주로 이익 실현의 도구로 여기는) 시장 교환의 얄팍한 규범들을 따르기 십상이다. 그리하여 오늘날 세계의 대학과 학교들에는 중대하며 긴급한 과제가 있다. 학생들에게, 자신들을 하나의 혼성 국가의(모든 근대 국가는 혼성적이다), 한층 더 혼성적인 세계의 구성원으로 인식할 수 있는 능력을, 그러한 세계에 살고 있는 다양한 집단들의 성격과 역사를 이해할 수 있는 능력을 길러주는 일이 그것이다.

이러한 성격의 교육은, 적어도 미국에서라면 30년 전에 성장한 학생들은 거의 얻을 수 없었던 많은 사실 관련 지식, 자기 나라의 구성원인 다양한 하위집단들과 그들의 성취·투쟁·기여에 관한 지식, 외국과 그 문화전통들에 관한 비슷하게 복합적인 지식을 요구한다(미국인은 젊은이들에게 세계의 일부 소지역들에 관해서는 가르쳐왔다. 하지만 그 모든 지역을 중요하게 취급하며 체계적으로 대부분의 국가와 지역을 포괄하려고 시도한 것은 미국에서도 최근의 일이다). 지식이 좋은 행동을 반드시 야기하는 것은 아니겠지만, 무지는 사실상 나쁜 행동을 반드시 야기한다. 단순하기 짝이 없는 문화적·종교적인 상투적 사고 및 이미지는 우리가 사는 이 세계에 부지기수로 널려 있다. 이를테면 테러리즘과 이슬람의 경박한 동일시가 그렇다. 이러한 상투적 사고 및 이미지와의 투쟁을 시작하는 법은 아주 이른 시기부터 아이들로 하여금 정확한 사실, 예의 갖춘 호기심*을 바탕으로 세계와 만나는 다른 방식을 배우도록 하는 것이다. 아이들은 집단과 국가들 간 이해를 어렵게 만드는 [문화적] 차이점을, 그 차이를 넘어서는 공통의 인간적 필요와 관심을 점차 이해해가야만 한다(공통의 문제들이 해결되어야 하는 경우 상호 간 이해는 필수 사항이 된다).

---

* 호기심 대상에 대해 충분한 경의와 예의의 태도를 가지고 접근하는 호기심을 말한다.

지성적 세계 시민 정신을 가르치는 과제는 너무 거창한 것처럼 보인
다. 그래서 절레절레 손을 흔들고 이 과제는 본디 성취되기 어렵다고,
차라리 우리는 우리 나라에만 집중하는 편이 낫겠다고 말하고 싶은 유
혹에 빠지기란 쉽다. [그러나] 자기 나라를 이해하는 일조차 그 나라를
구성하는 하위집단들에 대한 공부를 요청하는 법이다. 그리고 지난날
이러한 수준의 교육은 미국에서 거의 진행된 바가 없다. 이 일은 또한
이민과 이민사에 대한 이해 역시 요청한다. 이러한 이해는 이해하는 당
자의 시선을, 이민을 조장한 다른 곳의 문제들로 자연스레 이끌 것이
다. 또한 그 어느 누구도 자기 나라의 역사를 세계적 맥락에서 살펴보
지 않고서 국가 간 역사를 적실히 이해할 수 있다고 가정해서는 안 될
것이다. 자기 나라에 대한 훌륭한 역사 이해는 세계사에 대한 일정한
기초 교육을 요청한다. 하지만 오늘날 우리에게 세계사와 전체적 통찰
이 요청되는 것은, 단지 그것이 우리 나라를 이해하는 데 요청되기 때
문만은 아니다. 우리가 마주하고 있는 [전 지구적] 문제들, 우리가 지니
는 [전 지구적] 책임들은 우리에게 세계의 나라들과 문화들을 보다 집중
적이고 체계적인 방식으로 공부하라고 요청한다.

　이를테면 오늘날 우리가 일상생활에서 사용하고 있는 상품들의 기
원을 이해하기 위해서 무엇이 필요한지 생각해보라. 즉 청량음료, 옷,
커피, 식품 따위의 상품들 말이다. 민주적 시민 정신의 교육에 관심을
기울였던 옛 교육자들은 아이들에게 그러한 상품들의 생산을 담당하
는 노동에 관한 복잡한 이야기를 가르치려 했다. 즉 자기 나라가 그 경

제와 직종·보상·기회들을 어떻게 만들어냈는지를 말이다. 이런 유형의 배움은 시민 정신에 중요했고 [여전히] 중요하다. 바로 그 배움이 우리 사회를 구성하는 다양한 집단들, 그들의 다양한 노동·삶의 조건들에 대한 관심과 자각을 불러내기 때문이다. 그러나 오늘날에는 이러한 유형의 그 어떤 이야기도 세계 이야기를 하는 마당에서 [선택 사항이 아니라] 필수 사항이 되었다. 오늘날 우리는 다른 나라들에서 사는 이들을 생각하지 않고서는, 심지어 하나의 청량음료가 어디로부터 우리에게 오는지 이해할 수 없으니 말이다. 그것을 이해할 때 그들의 노동 조건, 그들의 교육, 그들의 노동 관계에 대해 질문하는 것은 자연스러운 일이다. 그리고 그러한 질문을 할 때 우리는 그들의 일상적 삶의 정황을 만들어내는 동인動因으로서, 그들에 대해 우리가 갖는 우리 자신의 책임에 대해 생각할 필요가 있다. 소비자들이 그 안의 핵심 부분이 되는 하나의 세계적 네트워크는 어떻게 그들의 노동 조건을 만들어냈나? 그들이 가진 기회란 무엇인가? 그들의 삶의 정황을 만들어내는 그 우발적 네트워크의 한 부분으로 참여하는 일에 우리는 동의해야 하나? 아니면 어떤 변화를 요구해야 하는 것일까? 우리에게 필요한 물품을 생산하는, [우리의] 국경 바깥에 사는 이들의 생활수준을 우리는 어떻게 향상시킬 수 있을까? (국경 내의 노동자들에 대해 우리가 보통 무엇을 해야 한다고 느끼는 것처럼 말이다.)

이러한 질문들을 제대로 생각해보고자 한다면, 젊은이들은 국제 경제가 어떤 식으로 작동하는지 알 필요가 있다. 또한 그 경제 제도의 역사를, 과거 식민주의의 역할과 보다 최근의 예로는 해외 투자자와 초국적 기업의 역할을 알 필요가 있다. 이러한 앎을 통하여 젊은이들은 많은 경우 지역 거주민이 선택하지 않았던 제도들이 어떻게 그 거주민들의 삶의 기회를 결정하게 되었는지를 이해할 수 있을 것이다.

우리가 사는 이 세계에서의 민주주의의 성공을 위해 [이러한 앎과 더불어] 똑같이 중요한 것은 세계의 수많은 종교 전통에 대한 앎이다. 종교는 타자를 경멸의 대상으로 상투화하는 데 (아마도 성^{sexuality} 영역을 제외하면) 가장 탁월한 영역으로, 이 상투화는 [사람 사이의] 상호 존중과 생산적 토론을 훼방한다. 어린이는 자연스레 종교적 의례와 예식, 다른 나라와 종교들의 의식에 호기심을 갖기 마련이다. 그리하여 이러한 호기심을 조기에 교육에 활용하는 것은 훌륭한 생각이겠다. 어린이의 나이에 맞게 세계의 다양한 문화전통이 만들어낸 이야기들을 들려주며, 다른 문화권에서 온 어린이들에게 그들 자신만의 전통적 신념과 풍속을 묘사해보라고 해보며, 일반적으로는 교실 내에 전 지구적 수준의 호기심과 존중 분위기를 조성하며 말이다. 어린이는 때로 힌두교 또는 불교의 이야기를 흥미진진하게 듣고는 한다. 또한 그들은 프로테스탄트의 미국적 가치를 표현하는 고전적 미국 이야기를 늘 좋아라 하지는 않는다(사실, 힌두교와 불교는 미국 내에서 가장 성장하는 종교들이고, 그리하여 이런 종류의 이야기를 접하는 것은 단순히 더 나은 국제적 시민 감각만이 아니라 미국 시민으로서의 감각 역시 향상시킬 것이다). 세계와 세계의 역사 문화에 관한 보다 풍요롭고 섬세한 지식을 전하기 위해서는 조기 교육 단계에서부터 커리큘럼을 세심히 계획해나가야 한다.

[앞서 살펴본] 우리의 역사 예화의 주인공들* 역시 이러한 목표를 강조했다. 다시 인도로 돌아가, 어떻게 타고르가 복잡하게 얽히고설킨 세계 속의 다원적 사회를 구성하는 책임성 강한 시민들을 만들려고 애썼는지 살펴보기로 하자. 전 생애에 걸쳐 타고르가 몰두했던 것은 민족적·종교적 분쟁과 국제적 협력의 필요였다.『민족주의』에서 그는 카스트와 종교의 장벽 그리고 카스트·종교상의 이유로 가해지는 부당한 대우와 모욕을 극복하는 일이야말로 인도가 해결해야 하는 가장 시급한 과제라고 주장한다.『인간의 종교』에서 그는 분석 범위를 [인도에서] 세계로 확대하여, 세계의 국가들은 이제 서로 얼굴을 마주 대하고 있고, 오직 서로를 이해하고 전 인류의 미래를 함께 협력하여 추구하는 법을 배울 때에만 대파국을 모면할 수 있을 것이라고 주장한다. 타고르는 제1차 세계대전의 끔찍함이 대체적으로는 문화적 실패의 소산이라고 믿었다. 이를테면 [당시] 국가들은 젊은이들로 하여금 상호 이해와 호혜보다는 지배와 통제를 선호하도록 가르쳤던 것이다. 그리하여 타고르는 협력적이며 상대방을 존중하는 국제적 토론 능력을 갖춘 이들을 길러내기로, 더 나은 세계를 만들 수 있는 학교를 창립하기로 한 것이다.

이리하여 타고르의 학교는 학생들을 전 인류의 미래에 책임 있는 태

---

* 유럽, 미국, 인도의 교육 사상·실천가들.

도로 생각할 수 있는 세계 시민으로 길러내는 전략들을 개발한다. 중요한 출발지점은 어린아이들에게 여러 다양한 종교와 민족 전통을 가르치는 것이었다. [학교의] 축제는 힌두인·크리스천·무슬림 사이의 우정을 찬미했고,[1] 어린이들은 자주 다양한 종교 전통의 축제에 참여함으로써 다채로운 풍속들을 배웠다.[2] 각 학생이 벵골어와 벵골 전통을 확실히 이해할 수 있도록 하고, 학생들의 교육이 지역적 바탕에 뿌리내리도록 하는 것 그리고 그들의 [정신] 지평을 보다 먼 세계까지 포용할 수 있도록 확대하는 것, 바로 이러한 것들이 타고르의 학교가 늘 성취하려고 노력하던 것들이었다.

자신만의 인문교양 교육 계획을 대학 수준에까지 확대해 실현해보겠다는 타고르의 의도에 따라 설립된 대학인 비스바바라티는 '세계 시민 정신'이라는 아이디어를 한층 더 중시하는 대학으로, 이곳의 이념에 따르면 교육이란 섬세하면서도 여러 분야를 동시에 포괄하는 전인적 시민으로의 성장과 앎을 지향하는 무엇이었다. 1929년의 대학 안내 책자에는 이렇게 적혀 있다.

학생들은 현 제도들이 어떻게 작동하고 있는지, 대중의 사회적 삶의 조건을 개선하고자 세계의 여러 나라에서 시작된 새로운 운동들은 무엇인지 숙지해야 합니다. 또한 자신들의 관점이 평화라는 요청에 더 잘 부합할 수 있도록 국제기구들에 관한 연구를 수행해야 합니다.[3]

이 인용구는 이상적인 교육으로 그려진 교육에 관한 부분적 기술일 뿐이다. 하지만 이는 타고르가 목표로 설정했던 것들이 지금 내가 이 책에서 권고하는 내용과 상당히 많은 공통점을 지닌다는 점을 말해준다. 비록 나의 제언은 (그의 제언보다) 정확한 역사적 사실과 전문적 경제 지식의 필요성을 더 많이 강조하고 있지만 말이다.

듀이 역시 조기 교육으로부터 시작되는 세계 시민 정신을 위한 교육을 자신의 목표로 삼았다. 그는 늘 당면한 실제적·실용적 문제들을 적절히 처리하는 법을 돕는 식으로 역사와 지리를 (학생들에게) 가르쳐야 한다고 역설했다. 경제사는 학생들이 배워야 하는 것들 가운데 핵심적인 부분이었다. 그는 오직 정치적·군사적 요소에만 초점을 맞추어 역사 교육이 시행되는 경우 민주주의적 시민 정신은 병들게 된다고 보았다. "경제사는 정치사에 비해 보다 인간적이고 보다 민주적이며 그리하여 보다 사람을 해방시킨다. 경제사의 주제는 지배집단과 권력의 흥망성쇠가 아니라 자연에 대한, 그리고 지배집단과 권력의 존재 이유인 보통 사람들에 대한 통솔을 통한 실제적 자유의 증진이다."[4] 이러한 언명은 오늘날 상대적으로 그다지 놀라울 것이 없는 것처럼 보인다. 초등학교 교실에서 무엇을 가르치는지 상관없이, 오늘날 대부분의 역사 전문가들은 사회경제사의 중요성을 인정하고 있고 이 분야는 일상생활과 경제적 교역에 관한 빼어난 작품들을 많이 생산해왔기 때문이다. 하지만 듀이가 살던 시대에 그의 이러한 언명은 급진적 성격을 띠고 있었다. 당시 학교 교육과 학문 연구 모두 '권력과 국가'에 주로 몰두하고 있었던 것이다.

듀이는 자신이 역설했던 것을 실제로 실천에 옮겼다. 이를테면 그의 '실험학교'에서는 심지어 매우 어린 학생들조차 자신들이 매일 사용하는 사물들이 어떤 과정으로 생산되는지에 관해 질문하는 법을 배웠다. 손수 옷을 만들면서 학생들은 그 옷감들이 어디에서 온 것인지, 어떻게 제작된 것인지, 어떤 노동·교환의 연쇄가 그것들을 교실의 그 자리로 오게 한 것인지 배웠던 것이다. 으레 이 과정은 그들 자신이 이전에는 미처 거의 알지 못했던 (국내의) 먼 지방뿐 아니라 수많은 타국들에까지 그들의 시선을 끌었다. 아이들은 또한 동물과 정원을 돌보며 매일같이 생명체를 돌보는 일이 어떤 것인지를 배웠는데, 듀이는 바로 이것이야말로 교실 내에 제공되는 그 어느 인공적인 '실물 교육'보다 가치 있는 것이라고, 세계 다른 지역의 다른 형태의 재배와 돌봄care에 대한 [아이들의] 호기심을 불러일으키는 것이라고 생각했다. 이미 언급한 것처럼, 일반적으로 어린이들은 자신들의 일상생활을 학교에서 배우는 것과 연속적인 것으로 여기도록, 일상생활에서 활용할 수 있는 의미 있는 무언가를 학교에서 가져가도록 배웠다. 듀이는 실제 삶의 활동에 대한 이러한 강조가 교육학적으로도 유용하다고 역설했는데, 이렇게 교육할 때 어린이들이 단지 수동적 수용자였던 때보다 훨씬 더 생기발랄하고 집중을 잘한다는 것이다. "[이러한 교육의] 훌륭한 점은" 그는 이렇게 결론 내린다. "모든 학생이 자신만의 일상 활동을 하는 가운데 그 활동 자체에 이미 인간적 중요성을 지닌 모든 것이 다 들어가 있다는 사실을 배우게 된다는 점이다."[5]

　이러한 구절을 통해 우리는, 모든 교육은 직접적·실용적 목적을 위한 단순 도구로 유용한 것이어야 한다고 제안하며 인문학을 훼손하는 이로 듀이를 보는 시각이 오류임을 알게 된다. (루소처럼) 듀이가 혐오했던 것 역시, 인간의 삶과 연계되지 않은 추상적인 교육이었다. 하지만 인간의 삶에 관한 그의 개념은 폭넓으며 비환원적인 것으로서, 의미·감정·호기심이 넘쳐나는 인간관계를 강조하는 것이었다.

　세계 시민 정신을 위한 교육은 거대하고 복잡한 주제로, 이 교육에는 (서로 상호 작용하며 학생들이 성숙해감에 따라 점점 더 세련된 방식으로 교육될) 역사, 지리, 문화에 관한 다학제간 연구, 법률사, 정치 체제사, 종교 연구 분야의 교육들이 요청된다. 또한 이 교육은 교수법상의 요구에서 다층적이다. 듀이와 타고르는 어린 학생들을 위해 필요한 적극적 배움의 중요성을 적실히 잘 강조했다. 학생들이 점점 나이가 들어간다고 해서 교육과 실제 삶·실제 활동과의 연계를 포기해서는 안 되겠지만, [학생들의] 앎은 보다 더 이론적으로 세련되어질 수 있을 것이다. 어떻게 이를 실천하면 좋을는지, 훌륭한 실천 방법으로는 어떤 것이 있을는지에 관한 단 하나의 처방전이란 없겠지만, 적어도 일부 그릇된 방법들을 서술해볼 수는 있겠다.

　그릇된 방법들 중 하나는 내가 다녔던 학교의 규범이기도 했는데, 단순 무식하게 아시아나 아프리카에 대해, 그들의 역사와 문화에 대해, 유대교와 그리스도교 이외의 다른 세계의 주요 종교들에 대해 그 어떤 것도 전혀 배우지 않는 것이다. 비록 남미에 대해서는 조금 배웠지만 전체적으로 [당시] 우리의 시선은 유럽과 북미에 고정되어 있었다. 이는 곧 우리가 세계를 '하나의 세계'로 보지 못했고, 그 구성 국가들과 민족들 사이의 상호 작용의 역학을 전혀 이해하지 못했으며, 우리가 나날이 사용하는 상품들이 어떻게 어디에서 생산되었는지 전혀 이해하지 못했음을 의미한다. 그렇다면 도대체 우리가 어떻게 다른 국가들에 대한 정책에 대해, 무역 관계에 대해, (국가 간 경계를 넘어) 국제 협력을 통해 해결될 필요가 있는 여러 이슈들(환경 문제에서부터 인권 문제에 이르는)에 대해 책임지는 자세로 생각할 수 있었겠는가?

세계사를 가르치는 또 하나의 그릇된 방법은 인도의 힌두 우파에 의해 선택된 것으로, 그들의 짧은 집권기 동안 도입되었던 역사·사회 교과서들에 드러나 있다. 이 교과서들은 세계 전체를 다루고는 있지만, 힌두 우월주의 이데올로기에 입각해 세계사를 해석한다. 즉 [그 교과서들에서] 힌두 문명은 세계의 문명 가운데 가장 우월한 것으로 서술된다. 또 힌두인들이 다른 이들과 뒤섞여 살지 않았을 때 사회가 이상적이었다고 서술된다. 반면 무슬림은 호전적이고 공격적인 이들로, 인도 대륙에 처음 나타났을 때부터 늘 골칫거리였다고 묘사된다. 게다가 [그것들에 따르면] 힌두교도는 그 땅의 원주민이며, 다른 민족적·종교적 집단들은 이방인들이다. 이는 일종의 신화인데, 역사언어학과 물질문화사가 보여주는 것처럼 인도의 힌두교도들의 조상은 거의 확실히 외부에서 이주해 들어온 이들이기 때문이다.[6] 세계 전체에 대한 얇은 거짓말로는 절대 얻을 수 없는 법인데도, 세계의 역사와 그 다양한 문화들이 이러한 식의 왜곡된 렌즈를 통해 묘사되고 있다.

이러한 것들은 교육자의 직무상 오점들이다. 이에 못지않게 심각한 것은 바로 생략의 오류다. 즉 그 교과서는 초기 인도 사회에서 사회적 불이익의 원천이 되었던 카스트 · 계급 · 성 차별들을 묘파하는 데 완전히 실패하고 있고, 그리하여 그릇되게도 초기 인도 사회가 (그 안에서) 그 어느 누구도 종속되지 않았던, 찬란한 평등의 장소였다고 말하고 있다. [이 과정에서] 그 모든 세계 시민 정신의 교육에 충만해야 마땅한 비판 · 비평 정신은 완전히 억압되었다.

마지막으로 그 교과서들은 교육방법론상으로 볼 때 끔찍하다. 그것들은 역사 서사들이 어떻게 역사적 증거들로부터 조합되는지 학생들에게 전혀 가르치지 않을뿐더러, 역사적 증거들을 변별하고 평가하는 그 어떠한 기술도 가르치지 않는다. 도리어 그 교과서들은 내용에 대한 이해가 없는 암기법을 독려하고 비판적 사색을 억누른다. 또 그 어떤 훌륭한 이라도 감히 도전할 수 없는 한 가지 정사正史(힌두 문명은 영광스럽고 완벽하다는 이야기)만이 있을 뿐이라고 말한다.[7]

이러한 나쁜 사례 그리고 국제 미래문제 해결 프로그램Future Problem Solving Program International, FPSPI과 UN모델의 좋은 사례들이 우리에게 시사해주는 것은, 세계사 · 지리 · 문화 연구는 오직 탐구와 비판적 사색에 의해 매개되는 방식으로 교육될 때에만 인간 계발에 참으로 보탬이 될 수 있다는 것이다(아이들로 하여금 비판적 사색 · 상상력과 더불어 세계 문제들에 대한 해법을 배우도록 하는 초국적 프로그램인 FPSPI가 그러하듯, UN모델 역시 이러한 방식의 교육을 진흥하는 근사한 방법이다).[8] 심지어 정확한 사실들이 학생들에게 제시된다 할지라도(물론 이는 인도의 사례는 아니지만), 역사가 그저 사실들의 연속으로서만 교육될 때 역시(그 어디에서나 발견되는 방식!) 역사 교육은 실패하기 마련이다. 바람직한 [역사] 교육에 필요한 것은, 어떻게 역사[서사]가 여러 다양한 자료와 증거들을 통해 조합될 수 있는지, 어떻게 증거들을 평가할 것인지, 어떻게 하나의 역사적 서사를 다른 서사에 비추어 평가할 것인지, 그 방법들에 관한 교육이다. 비판·비평 활동 역시 배운 바에 관한 (수업) 토론 과정에 필요하다. 즉 한 문화권의 역사와 경제를 공부하는 자리에서는 권력과 기회의 차이, 여성과 소수자들의 위치, 다양한 정치 조직 체제들의 장단점에 대한 [비판적] 질문들이 제기되어야 한다.

커리큘럼의 내용면에서 세계 시민 정신의 목표란 곧, 모든 아이들이 정치사와 더불어 사회경제사에 대해 초점을 맞추는 방식으로(시간이 지남에 따라 점차 이 분야 교육이 정교해지는 방식으로) 세계사의 기초를 학습해야 함을, 그리고 세계 주요 지역들에 대한 풍요롭고 상투적이지 않은 앎을 갖추어야 함을 시사한다.

동시에 아이들은 '전문가가 되는' 방법 역시 익혀야 한다. 달리 말해, 적어도 하나의 타 지역 문화를 심도 깊게 탐구하는 방법을 (그리하여 그 과정에서 차후에 사용될 수 있는 탐구 도구를 습득하며) 익혀야 한다. 이러한 과제는 학교 현장에서 학생들로 하여금 특정 국가에 대한 연구를 하게 함으로써 잘 수행되고는 한다. 그 교육의 모든 결점에도 불구하고 어린 시절 내가 다녔던 학교는 전문화된 연구가 어떤 가치가 있는지에 대해 깨어 있었다. 나는 4학년과 5학년 때 우루과이와 오스트리아에 대한 보고서 숙제를 한 적이 있었는데, 지금까지도 이 두 국가에 대해, 남미와 유럽에 대해 일반적으로 배웠던 것보다 훨씬 더 많이 기억한다. 당시 우리의 과제에는 심지어 이 국가들의 경제·무역 관계를 연구하는 것조차 포함되어 있었다. 비록 그 연구는 주요 수출입품과 국내 생산품에 대한 학습에 제한된 것이기는 했지만 말이다.

확실히 아이들은 경제학 원리에 대한 학습도 시작할 수 있다. 듀이는 일찍이 아이들로 하여금 자신들이 사용하는 일반 상품들의 기원과 그 상품들에 대한 사람들의 접근을 통제하는 교환 기제를 면밀히 생각해보게 하는 교육에서 큰 성공을 거둔 바 있다. 어린이들이 성장해가면 이러한 유형의 지식은 보다 복잡한 것으로 바뀔 수 있겠다. 고등학교를 마칠 무렵이면 소비자와 투표권자로서 지각 있는 결정을 내릴 수 있을 만큼, 세계 경제의 작동 원리에 관한 충분한 앎을 얻을 수 있을 때까지 말이다.

세계 시민 정신을 위한 교육 가운데 경시되고 있는 한 요소는 바로 외국어 교육이다. 모든 학생은 적어도 한 가지 외국어는 제대로 익혀야 한다. 다른 문화 집단의 지성인들이 어떻게 세계를 다른 방식으로 분할하는지, 모든 번역이라는 것이 어째서 불완전한 해석인지 이해하는 일은 어린아이들에게 문화적 겸허함에 관한 근원적 가르침을 줄 것이다.

유럽의 학교들은 대개 이러한 과제를 매우 잘 수행하고 있고, 어린이들이 특정 외국어를(보통은 영어를) 유창하게 구사할 실제적 필요가 있다는 점 역시 인식하고 있다. 많은 학생이 모국어 이외에 영어에 능통하게 된다는 점에서, 인도의 학교들 역시 이 방면에서 꽤나 성과가 좋다. 또한 자신의 모어가 널리 사용되는 인도의 언어들(힌디어, 벵골어, 타밀어) 중 하나가 아닌 학생들은 추가로 이러한 언어들 중 하나를 배우고는 한다. 반면 미국인은 우쭐대는 경향을 보이는데, 그들은 자신들이 알아야 하는 언어는 영어뿐이라는 생각에 친숙하다. 그리하여 미국 학교의 학생들은 대부분의 경우 [다른 곳의 학교들보다] 훨씬 늦은 나이에 외국어 교육을 시작한다. 즉 그들은 언어가 가장 쉽게 학습되고 가장 깊이 내면화될 수 있는 적령기를 놓치고 있는 것이다. 설사 학습된 언어가 상대적으로 친근한 문화권의 언어일지라도, 하나의 외국어가 그 자체로서 전달해주는 [문화적] 차이에 대한 앎은 다른 것으로 대치될 수 없는 [고유한] 것이다.

타국에 대한 공부를 지금껏 이야기해왔는데, 그렇다면 자기 나라, 즉 조국에 대한 공부는 어떠한가? 오늘날에도 여전히 학생들은 자기 나라와 그 역사에 대한 공부에 비율상 더 많은 시간을 투자해야 마땅하겠다. 하지만 오늘날 그들은 세계 시민으로서 그렇게 해야 한다. 즉 자신의 나라를 다른 나라나 민족들과의 경제적·정치적·문화적 관계들 속에 있는, 또 복잡하게 서로 맞물려 있는 한 세계의 일부분으로 인식할 줄 아는 사람으로서 그렇게 해야 한다. 자기 나라가 관심의 대상이

되는 경우 학생들은 나라의 여러 [하부] 집단들, 그들의 다채로운 역사와 상이한 삶의 기회에 관심을 가지도록 독려되어야 한다. 다원적 민주사회에의 삶을 위한 적절한 교육은 반드시 다문화적이어야 한다. 달리 말해, 학생들로 하여금 자신들과 함께 법과 제도를 공유하는 많은 다른 집단들의 역사와 문화에 관한 근본 지식들을 숙지할 수 있게 해야 마땅하다. 이 집단들에는 종교적 · 민족적 · 경제적 · 사회적 · 성별에 기초한 집단들이 포함되어야 한다. 언어 · 역사 · 경제 · 정치학에 대한 공부, 이 모든 것이 (각기 다른 수준에서 다른 방식으로) 이러한 숙지를 돕는 역할을 할 것이다.

대학에 들어가는 경우 학생들은 세계 시민으로서의 자신들의 능력을 훨씬 더 정교하게 성숙시킬 필요가 있다. 비판적 사색 능력 교육과 마찬가지로 세계 시민 교육은, 학생의 주요 관심사가 비즈니스든 엔지니어링이든 철학이든 물리학이든 상관없이, 커리큘럼상 기초 인문교양 교육의 일부가 되어야 한다. 이 단계에서 역사 학습은 보다 면밀하고 복잡한 것이 될 수 있고, 역사학적 연구 방법과 역사적 증거 평가에 대한 강조는 보다 명시적인 것이 될 수 있다. 마찬가지로 비교 종교학 공부는 보다 더 섬세하고 정교하며, 역사학적으로 보다 폭넓은 공부가 될 수 있겠다.

또한 이 시기에 모든 학생은 경제학의 기초 원리와 세계 경제의 작동 기제에 대한 탄탄한 지식을 습득하며 일찌감치 기초 지식을 쌓아가야 한다. 보통 경제학 개론 수업은 대안 경제학 이론과 세계화 연구의 경제 원리와 방법들을 멀리하면서 약간 협소한 부분만을 다룰 공산이 크다. 하지만 그 수업들은 적어도 핵심 기술과 원리들을 완전히 터득하도록 할 수는 있다. 이러한 수업들은 역사와 정치 이론 양자의 관점으로부터 접근하는 세계화와 인간적 가치들에 대한 수업들이 적절히 보충해줄 수 있을 것이다. 동시에 역사 공부에 포함되었던 모든 아이디어는 철학과 정치 이론의 관점으로부터 접근하는 사회적 · 세계적 정의[justice]에 관한 이론 수업을 통해 한층 더 깊은 수준에서 이해될 수 있을 것이다. 운 좋게도 학교에서 이미 소크라테스식 훈련을 받은 바 있는 학생들은 특히 그러한 철학 수업을 곧바로 수강할 수 있을 것이다. 하지만 지금 내가 권고하는 교육을 받게 되는 학생이라면 대학에서 철학 공부를 할 수 있을 것이고, 탄탄한 준비와 더불어 정의에 관한 보다 수준 높은 수업을 받을 수 있을 것이다.

대학에서는 [한 분야에서] '전문적일' 필요성이 더욱더 또렷해진다. 타 문화에 대해 학생들이 학습해야 할 많은 것들은 그 문화와 전통에 대한 심도 있는 앎을 요청하기 마련이기 때문이다. 오직 그러한 앎을 갖출 때에만 비로소 그들은 계급 · 카스트 · 종교 간 차이들이 어떻게 상이한 삶의 기회를 만들어내는지 이해할 수 있을 것이다. 즉 도시인의 삶이 시골 사람들의 삶과 어떻게 다른지, 상이한 형태의 정치 조직들이 어떻게 상이한 (인간적) 기회들을 양산하는지, 심지어 가족의 구조와 여성 · 남성의 역할이 공공 정책과 법에 의해 어떻게 미묘하게 변모될 수 있는지를 말이다. 그 어떤 학생에게도, 세계의 모든 주요 국가에 대하여 이 모든 것을 학습하라고 요구할 수는 없다. 따라서 하나의 타 문화전통에 심도 깊게 집중해보는 일은 근본적으로 중요한 것이다. 일단 [하나의 문화전통에 집중하면서] 어떻게 질문하는지를, 또 어떤 질문들을 던져야 하는지를 익힌 후라면, 학생들은 자신들이 익힌 바를 (과제로서 그들이 연구할 수도 있는) 세계의 다른 지역에도 적용할 수 있을 것이다.

인문교양 교육 체계를 갖추지 않은 대학은 세계 시민 양성 교육을 [제대로] 수행할 수 없을 것이다. 이 체계란, 곧 전공 외에 전체 학생이 수강해야 하는 일련의 일반 교육 수업들을 말한다. (인도처럼) 이 체계가 부재하는 나라들은 이와 동일한 교육을 중·고등학교에서 시행해볼 수도 있겠지만, 이는 책임감 강한 시민을 양성하기에 참으로 충분한 접근법은 아닐 것이다. 전 지구적 이슈들을, 또 [어떤 이슈에 대해] 자기 나라가 선택하는 정책의 책임성을 실질적으로 이해하는 시민을 양성하기 위해서는 [중·고등학교 시기보다] 더 뒤의 시기에 진행될 수밖에는 없는, 보다 정교한 교육이 필수불가결하다. 그런데 이 체계를 갖추지 못한 나라들에서 지금 인문교양 수업의 필요성에 대한 인식은 점점 증대하고 있다. 예컨대 인도에서 최고급 수준으로 인정받는 테크놀로지·경영 교육 기관 협회[ITTs]는 그 협회원들 모두를 위한 인문학 수업들을 도입하는 일에 앞장서왔다. IIT-뭄바이 대학 어느 교수의 전언에 따르면, 인문학 수업들이야말로 상이한 종교·카스트 출신 학생들 간의 정중한 대화를 증진하며, 또 그러한 상이성들이 서로 존중되어야 인도 사회에 그들을 적응시키는 데 핵심적인 역할을 수행한다는 것이다.[9]

[그러나] 세계 시민 정신을 갖추는 일에 인문학은 정녕 필요한 것인가? 이를 갖추는 일에는 많은 사실적 지식이 요청되는데, 학생들은 인문학 교육을 전혀 받지 않고서도 그러한 지식을 얻을 수 있을는지도 모른다. 이를테면 BJP가 만든 표준화된 교과서들 속의 사실들을, 그러나 오직 정확하지 않은 것이 아니라 정확한 사실들만을 [선택적으로] 흡수함으로써, 또 경제학의 기초를 배움으로써 말이다. 그러나 강한 책임감을 갖춘 시민 정신에는 이보다 더 많은 것이 요청된다. 즉 역사적 증거에 대한 평가 능력이, 경제학 원리에 대한 비판적 사유 능력이, 이 원리의 비판적 활용 능력이, 사회 정의론에 대한 평가 능력이, 외국어 활용 능력이, 세계 주요 종교들의 문제에 대한 이해 능력이. 우리가 이제껏 인문학과 연결해왔던 기술과 기량들은 제외하고 사실들에 관련된 부분만 교육할 수도 있을 것이다. 그러나 사실들을 평가하는 능력, 또는 어떻게 한 서사가 증거로부터 조합되는지를 이해하는 능력 없이, 사실들을 한데 모으기만 하는 것은 차라리 배우지 않는 것만큼이나 나쁜 것이다. 그렇게 배운 학생은 정치인과 문화지도자들이 공급하는, 무지에 기초한 상투화된 지식과 엉터리 주장을 진리와 타당한 주장에서 구별할 수 없을 테니 말이다. 따라서 세계사와 경제학에 관한 지식은, 만일 그것이 지성적인 세계 시민의 양성에 조금이라도 유용하려면 반드시 인문학적이며 비판·비평적인 것이어야 한다. 또한 그러한 지식의 학습은 지역에 관한 학습, 정의에 관한 철학적 이론 학습과 병행되어야만 한다. 오직 그렇게 될 때에만 그 앎 또는 지식은 (인간이 당면하고 있

는 주요 과제들을 협력적으로 해결하기 위해) 우리가 반드시 해야 하는 공적 토론의 유용한 기초를 제공해줄 수 있을 것이다.

6장

———

상상력 기르기:
문학과 예술

———

우리는 어쩌면 지식을 통해 힘 있는 이가 될지도 모르지만, 공감을 통해 온전함을 얻는다. …… 그러나 우리는 공감 교육이 그저 학교에서 체계적으로 무시될 뿐만이 아니라 심각하게 억압되고 있음을 본다.

－ 라빈드라나트 타고르, "나의 학교", 1916

제가 관심을 두고 있는 것이 교양을 지닌 성인(成人)이 누리는 삶, 미(美), 추상적 창작품에 대한 향유라는 것을, 그리고 엄마의 입을 향해 손을 뻗고 엄마의 이를 느끼며, 눈을 응시하는 갓난아이의 창조적 몸짓이라는 것을 알게 될 것입니다. 제게 놀이란 자연스럽게 문화적 경험으로 나아가게 되는, 실제로 문화적 경험의 기초를 형성하는 것이지요.

－ 도널드 위니코트, 『놀이와 현실』, 1971

시민들은 사실적 지식과 논리적 지식, 이 둘만으로는 자신을 주위의 복잡한 세계에 연결시킬 수 없다. 이 두 가지에 밀접히 연관된 것으로서 시민들에게 요청되는 세 번째 능력은 바로 서사적 상상력이다.[1] 이것은 자기 자신이 다른 이의 입장에 있다면 사태가 어떠할지 생각할 줄 아는 능력, 그 사람의 이야기를 지적으로 읽을 수 있는 능력, 그러한 위치에 처한 이라면 가질지 모르는 감정·소망·욕구를 이해하는 능력을 의미한다. 공감 능력의 함양은, 서구와 비서구 국가 모두에서 민주주의 교육에 관한 현대 사상의 핵심 부분이 되어 왔다. 이러한 능력의 함양은 대부분 가정에서 진행되어야겠지만 학교, 심지어 대학 역시 [이 능력의 함양에] 중대한 역할을 한다. 만일 이 교육 기관들이 이러한 역할을 잘 수행해야 하는 처지에 있다면 인문교양 커리큘럼에 중대한 역할을 맡겨야 하며, 타인의 시선으로 세계를 바라볼 수 있는 능력을 활성화하고 정련하는 참여형 교육을 개발해야 할 것이다.

앞에서 말했듯 어린아이들은 기초 수준의 공감과 관심 능력을 지닌 채로 태어난다. 하지만 그들의 최초 경험들은 보통 강력한 나르시시즘에 지배된다. [그들에게] 음식물 공급과 안락함과 관련된 불안감은 타인의 실재성에 대한 그 어떠한 확고한 앎과도 미처 연결되지 못한다. 타인을 사물이 아니라 온전한 인격체로 인지하는 법을 배우는 일은 자동적으로 일어나지 않는다. 그것은 많은 장애물을 극복함으로써 경험되는 모종의 성취인 것이다. 첫 번째 장애물은 자신과 남을 구별하지 못하는 완전한 무능력*이다. 평범한 아이의 평범한 경험이라면 아주 이른 시기에 자신과 남의 구별은 점차 분명해진다. 그때 아기들은 촉각과 시각을 조정하면서 자신들이 보는 것들 중 일부는 자신들 몸이고, 다른 것들은 몸의 일부가 아님을 알아채게 된다. 하지만 아기들은 자기 부모가 그들만의 내적 사고와 감정의 주인이라는 점을 전연 알지 못한 채로, 또한 그들의 내면 세계가 자신의 행동에 특정한 요구를 한다는 점에 동의하

---

* 그러나 이 완전한 무능력 상태는 불교에서 말하는 무분별지의 완전한 체득 상태를 암시하거나 간접적으로 현시하는 상태이기도 하다. 즉 이 상태는 한편으로는 주체 형성 과정의 장애물이되, 다른 한편으로는 주체-대상 무분별지 상태를 간접적으로 예시하는 상태인 것이다.

지 않은 채로, 그들이 자신의 일부가 아님을 알아챌지도 모른다. 이러한 시기에 나르시시즘이 어린아이의 세계에 나타나기란 쉽다. 즉 그 아이는 타인을 자신만의 소망과 감정의 단순한 도구로 여기기 쉽다.

타인에 대해 진심으로 관심을 기울이는 능력을 갖추기 위해서는 몇 가지 필수 조건이 필요하다. 첫째 조건은 루소가 강조했듯 일정한 실제적·실용적 [사물 처리] 능력이다. 즉 스스로 일 처리를 할 줄 아는 어린아이는 타인을 자신의 노예로 삼을 필요가 없으며, 점차 성숙해가는 육체 능력은 으레 어린이가 타인에 대한 자기도취적 의존에서 벗어나게 한다. 두 번째 필수 조건은 앞서 내가 혐오감과 수치심에 대해 논의할 때 강조했던 것으로, [외부 세계에 대한] 완전한 통제는 가능하지도, 바람직하지도 않다는 점, 우리 모두가 약점을 지닌 이들이며 서로가 서로를 돕는 길을 찾아야 함을 인식하는 일이다. 이러한 인식은, 홀로 있는 사람이 실제로는 홀로 있지 않은 곳으로, 나 아닌 타인이 자기 고유의 삶과 필요를 지니며, 그러한 필요를 추구할 권리 역시 지니는 곳으로 세계를 인식하는 능력과 관계된다. 그러나 이러한 인식 능력을 갖춘다는 것은 곧 복합적 성취를 이룩함을 뜻한다. [보이는] 여러 형체들이 자기의 요청에 봉사하고, 자기를 중심으로 움직이는 장소로 세계를 인식하던 어린아이가 도대체 어떻게 이런 식으로 세계를 다시 볼 수 있단 말인가?

이 질문에 대한 답변의 일부는 우리 자신의 선천적 자질이 해준다. 갓난아기와 부모가 자연스러운 웃음을 나누는 것은 갓난아기에게 다른 이의 인간성을 인식할 준비가 갖추어졌음을 보여주며, 매우 이른 시기에 갓난아기는 자신이 그것을 인식한다는 점에 기뻐한다. 하지만 이 질문에 대한 다른 답변은 놀이에서 찾을 수 있다. 바로 이 놀이가 [타인에 대한] 관심에 필요한 세 번째 핵심 조건, 즉 타인의 경험이 어떤 것일지 상상할 줄 아는 능력을 길러준다.

상상 놀이에 관한 가장 영향력 있고 매력적인 설명 중 하나는 영국의 소아과 의사이자 심리학자인 도널드 위니코트의 설명이다. 여러 해 동안 다양한 유형의 어린이들을 대상으로 소아과 치료를 한 후(그는 평생 이 치료를 지속한다), 위니코트는 정신분석 작업에 착수하게 된다. 정신분석과 관련된 그의 견해는 다양한 임상 경험을 바탕으로 한 것이지, 정신분석 이론가의 이론적 견해가 아니다. 그리고 이 점은 자신이 관심을 두는 것은 병증의 치료가 아니라 살아 있는 존재, 사랑하는 존재인 인격체로서의 사람을 마주대하는 일이라고 그 자신이 자주 강조하던 바이기도 하다. 그 기원이 무엇이건 아이가 성장하는 과정에서의 놀이의 역할에 관한 그의 견해는 정신분석학 사상에 공감을 하든 안 하든 간에 많은 이들에게 폭넓은 문화적 영향력을 끼쳤다(예컨대 위니코트가 그렇게 믿었듯, 찰스 슐츠의 만화 『피너츠Peanuts』에서 라이너스가 안고 다니는 담요는 '과도기적 대상물transitional object*'에 관한 위니코트의 아이디어를 재현한 것으로 보인다).

많은 건강한 어린이들을 관찰해왔던 의사로서 위니코트는 아이의 성장이란 자연스럽게 꽃피어난다는 확고한 신념을 지니게 된다. 이 꽃피어남은 만일 모든 것이 충분히 제대로 진행될 경우라면, 어린 시기 아이가 겪게 되는 내적 갈등**의 자연스러운 결과로 윤리적 관심을 (그리고 건강한 민주주의의 기초를) 만들어낼 것이었다. 그는 어린이의 성장이 보통은 잘 진행된다고, 부모들이 보통은 제 역할들을 잘해낸다고 보았다. [그에 따르면] 부모는 자녀가 일찍부터 [무언가에] 몰두하도록, 무엇이 필요한지 주의를 잘 기울이도록, 그리하여 아이의 자아가 점차 발전되어 종국에는 자신을 표현할 수 있도록 이끈다(위니코트는 통상 '엄마'라는 단어를 사용하지만, 그는 늘 '엄마'가 [성적 범주가 아니라] 하나의 기능적 범주에 불과함을, 또한 그 역할은 부모 중 그 어느 쪽에 의해서도 수행될 수 있음을 역설한다. 그리고 그는 [정신]분석가로서의 자신이 맡은 역할의 모성적 본질에 대해서도 역설한다).

처음에 아이는 자신의 부모를 확실한 대상으로서 파악하지 못하며, 그래서 완전히 충분한 감정 또한 느끼지 못한다. 아이의 세계는 공생적이며 기본적으로는 자기도취적이다. 하지만 점차 아이는 자신만의 '과도기적 대상물'의 도움으로 홀로 있을 수 있는 능력을 계발하게 된다. 부모가 부재할 경우 아이 스스로를 위안하는 담요, 푹신푹신한 동물[인형]들을 위니코트는 '과도기적 대상물'이라 일컫는데, 이 사물의 도움

---

* 아동 심리학 용어. 보통 인형, 테디 베어 같은 사물을 지칭한다. 어머니와 자신이 분리된 존재라는 사실과 자신이 타인에게 의존적인 존재라는 사실을 자각한 어린아이가 그 사실 자각으로 인한 고통과 불안을 극복하고자 인지하고 가까이하게 되는 대상물이자, 어머니와의 결합을 환각적으로 체험하도록 도와주는 일종의 심리적 대리물로서의 대상물이다.

** 앞서 저자가 설명한 아이의 '내적 투쟁' 또는 '내적 갈등'을 이른다.

으로 마침내 아이는 '엄마 없이 홀로 노는' 능력을 계발할 수 있다. 이 능력은 아이가 자신만의 자아를 형성하고 있다고 확신케 하는 핵심적 표지다. 이 단계에서 아이는 자신만의 필요가 충족되는 모종의 범위 안에 있는 누군가가 아니라 완전한 사람으로서의 부모에게 자신을 연결시키기 시작한다.

위니코트가 보기에 이러한 성장 과정에서 정말로 중요한 것은 놀이였다. 그 자신이 상상적 놀이가 크게 억지抑止되었던 엄청나게 종교적이고 억압적인 가정환경에서 자랐고, 그 결과 성인이 되어 대인 관계에서 심각한 문제를 경험했기에, 위니코트는 다름 아닌 놀이야말로 건강한 인성 형성의 핵심이라고 생각하게 된다.[2] 놀이는 사람들 사이의 공간에서 일어나는 유형의 활동인데, 이 공간을 위니코트는 '잠재 공간potential space'이라 부른다. 여기에서 사람들(처음에는 어린이, 나중에는 성인)은 타인과의 직접 대면에서 느낄 수 있는 것보다 덜 위협적인 방식으로 타자성에 관한 아이디어를 실험해볼 수 있다.[3] 그리하여 깊은 공감과 상호 호혜성에 관한 이루 말할 수 없는 가치를 지니는 연습을 수행하게 된다. 처음에 놀이는 아이가 일어나는 사태를 통제하는 마법 같은 판타지 속에서 시작된다. 어린아이가 자신만의 '과도기적 대상물'과 더불어 놀이하는 자기 위안의 게임에서처럼 말이다. 하지만 [아이가] 부모 또는 다른 아이들과의 상호 작용하는 놀이에서 점차 자신감과 신뢰를 발전시키면, [판타지 속에서의] 통제는 느슨해지고, 아이는 놀이 상황 바깥에서라면 괴로울 수 있지만 놀이 속에서는 기쁜 방식으로 [자신의] 나약함과 놀람surprise을 실험할 수 있게 된다. 가령 부모나 자신이 애지중지하는 사물이 사라지고 다시 나타나는 것을 놀이로 삼는 꼬마 아이의 지칠 줄 모르는 기쁨을 생각해보라.

놀이가 발전하면 아이는 경이wonder를 느낄 줄 아는 능력을 발전시킨다. 어린이집에서 배우는 간단한 동시童詩는 벌써 아이들로 하여금 꼬마 동물, 다른 아이, 심지어 움직이지 못하는 사물을 흉내 내는 연기를 하게끔 자극한다. "반짝반짝 작은 별, 아름답게 비추네(Twinkle, Twinkle, Little Star, How I wonder what You are!: 반짝반짝 작은 별, 네가 누군지 궁금해)"는 그 자체가 [이미] 경이의 패러다임이다. 거기에는 형상에 주목하는 일 그리고 그 형상에 하나의 내적 세계를 부여하는 일이 수반되기 때문이다.* 그런데 이것이야말로 아이들이 궁극적으로 타인에 대해서 할 수 있어야 하는 무엇이다. 어린이집에서 배우는 동시와 동화들은 그리하여 삶에 대한 관심을 준비하는 중요한 과정인 것이다.⁴ 매우 위협적일 수도 있는 타자의 등장은 놀이에서 호기심의 즐거운 원천이 되며, 이 호기심은 우정, 사랑 그리고 훗날 정치적 삶에서 건강한 태도를 발전시키는 데 기여한다.

위니코트는 (어린이들이 느끼는) 사람 사이의 '잠재 공간'이 어른이 된다 해서 자동적으로 닫히고 마는 것이 아니라는 점을 알고 있었다. 삶

---

* 영문의 동시, 즉 영국의 시인 제인 테일러가 지은 동시의 이 부분은 노래 부르는 어린이로 하여금 별의 형상을 생각해보고, 그 별이 하나의 안쪽을 갖춘 세계라고, 하여 그 안이 궁금한 세계라고 상상해보게 한다.

은 경이와 놀이의 사건으로 가득 차 있기에 그는 남녀 간의 성 관계, 일반적 친화 관계 등의 삶의 마당에 놀이 능력이 정말로 중요하다고 역설했다. 사람은 타인의 내적 세계를 잊고 그 관계를 닫을 수도 있고, 또는 관계를 유지하며 상상력을 통해 타인을 내적 삶의 주인으로 인식하는 능력을 발전시킬 수도 있다는 것이다. 위니코트를 알던 이들은 놀이와 깊은 공감을 통해 타인과 자기 자신을 연결시키던 그의 비범한 능력에 한결같이 놀라워했다. 환자, 특히 어린이 환자와 함께 어린이들의 놀이 세계, 그들이 애지중지하는 사물들과 동물 인형, 형·동생·누나의 탄생에 관한 환상의 세계 속으로 [자유롭게] 들어갈 수 있는 지칠 줄 모르는 능력의 소유자였다. 그러나 그에 따르면 놀이란 '성인의 세계'가 시작되는 곳에서 끝나지 않는다. 그의 성인 환자들 역시 타자의 입장을 마치 자신의 입장으로 생각할 줄 아는 그의 능력을 높이 샀다. 60세의 정신분석가 해리 건트립은 위니코트에 대한 분석 담론에서 그의 재능을 이렇게 묘사한다. "긴장을 완전히 풀고 제 비밀을 드러내고서도 전 편안해질 수 있었죠. 당신이 제 내면의 세계에 있었으니까요." 놀이는 또한 위니코트에게 치유 관계를 넘어선 삶의 관계를 특징짓는 요소이기도 했다. 위니코트 부부는 세련된 농담과 장난으로 유명했다. 위니코트가 남긴 문서들은 따분한 미팅 시간 동안 그들 부부가 서로 주고받던 시편들과 우스꽝스러운 그림들을 우리에게 보여준다.[5]

위니코트는 놀이가 민주적 시민 정신을 형성하는 데 중대한 역할을 한다고 자주 강조하고는 했다. 민주적 평등은 취약함^{vulnerability}과 함께 나타나기 마련이다. 그의 환자들 가운데 한 사람이 예리하게 언급했듯 "평등의 놀라운 점은 평등할 때 우리 모두는 어린이가 된다는 것이다. 그런데 문제는 아버지가 어디 있느냐는 것이다. 만일 우리 중 한 명이 아버지라면, 우리는 우리가 어디에 있는지 알고 있는 셈이다."[6] 놀이는 사람들에게 타인을 지배하지 않고 타인과 함께 살 수 있는 능력을 가르친다. 놀이는 취약함과 놀람surprise과 관계되는 경험을 (불안감이 아니라) 호기심과 경이wonder에 연결시킨다.

어른은 어린이의 놀이 세계를 떠난 이후 자신의 놀이 능력을 어떻게 유지·발전시킬까? 위니코트가 보기에 [이 일에] 핵심 역할을 하는 것 중 하나가 예술이었다. 그에 따르면 모든 인류 문화 집단 내에서 예술의 일차적 기능 중 하나는 '놀이 공간'의 개발을 지속시키고 향상시키는 것이다. 그가 보기에 인간 삶에서의 예술의 소임이란 그 무엇보다도 깊은 공감 능력을 배양하고 확대하는 일에 있었다. 복잡한 양식의 예술 작품에 대한 [감상자의] 세련된 대응에서 위니코트는 게임·역할 놀이 중인 갓난아이의 기쁨이 [일정하게] 존속되고 있음을 보았던 것이다.

4장에서 그 교육관이 기술된 바 있는, 위니코트 이전의 진보적 교육자들 역시, 비록 위니코트의 글들을 알지는 못했지만, 자신들만의 사색과 경험을 통해 놀이가 건강한 인성 발전에 핵심 요소라는 위니코트의 기본적 통찰을 이해하고 있었다. 그들은 전통적인 학교들이 놀이 자체의 교육적 가치를 이해하지 못하는 것은 잘못이라고 여겼다. 또 그들은 조기 교육에도, 그 이후의 교육에도 놀이가 교육 체계 속에 통합되어야 한다고 주장했다. [이를테면] 프뢰벨은 아주 어린 아이들이 사물들을 조작해보고, 간단한 형상들을(구, 큐브)에 이야기와 성격을 부여하는 상상력을 발휘해보며 자신들의 환경을 탐험해야 할 필요성에 대해 각별히 주목했다. 페스탈로치가 창조한 소설 속 인물 거투르드는 수동적 암기 학습이 인성을 죽게 만드는 반면, 놀이 정신으로 수행된 실용적 활동들이 인성을 풍요롭게 한다는 점을 목격했다.

이러한 교육자들은 일찍이 학교생활 이후의 삶에 대해 예술이 할 수 있는 가장 중대한 기여는 인성의 감정적 · 상상적 원천의 강화임을 알게 되었다. 그리하여 그들은 아이들에게 (그렇게 하지 않으면 아이들이 차후 잃고 말) 자신과 타인을 이해할 수 있는 능력을 키워주었다. 우리는 그저 자동적으로 [우리와는] 다른 인간 존재를 [인격적] 넓이와 깊이를 지닌, 생각 · 영적 열망 · 감정의 임자로 여기지 않는다. 한 명의 타인을 단지 하나의 몸으로 이해하기란 무척 쉬운 법이다. 즉 우리의 목적(나쁜 목적이든, 좋은 목적이든)을 위해 우리 자신이 활용할 수도 있다고 생각하는 몸으로 말이다. 몸속에 있는 영혼을 인식하는 것 자체가 이미 하나의 성취이며, 이 성취는 우리로 하여금 우리가 보는 형상의 내적 세계에 대해 궁금해하도록 하는 바, 이러한 성취는 우리 자신에 대해, 우리 자신의 깊이에 대해 궁금해하도록 하는 시와 예술을 통해 가능하다.

기술 · 사실 본위의 교육에는 이러한 [능력] 함양 [교육]이 부재하기 쉽다. 철학자 존 스튜어트 밀은 조숙했던 인물인데, 어린 시절 밀은 언어 · 역사 · 과학 분야에서 최고급 수준의 교육을 받는다. 하지만 이 교육은 그의 감정직 또는 상상적 소질을 함양시켜주지는 못한다. [그리하여] 청소년기 때 그는 심각한 우울증을 경험한다. 그는 자신이 결국에는 이 우울증으로부터 회복될 수 있었던 원인이 워즈워스의 시의 감화력이었다고 말한다. 워즈워스의 시는 그의 감정을 훈련시켜주었고, 그로 하여금 다른 사람들의 감정에 주목할 수 있도록 만들어주었다. 훗날 밀은 (그 자신이 시의 경험을 통해 발견한 바 있는) 공감 능력의 함양에 기초한 '인간다움의 종교'에 관한 담론을 발전시키게 된다.

비슷한 시기 미국에서 브론슨 올컷(템플 스쿨에서의 그의 소크라테스식 페다고지에 대해서 이미 우리는 4장에서 검토한 바 있다)은 시詩 교육에 관한 [밀과] 동일한 아이디어에 커리큘럼의 외형을 입힌다. 워즈워스의 시에 의존하면서, 또 수업 중 그의 시편들을 자주 활용하면서, 올컷은 시가 한 아이의 내면을 함양시키며, 상상력과 감정 능력을 길러준다고 생각했다. 루이자 올컷의 『작은 남자들과 조의 아이들』을 보면, 플럼트리 스쿨Plumtree School에서 실연된 상상 게임들은 다른 지적 수업들만큼 중요한 수업이자, 그러한 수업들에 일체화되는 것임을 알 수가 있다. 나아가 수업들과 게임들은 모두 상호 호혜의 정신의 활기로 가득 찼는데, 마치 대가족처럼 경영된 그 학교는 놀랍게도 세련된 예술적 놀이란 부모-아이 놀이의 연장이라는 위니코트의 생각을 앞질러 보여주었다.

그러나 조기 교육의 핵심 요소로서의 예술의 가장 정교한 발전은 20세기에 들어서야, 즉 인도의 타고르와 미국의 듀이가 시도한 이론적으로 세련된 교육 실험 속에서야 비로소 목격된다. 듀이는 민주 사회의 핵심 성분으로서의 예술에 관해 상당히 많은 양의 글을 쓴 바 있는데, 음악과 연극을 통한 상상력 훈련은 심지어 오늘날의 실험학교에서까지 분명 핵심적인 역할을 하고 있다. 듀이는 아이들에게 중요한 것은, 현실 세계로부터 분리된 사물로서의 예술 작품에 대한 '감상'법을 배우는, 어떤 묵상적 연습으로서의 '빼어난 예술^{fine art}[훈련]이 아니라고 주장했다. 또한 상상력이란 오직 비현실적 세계 또는 상상적 세계에만 관계되는 무엇이라고 믿게끔 아이들을 가르쳐서도 안 된다. 아이들은 그들 자신의 그 모든 교섭 작용의 상상적 차원을 인식해야 하고, 상상력이 훈련되는 여러 영역 중 단 하나의 영역으로 예술을 인식해야 한다. "놀이와 진지한 일이라고 여겨지는 것 사이의 차이는 상상력의 있고 없음의 차이여서는 안 되며, 상상력이 사용되는 대상의 차이여야 한다." 성공적인 학교에서 상상력이란 "직접적인 육체 반응 영역의 너머"[7]에 있는 것을 다룰 때에도 요청된다는 점을 아이들은 인식할 것이며, 거기에는 사실상 [아이들에게] 중요한 그 모든 것, 즉 친구와의 대화, 경제적 업무처리에 관한 공부, 과학 실험 등이 포함될 것이다.

하지만 여기에서는 타고르의 예술 사용법에 집중해보기로 하자. 타고르의 학교는 예술가가 세운 학교였고, 또 아이가 처음 학교를 등록할 때부터 [그 모든 교육 과정에 이르기까지] 음악, 연극, 시, 회화, 무용, 이 모든 것에 중심적 소임을 부여했던 학교였으므로. 4장에서 우리는 소크라테스식 질문법에 대한 타고르의 실천을 검토한 바 있다. 하지만 소크라테스식 질문은 냉엄하고 비감정적인 것으로 보일 수 있고, 논리적 주장의 냉혹한 추구는 인격의 다른 요소들의 성장을 위축할 위험이 있다. 이러한 위험을 예측했기에 타고르는 이를 피했다. 그에게 예술의 일차적 역할이란 공감 능력의 훈련이었다. 그는 예술의 이러한 교육적 역할이 (아마도 예술의 가장 중요한 역할 가운데 하나일) 전형적 교육 모델에 의해 "체계적으로 무시되어"왔으며 "심각하게 억압되어"왔다고 지적한다. 그가 보기에, 예술은 내면적 자기 함양inner self-cultivation과 타자에 대한 대응 태도 · 능력responsiveness 양자를 증진시키는 무엇이었다. 그런데 이 둘은 으레 동시에 함께 성숙되기 마련이다. 자기 자신 안에서 스스로 탐구해보지 않았던 무언가를 다른 이 안에서 발견할 때, 누구라도 그것이 소중한 것이라고 여기기는 어려울 테니 말이다.

이미 언급한 바 있지만, 타고르는 수업 과정 전체에서 역할 놀이법을 활용했다. 아이들은 낯선 생각의 입장을 스스로 취해보도록 요청받았고, 이로써 여러 지적 입장들을 탐색해볼 수 있었다. 그런데 이러한 역할 놀이는 그저 논리적 게임만이 아니었다. 그것은 논리 능력의 함양과 더불어 진행되는 공감 능력의 함양법이었다. 타고르는 또한 종교적 차이라는 어려운 분야를 탐구해보기 위해서도 역할 놀이를 활용했다. 자신들의 종교가 아닌 다른 종교들의 의식과 예식을 직접 거행해보라고, 상상적 참여를 통해 낯선 것을 이해해보라고 학생들은 독려되었던 것이다. 하지만 그 무엇보다도 타고르는 아이들이 몸 전체를 써가며, 즉 낯선 자세와 제스처를 취해가며 다양한 역할들을 탐험할 수 있도록 정교한 연극 작품들, 혼성 드라마, 음악, 무용을 활용했다. 무용은 소년과 소녀 양쪽 다를 위한 학교 교육의 핵심 요소였다. 낯선 것을 탐구하다 보면 경직된 몸과 수치심을 스스로 버리게 되어 있다는 점을, 그런 것을 포기해야 비로소 하나의 역할을 자신의 것으로 수행할 수 있다는 점을 타고르는 알고 있었다.

그의 각별한 관심 대상은 다름 아닌 여성들이었다. 그가 보기에 여성이란 통례적으로 자기 자신의 몸에 대해 수치심을 느끼도록, 자유롭게 움직일 수 없도록(특히 남성 앞에서) 양육된 이들이었기 때문이다. 일평생 여성의 자유와 평등을 옹호했던 그는 단순히 소녀들에게 자유로이 몸을 움직이라고 말한다고 해서 수년에 걸친 억압으로 말미암은 습성이 극복될 리 만무하겠지만, 안무가에 의해 정확히 디자인된 동작을 그들에게 던져준다면, 즉 이곳에서 저곳으로 이런 식으로 뛰어보라고 말해본다면, 이 과정은 그들의 자유를 보다 제대로 자극할 수 있으리라 생각했다(타고르의 형수는 그 어떤 부분도 찢어진 곳 없는 사리sari를 발명한다. 사리가 부적절한 방식으로 자신들의 몸을 노출시키는 일을 두려워하지 않고 여성들이 자유롭게 이동할 수 있도록 무언가를 만들어달라는 타고르의 요청에 의해, 그녀가 만든 발명품이었다). 동시에 남성 역시, 훌륭한 무용가이자 유명한 안무가였고 독창적이며 복합적이고 양성적인 동작으로 유명하던 타고르의 비호 아래, 무용 속의 어려운 역할을 실험했다. 4장에서 기술된 〈카드의 땅〉에서처럼 성 평등을 다룬 작품은 그의 드라마 작품들에서는 차라리 범상한 것이었다. 이 작품들 속 여성들은 [언제고] 완고한 전통을 거부하는 데 앞장서는 이들이다.

노벨상 수상자 아마르티아 센*의 어머니 아미타 센은 아주 어린 시절부터 그 학교의 학생이었다. 힌두 종교사 분야의 저명한 전문가였던 그녀의 부친이 개교 이후 잠시 그곳에서 강사 일을 했던 인연으로, 그녀 역시 그 학교의 학생이 되었던 것이다. 타고르의 사무실 유리창 근처 정원에서 뛰어 놀던 꼬마 아이였던 아미타 센은 타고르의 유명한 시 〈꼬마 바다Chota mai〉를 창작하는 데 영감의 원천이 되기도 했다. 그 시에서 타고르는 어떤 작은 꼬마 여자 아이가 그의 일을 어떻게 방해했는지를 묘사한다. 훗날 젊은 신부가 되었을 때 그녀는 다시 한 번 또 하나의 유명한 타고르의 시에 영감을 준다. 그것은 "두려움 없이 삶의 물속으로 들어가는" 한 젊은 여성에 관한 시였다. 그사이 그녀는 [줄곧] 그 학교의 학생이었는데, 재학 당시 그녀는 학교의 가장 재능 있는 무용수 가운데 한 명으로 인정받았다. 그리하여 그녀는 무용 드라마들에서 주연을 도맡아 하게 된다. 훗날 그녀는 타고르의 학교에 관한 두 권의 책을 상자上梓한다. 그중 하나는 『모든 일에서의 기쁨Joy in All Work』(영어로 번역되어 나와 있다)으로 이 책에서 아미타 센은 무용가이자 안무 디자이너 타고르의 활동을 그려내고 있다.[8]

아미타 센은 타고르가 만든 무용 드라마의 목적이 비단 훌륭한 예술 작품의 생산만이 아니라 학생들의 감정·상상력 함양이기도 했음을

---

* Amartya Kumar Sen. 1933~. 인도 출신 경제학자이자 철학자. 현재 케임브리지 대학 교수로 1998년 노벨 경제학상을 수상했고, 그의 저술들 중 일부가 한국어로 번역되어 있다.

알고 있었다. 연극과 무용이 그 학교에서 담당했던 역할에 관한 그녀의 소상한 설명은 산티니케탄에서의 그 모든 '정규' 교육이, 즉 학생들로 하여금 [국가] 표준 시험들에서 좋은 성적을 얻도록 만들었던 교육이 어떻게 교육과 무용·노래를 결합한 덕에 열정, 창조성, 기쁨을 고취시킬 수 있었는지를 일러준다.

그의 무용은 감정의 무용이었어요. 하늘에 뜬 신이 난 구름들, 나뭇잎들 속에서의 바람의 전율, 풀밭 위에 반짝이는 빛, 지상을 물들이는 달빛의 홍수, 꽃들의 피어남과 시듦, 마른 잎들의 속삭임. 한 사람의 가슴속 기쁨의 고동이나 슬픔의 비통은 모두 이 무용의 동작과 표현들 속에 반영되었지요.[9]

우리는 지금, 어느 나이든 여성의 어린 시절 경험에 대한 회상을 듣고 있다는 점을 기억해야 한다. 이 여성 안에 어린아이의 감성과 시(詩)가 이토록 생생히 살아 있다는 것은 얼마나 별난 일인가. 또 이 말들은 (배운 사실을 모두 망각해버리는 때에 도달한 이의 삶 속에 평생토록 지속되었던) 특정한 인격을 꽃피우는 교육의 힘에 대한, 얼마나 대단한 헌사란 말인가. 물론 그녀의 책이 분명히 말하는 것처럼, 그러한 교육은 단순히 아이들을 제멋대로 뛰놀도록 내버려두는 일로 가능한 것은 아니다. 만일 예술 교육이 깊은 공감 능력과 표현 능력을 키우고 확대시키는 것이어야 한다면, 예술 교육이란 일정한 기율과 포부를 요청하기 마련인 것이다.

문학과 예술 교육은 무수히 다양한 작품의 문학·음악·미술·무용 경험을 통해 매우 다채로운 양식으로 사람의 공감 능력을 길러준다. 타고르는 음악과 무용에 대한 강조라는 측면에서 이미 서구를 앞질러 간 이였다. 오늘날 미국에서 우리는 오직 간헐적으로만 음악과 무용 능력 함양에 힘쓰고 있으니 말이다. 하지만 우리는 학생들의 특정한 사각지대^{死角地帶, blind spots}가 무엇일지 생각해봐야 하며, [학교] 교과서는 그 [생각의] 결과에 따라 선정되어야 한다. 모든 시기, 모든 사회에는 학생들의 특정한 사각지대들, 집단들이, 즉 무지에 의해 또는 정신의 무딤 탓에 무시될 공산이 큰, 그들의 문화 내에 또 문화 밖에 있는 집단들이 있기 마련이니 말이다. 예술 작품은 (그것이 문학적이든 음악적이든 연극적이든) 바로 이러한 무딤에 대한 비판 능력, 보이지 않는 것[즉 사각지대]에 대한 보다 나은 관점의 계발을 돕기 위해 활용될 수 있다. 위대한 소설 『보이지 않는 인간^{Invisible Man}』의 작가 랠프 엘리슨은 훗날 한 에세이에서 이 소설에 관해 이렇게 적었다. 이 작품과 같은 하나의 소설은 "지각^{知覺}[앎], 희망, 오락의 뗏목"일 수도 있으며, 바로 이러한 뗏목 위에서 미국 문화는 미국과 미국의 민주적 이상 사이에 놓여 있는 "장애물과 소용돌이들을 해결해갈" 수 있을 것이다.¹⁰ 물론 그의 소설은 백인 독자들의 '내면의 시선들^{inner eyes}'을 그 주제이자 표적으로 삼는다. 소설 속 주인공은 백인 사회에 사는 이들에게는 보이지 않는다. 하지만 엘리슨은 우리에게 이 비가시성이 주인공에게만 특수하게 해당되는 어떤 생물학적 우연이 아니라 백인들 쪽에서의 상상력·교육상의 실패 탓이라고 말한다. 엘리슨의 제언에 따르면, 상상력을 통해 우리는 뭇 사람들의 완전한 인간다움^{humanness}을 인식하는 우리 자신의 인식 능력을 발전시킬 수 있다. 우리의 일상생활 터전에서 실행되는 뭇 사람들과의 만남이란 (최상의 경우) 하찮은 것이거나 (최악의 경우) 부정적인 상투적 사고 유형에 오염된 만남일 공산이 크다. 그리고 그 상투적 사고 유형은 보통 우리 삶의 세계가 집단들 간의 분명한 경계선을 만들어낼 때, 그 어떤 만남도 어렵게 만드는 '의심'을 만들어낼 때 창궐하는 법이다.

엘리슨이 그린 미국의 경우 그 '내면의 시선들'에게 주된 위협은 바로 인종[차별]에 대한 도전이었다. 즉 보통의 백인 독자라면 거의 받아들이기 어려운, 이미 일정한 사회적 낙인이 찍힌 생각*이었다. 우리가 보았듯, 타고르에게 중요했던 특정한 문화적 사각지대는 여성의 힘과 지성이었다. 그리고 그는 남성과 여성 간에 가능한 존경과 호기심이 보다 완전히 발현되도록 돕는 방법을 실로 독창적인 방식으로 창조해냈다. 이 두 작가는 주장한다. 사회적 낙인과 불평등에 관한 정보는 낙인찍힌 이의 입장을 직접 경험해보지 못한 민주적 시민에게 필요한, 그 입장에 관한 완전한 앎을 전달해주지 못한다. [하지만] 연극과 문학 모두 그 입장의 간접 경험을 그 시민에게 제공해줄 수 있다. 즉 타고르와 엘리슨의 성찰은 예술 교육을 생략하고 있는 학교들이 실은 민주적 앎에 필요한 필수 교육을 생략하고 있는 것이라고 말해준다. 내가 아는 한 인도인은 깊은 불만감을 내게 털어놓은 적이 있다. 어렸을 적, 즉 인

---

* 흑백 상관없이 모든 인종은 평등하다는 생각을 말한다.

도의 공립 학교에 다닐 적에 자신은 단 한 번도 연극 참여를 통해 다른 사회적 위치에 있는 사람을 상상적으로 경험해볼 기회를 갖지 못했건만, 미국에 있는 자기 조카들은 부분적으로긴 하지만, 로사 파크에 관한 연극에 참여함으로써 시민권에 대해 배웠다는 것이었다. 즉 그 연극에서 [흑인 지정 좌석인] 버스 뒷좌석에 앉아본 경험은, 그 참여 경험이 없었더라면 결코 알지 못했을 사회적 낙인에 관한 정보를 아이들에게 전달해주었다는 것이었다.

따라서 우리는 학생들의 '내면의 시선들'을 함양시킬 필요가 있으며, 이는 곧 학생들을 성 · 인종 · 민족[종족] 이슈들과 만나게 하는, 그들을 비교문화적 경험과 이해에 노출시킬, 심혈을 기울인 (또 아이의 나이와 성장 단계에 적합한) 예술 · 인문학 교육을 의미한다. 이러한 예술 교육은 세계 시민 교육에 연결될 수 있고 연결되어야 한다. 예술 작품은 흔히 (어떤 사람의 문화와는) 다른 한 문화의 성취와 고통에 대한 앎을 시작해보게 하는, 비교할 수 없을 만큼 소중한 방법이기 때문이다.

달리 말해, 학교와 대학에서의 예술의 소임이란 이중적이다. 예술은 일반적으로는 놀이 능력, 깊은 공감 능력을 함양한다. 또한 그것은 특정한 문화적 사각지대를 다룬다. 전자의 소임은 학생 자신의 삶의 시공과 동떨어진 작품들에 의해서 수행될 수 있겠다. 물론 아무 작품이나 무작위로 선정해서는 안 되겠지만 말이다. 두 번째 소임을 위해서라면 사회적으로 불편한 이슈에 대한 보다 각별한 주목이 요청된다. 이 두 소임은 어떤 면에서 연속적이다. 그 일반적 [놀이 · 공감] 능력은 한 번

성장하게 되면 못 보게 되는 사각지대를 더 잘 보게 하므로.

만일 민주주의적 가치들에 확실히 연결되고자 한다면, 예술 교육은 사람들이 (동등한 이들, 존엄한 이들, 내적 깊이와 가치를 지닌 이들로서) 서로를 대하는 법에 관한 규범적 가치관을 필요로 한다. 또 그리하여 그것은 활용되는 예술 작품의 선정 작업 역시 필요로 한다. 공감적 상상력은, 그것이 인간 존엄성의 평등이라는 관념에 연결되지 않는다면, 변덕스럽고 불균형적인 것이 될 수도 있다. 지리 · 계급 · 인종에서 우리와 가까운 이들에게 세련된 공감 능력을 보이는 반면, 멀리 있는 이들 또는 소수자 집단 구성원들에게는 (그들을 단순한 사물로 취급하며) 그 능력을 보이지 않기란 너무나도 쉽다. 더욱이 불균형적 공감 능력을 강화시키는 예술 작품은 부지기수다. 인종차별적 시각을 지닌 문학 작품이나 여성을 대상화하는 포르노그래피를 읽으면서 상상력을 함양한 아이는 분명 민주 사회에 적합한 방식으로 상상력을 함양한 것이 아닐 것이다. 또한 우리는 반민주적 운동들이 특정 집단과 사람을 모욕하고 낙인 찍는 데 기여하는 방식으로 예술 · 음악 · 수사학을 이용하는 법에 능통했다는 [역사적] 사실 역시 부인할 수 없다.[11] 상상력과 관련된 민주 교육은 조심스러운 [작품] 선정 작업을 요청한다. 그런데 이러한 품질 미달의 '문학 작품'이 기능하는 방식이란 [으레] 낙인 찍히는 입장을 상상하며 접근하는 것을 금지하는 것이다. 즉 소수자 또는 여성을, 탐구해볼 만한 가치가 있는 그 어떤 경험도 해보지 못한 단순 사물로서 취급하는 방식으로 말이다. 비록 다른 이들에 대한 건강한 도덕적 관계는 아니더라도, 다른 사람의 내면적 삶을 탐색해보는 상상 활동은 적어도 문학의 필수불가결한 요소다. 더욱이 문학은 그 자체에, 자아중심적인 지배 기획에 그토록 자주 연결되고는 하는 자기 보호적 공포에 대한 해독제를 내장하고 있다. 만일 타인을 대할 때 [모종의] 놀이의 태도를 취한다면, 타인을 (꼭 지켜야 하는 것으로서의) 자신의 안전에 대한 무시무시한 위협 요소로서 인식할 공산은 (적어도 당분간은) 줄어들 것이다.

지금껏 서술해온 상상력 함양은, 부적절한 교육 전통에 대한 비판을 위한 소크라테스식 접근법과 매우 관련 깊으며, 비판 활동을 위한 근원적 토대를 제공한다. 대체 어떤 유형의 인생관과 인생 경험이 한 사람의 지적 입장을 형성하는지 이해해보려고 노력해보지 않는 경우라면, 그 사람의 지적 입장을 정중히 대하기란 거의 불가능에 가까울 것이다. 그렇지만 이기주의적 불안감에 대해 앞에서 언급된 바는 우리에게, 예술이 소크라테스식 비판에 기여할 수 있는 무언가가 더 있음을 일러준다. 타고르가 자주 강조한 대로 예술은 문화적 성찰, 전복 행위와 관련되는 즐거움을 창조함으로써, (공포와 자기방어로 가득 찬 대화가 아니라) 과거의 편견들과의 지속적인, 심지어는 매력적인 대화를 생산해낸다. 이것이 바로 엘리슨이 『보이지 않는 인간』을 "지각[앎], 희망, 오락의 뗏목"이라고 명명했을 때 의미했던 바다. 오락의 요소란 지각[앎]과 희망을 제공하는 예술의 능력에 중대하다. 그렇다면 민주주의에 정녕 중요한 것은 단지 예술 상연자의 경험만이 아니라, 예술 상연이 끔찍한 불안감의 경험 없이도 [삶의] 난제를 탐색해볼 수 있는 기회를 제공한다는 사실 자체다.

이와 비슷하게 타고르의 유명한 무용 공연(아미타 센은 여기에서 녹색 요정 역을 맡았다)은 여성들에게는 이정표와도 같은 작품이었다. 이 공연은 예술적으로도 탁월했고 지극히 관객을 유쾌하게 하는 공연이었다. 그리하여 아미타는 여왕 역을 맡아 춤추었던 한층 더 과감한 형식의 무용극에도 출현하게 된다. 이 무용극에서 그녀의 동작을 지시하는 글은 "내 젖가슴으로 오라Come to my breast"였다. 그런데 이것은 끝내 "내 가슴[마음]으로 오라Come to my heart"로 바뀌어야 했다. 하지만 아미타가 내게 해준 말에 따르면 "모든 관객은 [이 말로써] 실제로 전달된 뜻을 이해했다." 이 에피소드는 여성성의 이념을 위축시키는 것일 수도 있었지만 실제로는 그것을 진일보시켰다. 여왕의 에로틱한 행동, 즉 아미타의 춤으로 아름답게 표현된 그 에로틱한 행동이 관객을 즐겁게 만들었기 때문이다. 결국 관객들은 아름답고 우아한 음악·동작에 대한 그 부드러운 공격*에 반발하여 [평소라면] 나타나기 마련인 경악과 분노의 습성을 [그 자리에서는] 계속 유지할 수 없었다.

우리는 지금껏 성gender 이미지에 대해 말해왔는데, 생각건대 참된 남성의 이미지 그리고 참된 남성이 갖춘, 여성과 남성에 대한 건강한 시각만큼 민주주의의 건강에 더 중요한 요소는 없을 것이다. 이 이슈는

---

* 에로스를 마음껏 표현함으로써 아름다움·우아함이라는 고결한 이미지를 부드럽게 공격함을 의미한다.

서구 국가와 비서구 국가 모두에서 근대 민주주의의 맨 처음 단계에서 부터 중심 이슈로 인식되었다. 1792년 유럽 철학자 요한 고트프리트 헤르더는 이렇게 주장했다. 훌륭한 시민이라면 남성다움이 (타국과의) 전시戰時의 공격성을 필요로 하지 않는다는 점을 알 필요가 있다. 자신이 미국 원주민의 풍속이라고 인지하고 있던 한 풍속을 은연 암시하며 헤르더는, 마치 그들처럼 유럽 남성들 역시 전쟁과 평화를 협의하는 자리에서 여성들의 의복을 입어야 한다고 주장했다. 또한 그는 전쟁과 같은 공업功業을, 정복욕으로 사람들을 몰아대는 공포스러운 "그릇된 정치 술책"을 "덜 존경하는 태도"를, 유럽 남성들이 전반적으로 함양할 필요가 있다고 주장했다. 그에 따르면, 그 대신 남성 여성 할 것 없이 모두 "평화 선호의 기질"을 함양할 필요가 있다. 그의 제안에 따르면, 바로 이 기질을 함양하는 과정에서 (일정 기간 동안) 여성의 역할을 기대해보는 일은 매우 유익한 일인지도 모른다.[12]

이와 비슷한 생각이 인도의 타고르와 간디에 의해서도 탐구된 바 있다. 타고르의 학교는 그 독특한 무용 문법과 예술에 대한 강조를 통하여, 관용적이고 유희적이며 타자를 지배하는 데 무관심한 남성의 인성을 계발했다. 타고르는 이러한 목표를 공격적이고 식민주의적인 민족주의 유형에 대한 거부와 접맥했다. 그가 보기에 이러한 민족주의 유형은 유럽의 문화 가치, 남성다움의 규범과 연관된 것이었다. 타고르보다 훗날의 인물인 간디는 사회 변화를 위한 자신의 비폭력주의 접근법을, 남녀관계에서의 일방적 지배에 대한 거부와 분명히 연결지었다. 또한 간디는 양성적이며 모성적인 성정^{persona}을 의도적으로 수양하기도 했다. 그의 추종자들에게 전통적인 남성 · 여성 구별을 포기해야만 한다고 주장하기 위해서가 아니라, 공격적인 태도 없이도 얼마든지 남성다운 남성이 될 수 있다는 점을 보여주기 위해서, 여러 다채로운 성^{gender} 스타일들 역시 타인의 인간적 존엄, 타인의 '필요'에 대한 컴패션을 분명히 강조하는 한, 참다운 남성다움과 조화를 이룬다는 점을 보여주기 위해서.

요컨대 아이들은 공감 어린 관용이 곧 비-남성적인 것은 아니라는 점을, 남성다움이 곧 울지 않고, 굶주리고 학대받는 이들의 비탄을 나누지 않음을 의미하는 것은 아니라는 점을 이해할 필요가 있다. 그런데 이러한 이해는 "남성다움에 대한 당신의 그 오래된 이미지들을 떨쳐버려"라고 말하는 모종의 대결적 접근법으로는 진작될 수 없다. 그 이해는 오직 커리큘럼 내용과 교육학 양식에 반영될 수 있는 어떤 문화에 의해서만 진작될 수 있다. 즉 사랑과 공감의 능력이란 아이를 가르치려는 노력 그 전 지평에 스미는 무엇이라고 말해도 결코 과언이 되지 않는 어떤 문화 말이다.

비판적 사색만큼 예술 역시 중요하다. 우리는 예술이 경제 성장과 건강한 비즈니스 문화의 유지라는 목표[실현]에 근본적으로 중요하다는 점을 알고 있다. 선도적 비즈니스 교육가들은 일찍이 우수한 상상력이 왕성한 비즈니스 문화의 주춧돌임을 알고 있었다.[13] 혁신은 유연하고 열려 있으며 창조적 정신을 요청하기 마련이며, 문학과 예술은 그러한 정신을 키워준다. 이 정신이 부족한 경우 비즈니스 문화는 갑자기 동력을 상실하고 말 것이다. 되풀이 강조하건대 인문교양학부 졸업생들이 보다 협소한 분야의 예비 전문 교육을 받은 학생들보다 더 잘 고용되는 이유는 정확히 말해, 역동적 비즈니스 환경에서 성공하는 데 요청되는 유연성과 창조성을 그들이 지녔다고 여겨지기 때문이다. 설혹 우리의 관심사가 오직 국가 경제 성장뿐이라 할지라도 우리는 여전히 인문주의적 교양·예술 교육을 보호해야 한다. 하지만 다음 장에서 보게 될 것처럼 오늘날 교양·예술 교육은 전 세계의 학교들에서 공격받고 있다.

한 사례 연구는, 교양·예술이라는 것이 (민족·계급적 분열을 겪고 있는 미국 문화에서) 민주적 시민 정신을 갖추기 위한 조건들의 창조에 얼마나 중요한지를 우리에게 보여준다. 바로 시카고 어린이 합창단의 사례다. 대부분의 미국 대도시처럼 시카고 역시 거대한 경제 불평등을 보여주는 곳인데, 이러한 불평등은 기초적 주거, 고용 기회, 교육의 [품]질에서의 큰 격차가 설명해준다. 특히 아프리칸 아메리칸들과 라티노 거주 지역 아이들은 으레 백인 지역 아이들 또는 도시 사립학교에 다니는 아이들이 받는 수준 높은 교육을 그 어디에서도 받지 못한다. 그 아이들은 가정에서 이미 불리한 입장에 있다. 그들에게는 부모가 한쪽뿐이던가, 없던가, 그도 아니면 직업적 성공, [삶의] 기율, [삶의] 소망, 진심 어린 정치 참여에 관한 그 어떤 '역할 모델'도 없는 것이다. 물론 법적으로 학교가 인종에 따라 분리되어 있는 것은 아니지만, 그들은 대개 사실상 분리되어 있다. 그리하여 학생들은 자신들과는 다른 계급·인종 출신의 또래 아이들을 친구로 사귀게 될 확률이 적다.

사태를 악화시키고 있는 한 가지는, 모든 아이들을 서열에 따라 줄 세우지 않는 방식으로 [모두가 동등한] 한자리에 불러 모을 수 있는 예술 교육이, 비용 절감을 이유로 국공립 학교에서 심각하게 줄어들었다는 사실이다. 시카고 어린이 합창단은 바로 이 빈 공간으로 발을 디뎠다. 현재 한 사설 자선단체가 지원하고 있는 이 합창단에는 거의 3,000명의 어린이 단원이 있다. 그런데 이 3,000명 중 거의 80퍼센트가 빈곤층에 속한다. 이들은 엄격한 기준을 적용하는 합창^{choral singing} 부분에 소속되어 활동하고 있다. 시카고 어린이 합창단 프로그램에는 세 갈래 또는 세 층위가 있다. 첫째 층위를 구성하는 것은 학교 자체 프로그램들로 이 중 많은 프로그램들이 사라져버린 시 운영 프로그램들을 대신하고 있다. 학교 자체 프로그램들은 50개 초등학교 내 60개 이상의 합창단에 소속된 약 2,500명의 어린이를 위한 것으로, 주로 3~8학년* 학생들을 위한 것이다. 이 프로그램들은 "정신과 영혼의 성숙·발달에 수학과 과학만큼이나 음악이 중요하다는 생각이 옳다는 주장을 입증한다".

두 번째 층위를 구성하는 것은 지역 합창단들로 시카고의 8개 지역 합창단들이다. 이는 8~16세 아이들을 위한 방과 후 프로그램들로서, 참여하려면 오디션을 거쳐야 하고 일정 수준의 진지한 열정 역시 요청된다. 이 아이들은 매해 여러 회 합창 시연회를 열며 미국 내 다른 지방

---

* 한국의 초등학교 3학년부터 중학교 2학년에 해당.

으로 합창 시연 투어를 떠난다. 또한 그들은 세계 여러 나라의 다채로운 음악을 배우며 음악적 재능을 계발한다.

마지막 층위를 구성하는 것은 최고의 음악 수준 · 기량을 자랑하는 콘서트 합창단이다. 아마도 미국 내 어린이 · 청소년 합창단 중 으뜸일 이 합창단은 수많은 CD를 제작하고, 국제 순회공연을 하고, 심포니 오케스트라 · 오페라단들과 협연한 바 있다. 합창단은 바흐 무반주 성악곡에서부터 아프리칸 아메리칸 영가에 이르는 실로 다채로운 작품들을 시연한다. 이들의 시연 목록은 의도적으로 가지각색의 세계 음악을 포함하고 있다.

이 합창 시스템은 유니테리언^{Unitarian}* 목사 크로스토퍼 무어에 의해 1956년에 시작되었는데, 무어는 음악을 통해 (인종 · 종교 · 경제적 계급의 차이를 넘어) 모든 젊은이를 한자리에 불러낸다면, 이로써 젊은이의 삶을 바꿀 수 있다는 신념을 간직한 인물이었다. 이 시스템은 최초 24명의 싱어^{singer}들로부터 시작하여 현 규모까지 성장해왔는데, 이 과정에는 시카고 지역 수많은 기부자의 헌신적 지원이라는 공신이 있었다. 시카고 시는 합창단에 무상으로 사무실을 임대해주었지만, 차후 이 이상의 재정적 지원은 없었다.

이러한 사실들을 말로 이야기하기는 쉽다. [말로] 묘사하기 어려운

---

* 예수 그리스도를 신격화하지 않고 오직 신은 하나뿐이라는 사상 · 교리를 지닌 그리스도교 내 특징 교파의 신도.

것은 이 젊은이들의 노래를 듣는 일의 정서적 효과다. 이들은 내가 젊었을 당시의 교회 합창단처럼 자기들 앞에서 연주되는 노래에 아무런 동작 없이 밋밋하게 노래하지 않는다. 이들은 자신들이 노래하는 모든 것을 기억하고 표현하며 노래한다. 때로는 제스처를 활용하며, 어떤 땐 춤을 곁들이기도 한다. 이들은 노래한다는 행위 자체의 어마어마한 기쁨을 얼굴 표정으로 표현하는데, 이 기쁨이라는 감정이야말로 이 프로그램이 (상연자와 감상자 모두에게) 길러주는 큰 부분이다.

개인적으로 하이드파크 지역 합창단의 리허설과 콘서트 합창단의 공개 합창 시연을 관찰한 적이 있는데, 심지어 리허설에서조차 이들의 어마어마한 자부심, 음악적 열망, 개인적 열정을 쉽게 발견할 수 있었다. 콘서트 합창단의 싱어들은 으레 더 나이 어린 어린이들을 지도하는 지도자^{mentor}가 되어, 기율과 꿈에 관한 역할 모델이 되어주며 동시에 그 어린이들 자신만의 사회적 책임의 에토스^{ethos}를 길러준다.

최근 하이드파크 지역 합창단 지휘자이자 콘서트 합창단 부지휘자인 몰리 스톤을 인터뷰했을 때, 합창단이 대체 시카고 시민들의 삶에 어떤 기여를 한다고 생각하는지 물어본 적이 있었다. 꽤나 감동적이고 매력적인 답변이 돌아왔다. 첫째, 합창은 아이들에게 상이한 인종·사회경제적 출신의 아이들과 함께할 수 있는 강렬한 체험의 기회를 제공해준다. 그녀에 따르면, 다른 이와 노래 부르는 체험에는 타인에게 쉽게 상처 받는 성향 역시 수반된다. 즉 참여자는 자신의 숨과 몸을 타인의 숨과 몸에 합쳐야 하는 동시에, 자신의 몸 안으로부터 목소리를 만들어내야만 하는 것이다(심지어 오케스트라 참여자들조차 이러한 경험을 하는 것은 아니다). 그리하여 이러한 음악 체험은 체험자인 아이들에게, 즉 으레 자신의 몸을 미워하고 부자연스러운 것으로 느낄 가능성이 높은 나이의 아이들에게, 자신의 몸을 사랑하는 법을 가르쳐준다. 그러니까 그들은 [이 합창의 과정에서] 능력, 기율, 책임의 감각을 키우게 되는 것이다.

또한 합창단은 상이한 여러 문화권에서 나온 노래들을 부르기 때문에, [이 과정에서] 아이들은 [자연스레] 다른 문화권에 대해서 배우게 되며, 그러한 문화들이 그들 곁에 가까이 있다는 점 역시 배우게 된다. 즉 그들은 그들 지역의 문화와 기대치가 설치해놓은 장벽을 그들만의 방식으로 뛰어넘으며, 자신이 세계 시민이 될 수 있음을 보여주는 것이다. 다른 시대와 장소의 음악을 노래하는 법을 배움으로써 그들은 또한 그들이 자신과는 다른 어떤 이들을 존중한다는 점을, 그들 자신이 다른 이들에 대해서 배우기 위해 자기 시간을 쓰려 하고 그들을 우습게 여기지 않는다는 점을 보여줄 수 있다.

이 모든 방식으로 합창단원들은 지역 공동체와 세계에서의 스스로의 역할을 배우는데, 스톤은 바로 이 점이 그들을 여러 많은 관심 영역으로 자연스럽게 이끌어줄 수 있다고 강조한다. 합창단 졸업생들은 정치 과학 · 역사 · 언어 · 비주얼 아트 등에 관한 공부로 나아간다는 것이다.

다음 세 이야기가 스톤이 지금 무엇을 말하고 있는지 설명해준다. 어느 날 그녀는 콘서트 합창단 리허설 룸에 들른다. 그런데 거기서 바흐의 무반주 성악곡 중 어려운 대목을 연습하고 있던 아프리칸 아메리칸 꼬마 녀석들의 노랫소리를 우연히 듣게 된다. 그녀는 이렇게 말한다. "그래 너희들 지금, 추가 리허설을 하고 있는 거지?", "아니요. 그냥 짜증 풀고 있는 거예요. 그냥 한번 해보는 거예요." 이 슬럼가 출신 아프리칸 아메리칸 꼬마 녀석들이 자연스럽게 "짜증을 해소"하는 방법, 함께 기분 가라앉히는 방법이 바흐의 성악곡을 노래하는 것이었다는 사실 자체가, 그들 자신이 '흑인 문화'에 갇혀 있다고 여기지 않았음을 보여준다. 즉 그들은 어떤 문화도 자신들의 문화라고 주장하며, 그 문화의 주인이 될 수 있었던 것이다. 이것은 그들의 정신 세계이기도 했고, 또 아프리칸 아메리칸의 정신 세계이기도 했다.

스톤은 자신의 경험도 들려주었다. 어린 시절 그녀가 아프리칸 아메리칸들이 주요 구성원이던 합창단의 단원이었던 시절, 한 유대인 민가를 불렀던 때의 일이었다. 합창단 단원 중에서 유대인은 오직 그녀뿐이었는데 갑자기 그녀는 노래를 부르는 동안 모종의 결속감을 느꼈다. 즉 그녀는 다른 꼬마아이들이 그녀의 유대 문화를 존중하고 있다고, 유대 문화를 우습게 여기지 않는다고, 그 문화를 알려 하고 그 문화에 참여하려고 한다고 느꼈던 것이다.

세 번째 이야기는 최근 하이드파크 지역 합창단의 지방 공연에 관한 것이다. 합창단의 공연 지역은 컨트리 뮤직의 고향인 테네시 주 내슈빌이었다. 이 지역의 문화와 가치는 대부분의 북부 도시 미국인에게는 어쩐지 낯선 것인데, 이 사태를 거꾸로 보면 내슈빌 사람들은 북부 도시 미국인을 경계할 공산이 큰 것이다. 합창단 꼬마아이들은 그랜드 오울 오프리* 야외에서 공연 중이던 컨트리 뮤직 밴드의 노래를 우연히 듣게 된다. 그런데 아이들의 귀에는 자기들이 합창단에서 연습한 바 있던 컨트리 송이 들린다. 그리하여 아이들은 그 즉시 밴드를 에워싸고 그 노래를 밴드와 함께 부르기 시작한다. 결과는? 서로의 결속감을, 서로에 대한 존중심을 신[명]나게 표현하기!

민주주의적 결속감과 존중심을 키워주는 예술의 역할에 관해 이 합창단이 보여준 바는 결코 새로운 것은 아니다. 이것은 (내가 지금껏 이야기해온) 진보적 교육자들(올컷에서부터 듀이까지)의 교육 실천을 포함하는 미국의 오래된 [교육문화] 전통의 일부분인 것이다. 호레이스 만에 따르면, 특히 보컬^{vocal} 음악은 다양한 문화전통의 사람들을 결속시키고 서로 간 충돌을 완화하는 경향이 있다.[14]

지금껏 이 합창단이 참여자들에게 기여하는 바에 대해 강조해 보았다. 말할 것도 없이 이 기여는 부모, 가족, 학교 그리고 미국과 해외 양자에서 이 합창단을 듣는 청중들에게 그들이 미치는 영향력을 통해 몇 배로 배가된다.

불행히도 이러한 활동은 지역에서건 국가 전체에서건 미국의 교육 사회에서 선호되지 않는다. 시카고 어린이 합창단은 그리하여 만성

---

* 네슈빌에 있는 공연장이다. http://www.opry.com

적 부채 상태에 놓여 있다. 그들은 오직 지칠 줄 모르는 열정의 주인인, 돈·시간의 자발적 기부자들의 힘에 의존해서만 존속할 수 있는 것이다. 시카고 시는 주요 예술 단체들로 하여금 학교 교육 프로그램을 만들어낼 수 있게 돕는 민간 기금 제도를 갖추고 있다는 점에서 행운의 도시다. 더욱이 이 도시는 보통 관민 합동으로 후원하는 무료 대중 예술 행사가 굉장히 많다는 점에서 행운의 도시다.

이왕 말이 나온 김에 자금 문제를 잠깐 살펴보기로 하자. 예술에는 너무 많은 비용이 지출된다고 흔히들 말한다. 즉 경제적 곤궁의 시대에 예술을 지원할 여지가 없다는 것이다. 그러나 예술 진흥에는 [그다지] 많은 돈이 필요하지 않다. 만일 사람들이 예술을 즐길 마음의 여백을 만들기만 한다면, 예술은 상대적으로 적은 돈으로도 얼마든지 진흥될 수 있다. 아이들은 춤추기, 노래 부르기, 이야기하고 읽기를 사랑하니 말이다. 만약 우리가 존 듀이가 비판했던 식으로 예술을 생각한다면, 즉 예술이라는 것을 '감상'을 위해 값비싼 장비와 기물이 요청되는, 무언가 젠체하는 이들만의 '빼어난 예술Fine Art'로 생각한다면, 우리는 '예술에 들일 충분한 돈이 없다'는 결론으로 이끌려가기 십상이다. 시카고의 교육자들로부터 이러한 유의 주장을 들은 적이 있는데, 동의할 수 없다. 전에 인도의 시골 마을을 방문한 적이 있었다. 그 어떤 설비도 구비하지 못한(의자, 책상, 종이, 펜도 없고, 손에서 손으로 전달되어온 석판만 구비하고 있던) 여성·소녀들을 위한 국어 교육 프로젝트의 실태를 보려고 말이다. 그런데 [놀랍게도] 그곳에서 예술이 꽃피어나고 있었다.

이제 막 읽기를 배우기 시작한 앳된 소녀들로서는, 자신들의 경험을 다룬 연극을 공연하는 일이, 자신들의 삶의 분투에 대한 노래를 부르는 일이, 그들 자신의 목표와 두려움을 그림으로 그리는 일이 자신들을 좀 더 '충분히' 표현하는 방법들이었다. 헌신적인 활동가이기도 했던 교사들은 예술이야말로 그 아이들을 학교에 자발적으로 오게 하는 첩경임을, 그들로 하여금 쓰고 읽는 법을 배우고, 자신들이 처한 삶의 정황을 스스로 비판적으로 성찰하게 하는 첩경임을 알고 있었다. 방문객이었던 나는 교사들로부터 미국 여성 운동에 관한 노래를 학생들에게 가르쳐달라는 요청을 자주 받았다. 그래서 〈우리는 승리하리라We Shall Overcome〉를 해보겠다고 했는데, 아이들은 이미 그 노래를 모든 지방어로 알고 있었다. 음악, 무용, 회화, 연극, 이것들은 모든 이를 위한 기쁨의 통로, 표현의 통로, 엄청나게 효과적인 통로다. 그런데 이 예술들을 진흥하는 데는 그다지 많은 돈이 필요하지 않다. 사실 이 예술들은 [인도의] 그 프로그램 내 커리큘럼의 중추를 이루고 있다. 바로 이것들이 아이와 성인에게 학교에 가고 싶은 마음을, 서로에게 긍정의 태도로 말하는 기술을, 배움의 기쁨을 제공해주기 때문이다.

왜 우리는 미국에서 이런 방식으로 예술을 활용할 수 없단 말인가? 최근 (시카고 외곽에 있는) 키케로의 한 공립 고등학교인 모턴 대안학교에서 운영하는 십대 문제 학생들을 위한 프로그램을 찾아 방문한 적이 있다. 다른 공립 고등학교에서 퇴학당한 십대들은 (16세 이상이라면) 학교를 자퇴하지 않는 한 모턴 대안학교에 가야만 한다. 이 학교의 학생

수는 고작 40명 정도에 불과해서 누가 출석했는지, 안 했는지는 금방 파악할 수가 있다. 명민하고 열정적이기 그지없는, 마치 당신의 아들딸 이야기인 양 아이들 각각의 개인사에 관심을 기울이는 교장 선생님 덕분에 또 심리치료사와 사회복지사들로 이루어진 한 단체와의 연계 덕분에, 아이들은 여러 개인 수업^{mentoring}과 정규 집단 치료(한 그룹에 4~5명)를 받고 있었다. 단지 어떤 어른이 그저 자기들 말을 듣고 있다는 사실 때문에 일어나고 있던 그 아이들의 변화에, 난 깊이 감명받았다. 모던 대안학교는 브론슨 올컷의 플럼트리 스쿨의 가정 같은 환경에 가까웠다. 아이들이 흔히 문제가 많고 심지어 폭력적이기까지 한 가족이 있는 집으로 돌아가야만 할 때, 학교는 집 대신 있어도 되는 곳인 것이다. "혹시 예술과 관련해서 하시는 일은 없나요?" 교장 선생님에게 물어봤다. 그분과 대표 치료사 분은 이 질문에 자못 놀란 듯 보였다. 그들은 예술이 [교육 과정에] 어떤 유용한 무엇이 될 수 있으리라고 단 한 번도 생각해본 적이 없었다.

그러나 대체 왜 예술이 [교육에] 유용한 것이 될 수 없단 말인가? 이 학교의 청소년들은 (대부분은 멕시칸아메리칸인데) 실로 엄청나게 풍요로운 음악과 무용 전통을 지닌 문화권에서 자라난 아이들이다. 음악과 무용을 통해, 또 연극을 통해 그들은 자신들의 심리적 갈등과 열망을 표현할 강력한 방법을 찾아낼 수도 있을 터였다. 집단 치료 자체가 이미 일종의 연극이긴 하다. 하지만 그것은 극작품에 배우로 출현해보는 경험이 주는 종류의 '훈련 속의 성취감'을 수반하지는 않는다. 그들이 이러한 실천을 하지 않는 데 경제적 이유가 있었던 것은 아니다. 다만 그들은 이에 대해 단 한 번도 생각해본 적이 없었을 따름이다.

4주 후 대표 치료사 분이 시 한 편을 보내주었다. 나도 관찰한 바 있던 치료 세션에 참여했던 한 소녀의 작품이었다. 그 치료사는 예술을 모턴 대안학교의 치료 프로그램에 통합하기로 결정했던 것이다. 십대 미혼모로서 자신의 새로운 정체성과 분투하던 십대 소녀가 아기에 대한 점점 커지는 사랑을 노래한, 자연스럽지는 않아도 정말이지 힘찬 노래였다. 긍지와 극기를 향한 자신의 행보에서 그녀가 스스로 열어젖힌 삶의 새로운 장을 말해주는 듯한 시였다. 치료사가 들려준 말은 이 결론을 뒷받침해주고 있었다. 참으로 훌륭하기 그지없는 일이었건만, 이 일에는 단 10센트의 비용도 소용되지 않았다.

내가 권고하는 교육은 지금까지와는 다른 방식의 행동을 교사에게 요청한다. 이러한 교육의 실행은 미국을 포함한 세계 대부분의 국가, 대부분의 지역에서 교사 훈련 과정상의 큰 변화를 요청할 것이다. 그 일은 또한 대부분의 학교장들로 하여금(모턴 대한학교의 교장 선생님은 여기서 제외) 학교 자체의 기율·기풍을 바꾸도록 요청할 것이다. 이 점에서 이러한 교육에는 일정한 비용이 요청되기는 한다. 그러나 이는 (내 생각에는) 전환 비용일 따름이지 추가 비용이 아니다. 일단 자리를 잡기만 하면 새로운 방식들은 스스로를 계속해서 유지해나갈 것이다. 심지어 나는 학생들과 교사들을 사색과 상상에 더욱 열정적으로 몰입하게 하는 유형의 교육이야말로 비용 절감 교육이라고 주장하고자 한다. 이러한 교육은 으레 [학생에 대한] 개인적 투자의 부족에 수반되기 마련인 아노미^{anomie}*와 시간 낭비를 줄임으로써 비용을 절감할 수 있다.

---

* 무규칙, 무규범 상태를 말한다. 여기서는 학생의 삶·배움상의 무규칙, 무규범을 말한다.

7장

———

궁지에 몰린
민주주의 교육

———

그러나 위험은 여기에 있다. 조직적인 추(醜, ugliness)가 정신을 공격한다는 사실에, 그리고 무리를 지어 그 공격적인 집요함으로, 마음의 더 깊은 감정들을 향한 조롱의 힘으로 나날을 끌고 간다는 사실에……. 그러므로 유연하고 심원한 것들, 삶의 미묘한 감각을 갖춘 것들에 대한 적대 행위는 두려움과 걱정의 대상이 되어야 한다.

– 타고르, 『민족주의』, 1917

[타인의] 공감 없이 길을 걸어가는 이는, 그가 누구든지, 수의를 걸친 채 자기 자신의 장례식으로 걸어가고 있는 것이다.

– 월트 휘트먼, 〈나 자신에 관한 노래〉, 1855

오늘날 이 세계에서 민주적 시민 정신을 위한 교육은 얼마나 잘 되어가고 있을까? 굉장히 잘못되어가고 있지는 않은가, 두렵다. 이것은 하나의 선언이지 경험주의적 연구가 아니다. 그래서 나는 이 장을 수량을 보여주는 데이터로 채우지는 않을 것이다. 비록 그 데이터가 내가 우려하는 바를 지지해주기는 하겠지만 말이다.[1] 내가 지금 서술하고 있는, 우리를 근심케 하는 트렌드는 간명히 요약되어야 하고, 동시에 설득력 높은 대표적 사례들로써 설명되어야 할 것이다.

지금까지 계속된 나의 주장은 행동을 위한 호소로서 의도된 것이다.

만일 사태가 내가 그렇다고 생각하는 만큼 나쁜 것은 아니라고 밝혀진다 해도, 우리는 안도의 한숨을 쉬어서는 안 될 것이다. 즉 우리는 상황이 훨씬 더 절망적이라고 생각한 채 행동했을 바로 그 행동을 해야 한다. 우리는 민주주의를 생명력 넘치는 상태로 지속시키는 교육 영역들에 우리의 열정을 두 배, 세 배 늘려가야 한다. 비록 그 영역들이 내가 그렇다고 생각하는 것만큼 심각하게 위협받는 상태에 있지 않다고 밝혀진다 해도, 그 영역들은 경제 세계화의 시대에 분명 상처 받기 쉽고 심각한 압박 속에 있는 것이다.

오늘날 내가 제안하는 유형의 교육은 이 책에서 맨 처음 살펴본 교육 실천 장소에서는, 즉 미국의 전문대학과 대학 커리큘럼의 인문교양 영역에서는 꽤 잘 실천되고 있다. 사실 내가 근무하는 대학과 같은 교육 기관에서, 이러한 영역의 커리큘럼들은 오늘날에도 여전히 관대한 박애주의적 지원을 받고 있는 형편이다. 즉 부자들은 여전히 그들이 사랑했던 책을 읽고 여러 주제를 허심탄회하게 탐구해보았던 행복했던 시절을 즐겁게 기억하고 있는 것이다. 심지어 최근 경제 위기의 와중에조차 기부 참여가 증대되는 사태를 우리는 목도한 바 있다. 인문학의 가치를 아는 기부자들은 그들이 사랑하는 것을 보존하고자 더욱더 인문학에 주목하려는 것이다.

사실 오늘날 미국의 전문대학과 대학의 인문교양 영역이 50년 전에 비해 훨씬 더 민주 시민 교육을 잘 지탱해준다는 주장은 그럴듯한 주장이다.[2] 250년 전 학생들은 유럽과 북미 이외의 지역에 대해 아는 바가 거의 없었다. 그들은 자기 나라에 사는 소수자 집단에 대해서도 많이 배우지 못했다. [당시] 세계사든 미국사든 역사 교육의 초점은 으레 거대한 정치 사건과 주요 정치인들에 맞추어져 있었다. 소수자 집단이나 이민자 집단에 관한 이야기가 강조되었던 적도, 경제사가 거대한 서사의 한 부분으로 강조되었던 적도 거의 없었다.

오늘날 이 모든 것은 개선되었다. 전교생을 위한 인문교양 강좌와 결합된 새로운 영역의 연구들은 비서구 국가들, 국제 경제, 인종 관계, 성의 역학, 이주민사, 인정과 평등을 위한 새로운 집단들의 투쟁에 관한 학생들의 이해도를 높여주었다. 커리큘럼들은 점차 '다양성의 세계 속에서 바람직한 시민 되기'라는 이슈에 대한 관심과 함께 창안되었고, 이러한 전환은 오늘날 가치 있었던 것으로 드러나고 있다. 오늘날 젊은이들 가운데, 우리 세대가 통상 그러했던 것처럼 비서구 세계에 대해 무지한 채로 대학을 졸업하는 이는 거의 없다.

비슷한 변화가 문학·예술 교육 분야에서도 일어났다. 학생들은 훨씬 더 넓은 범위의 학습 자료들을 다룰 수 있게 되었고, 그들의 '내면의 시선들'(엘리슨의 말을 빌리자면)은 그들의 국가 안팎에서 살고 있는 다양한 유형의 사람들을 [직·간접적으로] 경험해봄으로써 성숙되고 있다. 오늘날 음악사는 세계의 숱한 음악 전통과 전통 간 교류에 대한 훨씬 더 증대된 인식과 더불어 학습되고 있다. 영화사는 할리우드 주류 바깥에서 제작된 작품들을 인정하고 있다.

하지만 미국이라는 나라에 사는 우리는 인문학의 건강 상태에 관해 마냥 자족할 수만은 없다. 기부자들로부터의 지속적 지원에도 불구하고 경제 위기로 말미암아 수많은 대학들은 인문학과 예술 관련 프로그램에서 심각한 규모의 [예산·인력] 삭감을 단행하고 있다. 물론 타 분야들에서의 삭감 역시 진행되어야 하는 상태다. 그러나 인문학의 사태는 [타 분야의 사태와는] 달라서, 오늘날 굉장히 많은 사람들은 이 분야가 필수 분야가 아니라고 여기고 있다. 그리하여 인문학의 규모를 줄이고 일부 학과들을 영원히 제거하는 일을 온당한 일인 양 여기고 있다. 미국의 대규모 국립대학의 일로, 최근 학부 교육 과정에 '핵심적'이라고 여겨지는 몇몇 인문학 학과를 선정하고 나머지 학과들을 없애는 일에 관한 논의가 진행된 적이 있었다. 그 대학의 정말로 빼어난 수준의 종교학과는 "철학은 '핵심'의 일부이나 종교 연구는 그렇지 않다"는 통지를 받았다.[3] 어떻게 결정할지는 여전히 논의 중이지만, 이러한 조치는 [미국 내] 많은 종류의 전문대학·대학에서 논의되고 있는 전형적 예산 삭감 방법이다. 설혹 삭감이라는 방법이 모든 학과를 위협하지는 않는다 하더라도, 그것은 그 학과의 건강을 위협한다. 업무의 공석을 [새 인력으로] 채울 수 없는 학부의 직원들은 과중된 업무를 짊어질 수밖에 없고, 그리하여 자연 자신들의 업무를 잘 수행할 수 없을 테니 말이다.

이러한 위협적 변화들은 어느 정도는 극단적 형태로 시행되고 있다. 그러나 우리는 이 변화들을 외부인의 시선으로 비난해서는 안 된다. 너무 빈번히 우리 대학들은 지름길을 선택해왔다. 이를테면 학생들과의 충분한 비평적 논의가 없는, 학생들의 작문 과제에 대한 충분한 피드백 없는 대규모 강좌를 개최함으로써. 즉 너무 빈번히 학부들은 분석이나 이해 없는 반복 학습이 성공하도록 내버려두어 왔다. 대학들 자체가 내가 이 책에서 변호해온 교육 목적들을 성취하지 못하는 한, 외부인들은 지금보다 훨씬 더 쉽게 인문학 공부의 가치를 경시하게 될 것이다.

그렇다면 인문교양 교육은 [지금] 내부와 외부로부터 위협받고 있는 셈이다. 최근 발표된 한 글에서 하버드 대학 총장 드루 파우스트는 "인문교양과 인문과학 분야 전공 학생 비율의 가파른 감소와, 이에 동반된 직업 준비 과정 학부 학생 수의 증가"를 보고하며 괴탄해마지 않는다. 그녀는 이렇게 질문한다. "대학들은 자신들이 봉사하는 직접적이고 세속적인 목적에 너무 지나치게 얽매이고 만 것인가? 시장 모델이 고등 교육의 근본적이고 결정적인 정체성이 되고 만 것인가?" 파우스트는 인문교양 교육과 미국 사회에서의 인문교양 교육의 역할에 대한 단호한 옹호와 함께 이렇게 결론 내린다.

고등 교육은 어쩔 수 없이 근시안적일 수밖에 없는, 현재에는 없는 비전의 깊이와 넓이를 개인과 사회에 제공해준다. 인간에게는 직업과 더불어 의미, 이해, 관점[입장]이 필요하다. 이러한 시대에 그러한 교육의 목적들을 우리가 과연 믿어도 되는지가 아니라, 그러한 것들을 과연 불신해도 되는지가 우리의 질문이 되어야 한다.[4]

비록 여전히 인문교양 교육을 강력히 지지하는 이들이 많고, 인문교양 교육의 생존 가능성은 충분하지만 그 교육은 분명 미국 내에서 위험에 처해 있다. 미국 바깥으로 시선을 돌리자면, 대학 커리큘럼에 인문교양 과목이 없는 숱한 국가들이 현재 인문교양 과목을 신설하려고 애쓰고 있다. 그들 사회가 직면한 다원성, 공포, 의심이라는 [사회] 문제들에 대한 대중적 대응을 형성하는 데 인문교양 교육이 담당하는 역할이 중요하다고, 그들 스스로가 인정했기 때문이다. [그간] 나는 네덜란드·스웨덴·독일·이탈리아·인도·방글라데시에서 그러한 논의에 참여해왔다. 내가 관찰해온 바로는, 강사들이 인문교양 과목들의 도입 필요성을 느꼈던 곳은 (이윤 중심적인 테크놀로지 문화의 심장부에 있는) 인도 기술 경영 대학^{Indian Institute Technology and Management, IIT}에서였다. 부분적으로는 학생들의 [정신적] 협애성을 깨뜨리기 위해서, 그러나 또 부분적으로는 종교·카스트에 기초한 [학생 상호 간의] 적대 행위들이라는 문제에 대처하기 위해서였다.

그러나 이러한 방향에서의 거대한 개혁이 실제로 일어날 수 있을지 단언하기란 어렵다. 교양 교육이란 본디 그 재정적·교육학적 비용이 높은 분야이기 때문이다. 내가 [이 책에서] 권유하고 있는 유형의 교육을 실행하려면, 학생 서로 간의 의견을 토론하고 작문 과제에 대해 소상한 피드백을 받으며, 강사들과 더불어 자신들의 작문에 대해 논의해보는 시간을 충분히 누릴 수 있는 소규모 수업 단위가, 적어도 소규모 학생 단위가 필요하다. 유럽의 교수들은 이러한 생각에 익숙지 않으며,

지금으로서는 그들 자신이 [이 모델을] 실행해야 한다면 매우 끔찍하게 여길 것이다. 현 유럽 대학원 교육은 교수^{teaching} 트레이닝을 포함하고 있지 않고, 학생들의 취업 파일을 준비하는 과정에서도 이것이 중요한 일부로 여겨지지 않기 때문이다. 반면, 미국에서 대학원 학생들은 수업 조교로 활동하고, 자주 개별 지도를 하거나 소규모 수업을 맡으며, 소속 학부에 의해 지도·감독된다. 취업 파일 가운데 긴요한 요소가 바로, 전문적 권고사항과 (학생들의) 수업 평가를 포함한 '교수^{teaching} 포트폴리오'이기 때문이다. 이러한 구조적 준비 과정이 부재하는 유럽의 학부에서는 [교수직] 자리를 차지하고 앉아 있음이란 곧 학부 학생들의 작문 과제들을 [직접] 채점할 필요가 없음과 마찬가지라고 기대하기가 쉽다. 그곳 대학원생들 역시 [교수들로부터] 낮은 서열에 있는 이 취급을, 소원한 취급을 받기 십상이다.

심지어 설혹 대학의 학부가 인문교양 [교육] 모델을 열렬히 추구하고자 한다 해도, 관료들은 그 모델을 실제화하는 데 요청되는 수만큼의 학부 직원들을 지원하는 일이 필요하다고 생각하려 하지 않는다. [스웨덴] 스톡홀름의 신설 대학인 쇠데르퇸의 회그스콜라(이 대학 학생들 중 높은 비율이 이주민들인데) 부총장 잉겔라 요제프슨은 학부생 전체 수업으로 '민주주의'라는 명칭의 수업을 신설하려 했다. 바로 [이 책에서] 내가 논의해온 비판적 사색과 세계 시민 정신이라는 교육 목표를 실현하려는 수업 말이다. 이 프로젝트를 현실화하는 데 필요한 교수^{teaching} 스타일을 익히게 하고자, 그녀는 대학 내 젊은 강사들을 미국의 인문교양 대학에 보내 1년 동안 수업하게 했다. 그러나 정부 관료들은 학생들을 20~25명 정도로 분할하며, 학부생 전체를 포함하는 이 수업의 신설에 요청되는 자금 제공을 지금까지 계속 거부해오고 있다. 현재 이 수업은 존재하지만 [처음 기획된 것에 비해] 축소된 형태로 존재하고 있다. 즉 학부생 전체를 포괄하지는 못하고 있는 것이다. 한편 스톡홀름 시내의 다양한 예술 전문 교육 기관들(연극·영화·무용·서커스 수업·음악에 집중하는 학교들)과 제휴협력 관계를 맺으려는 의욕 넘치는 시도가 여전히 시작 단계에 있지만, 아직까지 쇠데르퇸 대학에서의 예의 학부 커리큘럼에 영향을 미칠 정도로 대중적 지원을 받는 데까지는 이르지 못하고 있다.

유럽과 아시아 대학들이 지닌 또 하나의 문제는, 훌륭한 민주적 시민 양성이라는 과제에 특히 중차대한 일련의 새로운 학과들이 학부 교육 체계에서 안정적인 자리를 확보하지 못하고 있다는 점이다. 여성학, 인종·민속지학, 유대학, 이슬람학, 이 모든 [새로운] 학과들은 그 분야에 대해 이미 상당히 많이 알고 있는 학생들, 그 분야에 전문적으로 몰두하길 원하는 학생들만의 필요를 만족시키며 주변적인 것으로 무시될 공산이 큰 것이다. 이와는 대조적으로 인문교양 교육 시스템에서라면, 그러한 새 학과들은 학부생 전체 필수 수강 과목들을 제공할 수 있을뿐더러 문학·역사와 같은 다른 학과들의 인문교양 관련 필수 수업들을 풍요롭게 할 수도 있을 것이다. 만일 그러한 요구들이 없다면, 이러한 새 학과들은 계속 주변 학과들로 남게 될 것이다. [독일] 베를린의 명문대인 훔볼트 대학의 여성학 프로그램이 지원하여 개최된 '종교와 여성에 대한 폭력' 컨퍼런스에 참석했던 일을 아직도 생생히 기억한다. 그 프로그램은 흥미만점이었고 컨퍼런스 주제들은 시급한 것들이었다. 내가 일하는 대학에서라면 이러한 유의 컨퍼런스는 (페미니스트 철학 같은 주제의 수업이 으레 그러하듯) 거의 전교 남학생의 50퍼센트 정도를 끌어 모았을 것이다. 그러나 훔볼트 대학에서 이 컨퍼런스의 관객 중 남성은, 몇몇 초청된 발언자들을 제쳐두면 단 한 명도 찾아볼 수 없었다. 내가 초대한 옛 친구인 독일 주재 스웨덴 대사를 제외한다면 말이다. 이는 유럽에서라면 으레 겪는 경험인데, [유럽에서는] 여성 이슈를 다룬 과목을 필수로 하는 일만이 이 이슈에 대한 사회적 낙인을 젊은 남자들로부터 지워내는 유일한 길이자, 이 이슈에 대한 관심 표명을 사회적으로 용인하게 만드는 유일한 길이기 때문이다.[*]

한편 경제 성장에 관한 압력은 수많은 유럽의 정치 지도자들로 하여금 대학 교육(교수^{teaching}와 연구) 전체를 성장 중심의 방향으로 재조정하게 하는 한편, 각 학과와 연구자가 국가 경제에 기여하는 바가 무엇인지를 질문하게 했다. 예컨대 영국의 경우는 이러하다. 대처^{**} 시대 이래, 영국 내 인문학 학과들에는, 자신들의 연구·교육이 어떻게 이윤

---

* 즉 일정한 강제성을 부여하지 않고서, 유럽의 젊은 남자들로 하여금 여성 문제에 공개적으로 관심을 기울이게 하는 일은 어렵다는 말이다. 즉 이러한 것이 하나의 문화적 풍토가 되어 있다는 말이고, 그리하여 바로 이러한 문화적 풍토·분위기 탓에 유럽의 젊은 남자들은 '자발적으로' 여성 문제에 관한 컨퍼런스에 참석하기가 어렵다는 것이다. 그럴 경우 그 참석자들은 또 일정하게 사회적 낙인 찍기의 대상이 되고 말기 때문이다.

창출에 기여하는지 표명함으로써 모든 대학 기구의 자금 출처인 정부에 자신들의 존재 이유를 정당화해야 하는 일이 일종의 관습이 되어왔다.[5] 만일 그들이 이를 표명할 수 없다면 정부 지원은 삭감되고, 교직원과 학생 정원 역시 감소될 것이다. 이미 수많은 고전학과 철학 프로그램이 경험한 바 있듯, 심지어 학과 전체가 문을 닫을 수도 있다(영국의 대학 교직원에게는 더 이상 종신재직권이 없으며, 그리하여 어느 때고 그들을 해고 처리하는 데 걸림돌이 되는 것이 더 이상 없다. 하지만 지금까지의 규범은 그들을 은퇴할 때까지, 일부 문 닫지 않은 학과들에 이동시키는 것이었다). 이러한 문제들은 영국과 유럽 전반에서의[6] 인문교양 교육 모델의 부재와 밀접히 연관되어 있다. 유럽의 인문학 학과들은 미국의 인문학 학과들이 그러하듯, 학부생 전체에게 필요한 인문교양 필수 수업을 제공하는 자신들만의 고유한 역할을 표명해서는 자신들의 존재 이유를 정당화할 수 없는 것이다.

문을 닫게 되지 않더라도 이 학과들은 이윤 창출에의 기여도가 보다 뚜렷한 다른 학과들에 합병되기 십상이다. 그리하여 이 합병 사태는 합병되고만 학과에게 이윤 창출에 가깝거나 그렇게 보이도록 하는 자체

** Margaret Hilda Thatcher. 1925~. 1979년에서 1990년까지 영국 수상으로 재임했다. 1975년 보수당 당수가 되면서 영국 최초로 여성 정당 지도자가 되며, 1979년 영국 최초의 여성 수상으로 당선된다. 국고보조금 삭감, 국영 기업 폐쇄와 민영화, 교육 · 주택 등 사회복지 예산 삭감, 유연한 노동 시장, 노동 조합 규제, 기업 부문에 대한 탈규제 등 대대적인 신자유주의 정책의 시행을 강경히 주도했고, 인종주의적 시각으로 영국 내 이주 노동자 확대 정책을 반대했던 보수 정치인으로 유명하다.

요소들을 강조하라는 압박을 가하게 된다. 이를테면 철학과가 정치학과에 합병되는 경우, 이 사태는 철학과에게 적용 가능도가 높고 '유용한' 영역에 초점을 맞추라고 압박한다. 예컨대 플라톤 연구랄지, 논리와 비판적 사색의 기술이랄지, 삶의 의미에 대한 성찰이랄지 따위(궁극적으로는 젊은이들이 그 자신들과 세계를 이해하려는 시도에서 보다 더 가치 있을 수 있는 것들)가 아니라 기업 윤리 같은 것에 말이다. 오늘날의 유행어는 바로 '효과impact'이며, 이 말로 정부가 명확하게 의미하는 것은 무엇보다도 경제 효과다.

오늘날 대학 연구 역시 점점 더 이 '효과'에 대한 요구로 움직여가고 있는 형국이다. 현 영국 노동당 정부는 인문학 연구를 비롯한 모든 대학 연구를 과학 연구를 모델 삼아 완전히 탈바꿈시킨 바 있다. 대학 연구는 이제 연구 지원금을 받아야만 하고, 연구자들은 직접 연구실 밖으로 나가, 보통은 정부 기관으로부터 그 지원금을 받아내야 한다. 이제껏 인문학 연구들은 이러한 방식으로 재정 지원을 받아오지 않았다. 즉 인문학 연구들은 전통적으로 안정적이고 직접적인 기금을 통해 재정 지원을 받아왔는데, 이는 그동안 인문학 연구가 삶에 직접적으로 유용한 이런저런 발견을 내놓는 식이 아니라, 모종의 포괄적 방식으로 인간의 삶에 기여하는 것이라고 생각되어왔기 때문이다. 미국의 인문학 교수들은 표준 노동 계약의 일부로 일정한 '연구 안식년'을 받게 된다. 보통 그들은 자신들이 그 기간 동안 연구와 출판에 적극 참여하고 있다는 것을 보여줘야 하지만, 그들은 이를 [정부 관료가 아니라] 인문학 연구가 무엇인지를 잘 알고 있는 동료 교직원들에게 보여주게 된다. [이와는 달리] 영국의 인문학자들은 관련 정부 부처에 자금 지원 신청서를 계속해서 제출해야 하는데, 이는 실로 시간 잡아먹는 귀신이 아닐 수 없다. 또한 이러한 사태는 연구 주제를 왜곡하는 귀신이기도 한데, 지원 신청서를 검토하는 정부 부처들은 오로지 '효과'에만 정신이 팔려 있고 인문학적 사상[자체의 가치]을 깊이 의심하기 쉽기 때문이다(이러한 점에서 영국이 가장 극단적인 경우는 아니다. 유럽의 일부 국가의 경우, 어떤 교수들은 심지어 자기 대학원 제자들을 돕기 위해서조차 [정부에] 자금 지원을 신청해야만 한다. [반면] 다른 많은 국가들에서처럼 미국의 비과학 분야에서라면 보통 대학원 학생들은 대학 학과와 대학 행정처 간의 표준 계약에 의해 자금을 지원받게 된다. 그리하여 이 나라들에서 대학원 학생들은 처음부터 일부 교수들의 '연구팀'에 배정되기보다는 열린 방식으로 자기들만의 배움을 추구할 수 있다). 최근 철학과와 정치학과를 합병하여 신설된 어느 학과에서 일하는 냉소적인 젊은 철학자는 내게 이렇게 고백한 적이 있다. 최근 그가 제출한 자금 지원 제안서에는 글자 수 제한 탓으로 써넣은 6개의 단어가 있는데, 그는 "경험에 근거한^{empirical}"이라는 단어를 6번 기입했다고 한다. 마치 제안서를 검토할 관료들에게 그가 여기서 다루는 것은 단지 '철학'만이 아니라는 점을 재삼 확인하기라도 하는 양 말이다. 그런데 그의 신청서는 결국 성공적으로 통과되었다.

이러한 악독한 트렌드는 최근 노동당 정부에 의해 발의된 소위 '우수 연구 체제^{Research Excellence Framework}'라는 새로운 연구 평가 체제 계획안에서 공식화된 바 있다. 이 새로운 가이드라인에 따르면 연구 제안서 평가 중 25퍼센트는 그 '효과'에 대한 평가가 좌우하게 된다. 저명한 역사학자인 스테판 콜리니는 "인문학에 대한 효과: 연구자들은 지금 입장을 취해야 한다. 그러지 않으면 외판원으로서 평가되거나 보상받을 것이다"라는 글에서 이 계획안이 인문학에 불러올 가능한 효과를 통렬히 분석한다(그는 이제 영국의 고등 교육 책임이 경제부 소관이 되어버렸다고, 이는 사람을 참으로 낙심케 하는 변화라고 지적한다). 콜리니는 연구의 위엄을 떨어뜨리는 그 어휘들, 그러니까 연구를 일종의 거리 행상으로 묘사하는 그 말들에 대한 아무런 저항의 목소리가 없다는 사실을 우려한다. "아마도 우리의 귀에는 더 이상 들리지 않는 모양이다. …… 도대체가 학문의 질적 수준이라고 하는 것이 '외부 연구 활용자'의 수나 '효과 지표들'을 통해 부분적으로 평가될 수 있다고 제안하는 것 자체가 얼마나 우스꽝스러운 것인지 말이다." 그는 이렇게 주장한다. 인문학 분야의 학자들은 자신들의 연구가 "가장 풍요롭고 가장 다채로운 인간 활동을 기록한 기록물들과의 만남의 성과"라고, 바로 이러한 이유로 자신들의 연구는 가치 있다고 주장해야만 한다. 만일 이러한 저항이 일어나지 않는다면, 영국 내 인문학은 점점 더 많은 시간을 "세속화된 버전의, 더욱더 시장 지향적인 '생산품들'을 위한 가정 방문 외판원이 되는 데" 바치게 될 것이다.[7]

　영국 인문학자들의 전언에 따르면, 문제의 일부는 자금 지원 신청서를 평가하는 경우 정부가 인문학 가치들에 대한 둔한 감수성으로 평가

한다는 것이다. 즉 어떤 경우 민간 재단의 평가 능력이 정부보다 우수하다는 것이다. 내 생각으로는 영국의 인문학자들은 지금도 여전히, 자금 지원 신청 체제라는 것이 과학에는 잘 적용될 수 있을지는 몰라도 인문학에는 적합하지 않다고, 나아가 인문학이라는 학문의 미션 자체를 부패시키는 성향이 있다고 느낀다. 그리하여 그들은 인문학이 그 어떠한 충분한 대중적 지원도 받지 못하게 되는 미래를 두려워하고 있다. 이러한 영국의 정황은 현재 유럽에서 벌어지고 있는 일을 보여주는 하나의 전형이다.

　인도의 경우 인문학에 대한 불합리한 평가절하는 오래전에, 즉 네루[*]가 국가의 미래 핵심 분야로서 과학과 경제를 강조했을 때부터 시작되었다. 그 자신 시와 문학을 깊이 사랑한 사람이었지만, 그리고 이는 그의 정치 분석의 그 모든 면면에 관해 무언가를 일러주지만, 네루는 모든 감정적·상상적 앎의 양태는 과학의 뒷전으로 밀려나야 한다는 결론에 이르고, 이러한 그의 견해는 [인도에서] 지배적 견해로 굳어지고 만다.[8] [그 결과] 일부 인문학 학과들은 [현재 인도에서는] 아예 존재조차 하고 있지 않다. 그리하여 비교종교학과 종교사학은 인도의 대학들에서는 하나의 학문 주제조차 아닌 것이다. 철학과와 같은 학과들은 오

---

[*] Jawaharlal Nehru. 1889~1964. 1947년 대영제국 식민지로부터 독립된 독립 국가 인도의 최초 수상. 영국에서 교육받은 (전공은 과학) 전형적인 엘리트 출신 정치가로서 인도 민중에게 제국주의에 대항하는 민족주의-애국주의 사상을 고취시키고, 새로운 인도를 위한 국내 정치개혁을 이끌었던 인물이다.

랫동안 취약한 학과로 취급되었는데, 이러한 이유로 오늘날 일종의 사회적 낙인을 받은 상태에 있다. 즉 총명한 젊은이라면 이러한 학과들을 선택하라고 독려되지 않을 터인데, 철학은 오랫동안 역사와 종교와 연관되는 것으로만 생각되어왔고, 그리하여 오늘날엔 인기 없는 학과이기 때문이다. '명품 학과들'은 과학, 공학, 경제학 따위인데, 경험적인 정치학도 어느 정도는 여기에 낄 수 있겠다.

최고의 경쟁률을 자랑하는 곳은 바로 인도 기술 경영 대학^{IIT}으로, 최근 현명히 도입된, 필수 인문학 일반 교육 수업들을 논외로 하면, 오직 기술 교육만이 제공되고 있다. 내가 일하는 대학 소속인 인도 출신의 훌륭한 연구 과학자는(IIT델리에서 교육받았는데) 학생들이 오직 직업 준비 기술이라는 협소한 영역에만 초점을 맞출 뿐, 독립적 연구 기술들을 배울 수 없다는 점에서, IIT에서의 경험 전체를 일종의 '반교육^{de-education}'으로 묘사한다. 더욱이 그의 강조에 따르면 이러한 협소성은 훨씬 이전부터 시작된다. IIT 입학 자체가 전국적 경쟁을 수반하는 시험으로 결정되는 까닭에, 전국의 타운들에서 치러지는 경쟁에서 승리한 학생들이 선발되게 된다. 이들 중 대부분은 성장기 내내 좋은 직업을 구하는 것이야말로 교육의 주요 목표라는 생각을 주입받게 된다. 사람은 자신을 적극적이며 사려 깊은 시민이 되도록 하는 무언가를 배워야 한다는 생각은 '그들의 인생길에 단 한 번도 나타난 적이 없는' 생각이다. 앞에서 언급한 바처럼, 또 나의 동료 과학자들이 동의하는 바처럼 (학생들이 실제로 좋아하는) [IIT의] 인문학 수업들은 분명 다른 교육 분야들의 협소성을 임시적 부분적으로는 교정하겠지만, 학생들이 처한 실제 정황 속 자극 요인들의 전체 구조를 생각해볼 때, 그 수업들의 효과가 오랫동안 존속되기란 어려울 것이다.

타고르가 창조했던 '세계 전부[All-the-World]*'라는 이름의 다학제 교육 중심 대학의 경우는 어떠한가? 비스바바라티는 자금 부족난을 겪게 되어 정부에 구원의 손길을 내밀게 된다. [정부로부터의] 재정 지원의 대가는 독립성의 상실이었다. 그리하여 비스바바라티는 빠른 속도로 독자적 인문교양 커리큘럼을 잃어버리게 된다. 오늘날 비스바바라티는 다른 대학들과 하등 다를 바 없고, 많은 대학들에 비해 약간 수준 낮은 대학에 불과하다.

이 책의 주제는 아니지만, 미국에 사는 우리는 여기서 잠시 숨을 멈추고, 인문교양 교육 모델을 인도적 박애주의의 강력한 함양에, 기본적으로 민간 기부에 의거한 기금조성 체제와 결합시키고 있는 미국의 교육 전통에 감사할 필요가 있다(심지어 미시건 대학과 캘리포니아 대학 같은 보다 우수한 미국 주정부 시스템은 점점 더 민간 기부금에 의존하고 있다). 의도적으로 이러한 시스템을 (현명히) 선택한 것은 아니지만 우리는 이 체제가 진화되어왔음을, 그리고 우리가 이 시스템을 완전히 신뢰할 수 있다는 점을 행복하게 여길 수는 있을 것이다.

이를테면 내가 일하고 있는 대학의 경우, 우리는 우리의 업무에 그

---

* 비스바바라티의 영문 번역어.

어떤 공감도 하지 못하는 정부 관료들과 굳이 공조할 필요가 없다. 그 대신 그들의 교육관이 우리의 교육관과 꽤 잘 맞는 부유한 졸업생들을 찾으면 그만이다. 대체로 그들은, 다른 분야는 어땠는지는 몰라도, 자신들의 학부 시절 인문교양 교육만큼은 사랑했던 이들이었으니 말이다. 그들은 '정신의 삶the life of mind'을 사랑하며, 다른 이들이 '정신의 삶'을 즐기기를 희원한다. 다른 어떤 나라가 이러한 미국의 시스템을 갖추기란 쉽지 않은 일일 터이다. 왜냐하면 미국의 교육 시스템의 근간에는, 사람들이 가치 있다고 생각하는 것, 미래 세대에 전하길 원하는 것에 대한 여러 학부 소속 교육자들의 개인적 관심과 더불어, 학부 과정의 폭넓은 인문교양 교육이, 자선 기부금에 주어지는 세금 혜택이, 나아가 유구한 전통을 자랑하는 박애주의 문화가 자리 잡고 있기 때문이다. 만일 다른 어떤 나라가 이러한 시스템을 만들고자 한다면, 그러한 과업의 달성에는 숱한 세월이 소요될 것이다(영국은 지금 이것을 시도하고 있지만 그 노력이 얼마나 성공적일는지는 불투명한 상태다). 미국인은 미국의 행운에 대해 감사하는 편이 좋겠다. 미국의 정치인이라 해서 다른 나라의 정치인에 비해 인문학에 더 호의적인 것은 아니기 때문이다.

그러나 심지어 인문학의 안전한 보루로 보일지도 모르는 미국에서조차, 무언가 문제가 발생되고 있음을 알리는 징후들은 또 있다. 최근 시카고 대학에서 있었던 한 논쟁은 예비 대학생들을 위한 학교 안내 책자의 개정판에 관한 것이었다. 뷰북Viewbook이라는 이 안내 책자의 개정판에는 앉아서 생각에 잠긴 학생들을 담은 사진은 전연 없고, 반짝반짝

빛나는 실험실들 안에서 작업 중인 수많은 학생들을 담은 사진만이 있었던 것이다. 캠퍼스 투어 역시 인문학 교육의 전통적 보루들을 그냥 지나치고 의학·과학·직업 준비 학습을 담당하는 곳들에 집중하도록 명시되고 있었다.⁹ 분명 누군가는, 만일 우리의 학부 프로그램이 철학, 문학, 역사, 그리고 전통적으로 우리의 핵심 커리큘럼의 주 메뉴가 되어왔던 다른 과목들에 덜 집중하는 것으로 남들에게 인지된다면, 훨씬 더 매력적인 것으로 보일 거라고 생각하고 있는 것이다.

그렇다면 오늘날 세계의 대학들은 숱한 장점과 더불어 숱한 문제들 역시 지니고 있다고 봐야겠다. 대학들은 자신들이 할 수 있는 만큼의 제대로 된, 젊은이들의 시민 교육에 실패하고 있다. 비록 일부 대학들은 여전히 잘하고 있지만.

반면 모든 국가에서, 유치원 시절에서부터 고 3에 이르는 학생들 대부분의 중요한 시기 동안 시민 교육은 제대로 되고 있지 못하다. 전 지구적 시장의 요구가 그 모든 개인들로 하여금 핵심 능력으로서의 과학·기술적 숙련에 집중하도록 만드는 그 모든 곳에서, 인문학과 예술 교육이라는 것이 국가(인도든, 미국이든) 경쟁력을 확실히 하기 위해서는 잘라내버려도 좋을 쓸모없는 잉여로 점점 인식되고 있는 그 모든 곳에서 말이다. 인문학·예술 교육이 전국적 논의의 초점이 되는 경우, 그것들은 계량적인 선다식選多式 시험에 의해 측정되어야 하는 기술적 능력들로서 재규정되고, 그 핵심에 있는 상상력과 비판 능력들은 으레 주변적인 것으로 무시되고 만다.

미국의 경우 (전 아동 낙오 방지법[No Child Left Behind Act, NCLB] 아래의) 국가시험은, 으레 그러하듯, 이미 사태를 악화시켜왔다. 비판적 사색 능력과 공감적 상상 능력은 계량적 선다식 시험에 의해서는 측정 불가능하며, 세계 시민 정신과 관계되는 능력들 역시 그런 식의 시험으로는 제대로 측정할 수 없기 때문이다(이를테면 세계사에 관한 앎이 규격화된 시험에서 어떻게 평가되어야 할지 생각해보라. 이 경우 내가 이제껏 말해온, 증거자료를 조사하는 학습, 역사적 서사에 대한 비판, 서사들 간의 차이점들에 관한 비판·비평적 사색은 [평가 대상에서] 생략되어야만 할 것이다). '시험을 위한 교육'(이는 점점 더 공립 학교 교실들을 장악해가고 있는데)은 수동적이기만 학생, 판에 박힌 수업이라는 분위기를 양산한다. 최고의 인문학적 교육과 배움을 지시해주는 창조성과 개인성이라는 가치는 오늘날 스스로를 제대로 펼치기 어렵다. 시험이 학교 전체의 미래를 결정하는 경우, 시험에 의해 그 어떤 보상도 받지 못하는 형태의 학생과 선생 간의 대화는 억압되어야 하는 무엇이 될 공산이 크다. 인도처럼 국가가 시장에서의 보다 높은 점유율을 열망하든, 미국처럼 국가가 고용을 보호하려고 애쓰든, 상상력과 비판적 능력들은 쓸모 하나 없는 장비처럼 보일 것이고, 심지어 그러한 능력에 대해 경멸감을 내비치는 사람들은 점점 더 늘고 있다. 세계 곳곳에서 커리큘럼상의 인문학적 구성요소들은 사라지고 있고 암기식 학습의 교수법이 실권을 행사하고 있다.

지금 문제시되는 것의 일부는 커리큘럼 내용이고, 다른 일부는 교수법임에 주목해보자. 커리큘럼 내용은, 상상력을 강화하고 비판 능력을 훈련하는 데 초점을 맞추는 것들에서 시험 준비에 직접적으로 중요한 것들로 변형되었다. 내용상의 이 변형과 더불어 등장한 것은 한결 더 악독한 교수법의 변형이다. 즉 질문 능력과 개인적 책임감을 북돋우려는 교수법에서 우수한 시험 결과를 위한 강제 주입식 교수법으로 변형되고 만 것이다.

전 아동 낙오 방지법을 촉발했던 것은 실제적인 한 문제, 즉 학교 내에 존재하던 엄청난 불평등의 문제였다. 어떤 아이들은 다른 아이들에 비해 어마어마하게 많은 교육 기회들을 얻는다. 만일 보다 높은 교육 평등을 위해서 우리에게 국가시험이 필요하다면, 하지만 내가 앞서 말한 이유로 말미암아 현재 형태의 국가시험은 거부해야 한다면 우리는 과연 어떤 일을 해야 하는 걸까? 질적 수준을 평가하는, 어떤 섬세한 nuanced 국가시험제도의 창안이 아예 불가능한 것은 아니다. 실제로 이전에는, 미국에 이러한 유형의 시험을 위한 요소가 있었다. 또한 책임성에 관한 훌륭한 저작인 리처드 로스스타인의『교육 채점하기: 책임성 바로 잡기 Grading Education: Getting Accountability Right』는 전 아동 낙오 방지법보다 훨씬 더 섬세한 방식으로 다양한 인지·행동 능력의 성취를 평가하는 다층적 주·연방 정부 프로그램을 제안하고 있는데, 특히나 이 책은 훌륭한 시민 정신에 필요한 기술들에 초점을 맞추고 있다.[10] 지적이며 훌륭한 논의로 일관된 이 책은 책임성에 관한, 실질적으로 유용한 전국적 토론을 시작할 수 있는 훌륭한 출발 지점이다.

방금 전 대학 교육에서의 영국식 인문학 접근법을 비판하긴 했지만,

고등학교의 경우 영국이 미국보다 평가와 관련하여 더 잘해왔다는 것은 분명해 보인다.[11] 영국의 고등학생들이 재학 기간 동안 다양한 과목들에 대해 치르는 GCSE(옛 O레벨)와 A레벨 시험들은* 에세이 작문 시험들인데, 제출된 에세이들은 여러 채점관이 돌려 읽고, 한 채점관이 한 학생의 작문을 개별 평가한다. [최근] 급속도로 인기를 얻고 있는 고등학교 과목들 중 하나는 바로 철학인데, 끔찍한 '철학의 희화화'(이를테면 유명 철학자들의 삶과 '학설들'에 관한 사실들)보다는 소크라테스식 철학 능력을 평가하는 것이 철학자들의 중론으로 보인다. 즉 다양한 범위의 철학 주제들에 관해 비판적으로 분석하고 사색하는 능력이 평가 대상인 것이다. 이와 비슷하게, 다른 영역들에서도 이 시험은 야심적이며, 그 관심을 질적 수준의 평가에 둔다. 따라서 시험이라고 하는 것은 인문학적 가치들을 보존하는 것이면서, 동시에 좋은 것일 수 있다. 만일 훌륭한 교사들이 학생들의 수업 중 성취도를 채점하는 [적절한] 채점법을 알고 있다면, 그 채점 내용을 측정하는 시험을 창안할 수도 있을 것이다. 유일한 문제는 이러한 종류의 시험이 규격화된 유형의 시험보다 훨씬 더 많은 비용을 요구한다는 것이다. 또한 우리는 실력 있는 평가관들을 고용하는 데, 그들이 받아 마땅한 좋은 급료를 제공하는 데

---

* GCSE는 The General Certificate of Secondary Education의 약자로, 말 그대로는 '중·고등학교 일반 수료증'을 의미한다. 잉글랜드, 웨일즈, 북아일랜드에 사는 14~16세 학생들이 치르는 시험이다. A레벨 시험은 The Advanced Level General Certificate of Education을 취득하기 위한 시험을 칭하는 일상어로 잉글랜드, 웨일즈, 북아일랜드 지역 대학에 입학하고자 하는 학생들의 입학 자격을 평가하는 시험이다. 2년 간 수학하여 이 시험을 보게 된다.

진지한 노력을 기울여야 할 것이다. 하지만 현재 이것에 관해 그 누구도 논의조차 시도하지 않는 듯하다.

오바마 행정부에게는 현행 운용법을 변모시킬 기회가 있다. 현 정부는 교육에 관한 보다 풍요로운 생각을, 만일 필요하다면, 보다 풍요롭고 보다 질적인 개념의 시험을 진흥할 기회가 있다. 오바마 대통령 개인이 중시하는 가치들은 이러한 변화를 지지하는 길로 이어질 것처럼 보인다. 즉 그는 어떤 한 이슈의 모든 면면에서 [그 이슈에 관한] 주장들을 들어보고 정밀히 감별하는 일에 관심 깊은 것으로 유명하고, 그 자신 미국 대법원 판사 직과 같이 높은 직위에 알맞은 자질 가운데 하나로서의 '깊은 공감empathy'에 지대한 관심이 있다고 천명한 바 있는 것이다. 그 자신의 교육 경험 역시 분명 내가 여기서 상찬해온 종류의 특성들을 지니고 있다. 바로 그러한 그의 교육 경험이, 비판적으로 사색하는 법을 알고, 다채로운 세계 정황에 대한 풍부한 정보와 더불어 사색할 줄 아는 능력을, 또 여러 유형의 사람들의 곤경을 상상할 줄 아는 확실한 능력을 (그리고 그것의 부산물인, 자기 자신과 자신의 삶의 이야기에 대해서 성찰적으로 사색할 줄 아는 능력을) 지속적으로 현시하는 어떤 한 사람을 만들어냈다. 그의 가정생활이 이 과정에 지대한 공헌을 했을 공산은 크다. 하지만 그가 다녔던 학교들 역시 [이 과정에] 분명 일정한 역할을 담당했을 것이다. 대학에 입학해야 하는 때가 되었을 때, 그가 선택한 곳은 인문교양 교육 모델에 충실하기로 유명한 두 교육 기관이라는 점을 우리는 또한 알고 있다. 훌륭한 인문교양 대학인 옥시덴탈 대학,

그리고 그 학부 인문학 프로그램이 적극적이고 혁신적인 교수법을 시행하는 것으로, 여러 분야를 널리 포괄하는 것으로 유명한 컬럼비아 대학이 그곳이다.

그렇지만 적어도 지금까지 오바마 대통령은 인문학 지원 혹은 인문교양을 강조하는 방향으로의 국가 차원의 교육 개혁 노력을 보여주지 못하고 있다. 오바마 행정부의 교육 담당 비서는 안 덩컨*이라는 이로, 오바마의 이러한 인사 선택은 우리에게 [교육 개혁에 관한] 그 어떠한 확신도 주지 못하는 선택이다. 덩컨은 시카고 공립 학교 연합 회장으로서 인문교양 자금조성의 급속한 삭감 조치를 주재했던 인물이니 말이다. 이러한 점들이 일러주는 것은, 현 행정부가 전 아동 낙오 방지법이 선도했던 (유형의) 국가시험에 대한 강조를 줄이기보다는 도리어 이를 확장하려 획책하고 있다는 것이다. 교육에 관한 연설에서 오바마 대통령은 모든 미국 시민이 '아메리칸 드림'을 추구할 수 있게 하는 일의 중요성에 대해 이야기하며 평등의 이슈를 적실히 강조한다. 그러나 꿈의 추구라고 하는 것은 꿈꾸는 이들을 필요로 하는 법이다. 즉 그것은 대안에 대해 비판적으로 사색할 수 있고, 야심찬 목표를 상상할 수 있는 교육받은 정신을 필요로 한다. 그 목표에 개인적인 또는 국가의 부만이 아니라 인간 존엄과 민주주의에 관한 논쟁 또한 포함되면 좋으리라.

---

* Arne Duncan. 1964~. 현 미국 교육비서(교육부 장관). 2009년 버락 오바마 대통령의 지명과 국회의 임명안 가결로 선출되었다.

그러나 이러한 중요하고 풍요로운 목표들 대신, 오바마 대통령은 지금까지 개인 소득과 국가 경제 진보에 집중해왔다. 즉 그는 우리에게 필요한 교육이 이러한 두 가지 목표에 봉사하는 유형의 교육이라고 주장해온 것이다. "경제 진보와 교육 성취는 미국에서는 언제나 협력적이었습니다." 오바마의 주장에 따르면, 교육에 관한 그 어떤 새로운 생각도 그것이 얼마나 잘 '기능하느냐'에 의거해 판단되어야 한다. 여기서 '기능하다'는 용어는 생각건대 앞의 두 목표를 지시하는 것이리라. 그는 이렇게 말하며, 조기에 시행되는, 어린이 교육 개입을 옹호한다. "이러한 [조기 교육] 프로그램들에 우리가 투자하는 1달러 1달러마다 우리는 거의 10달러를 돌려받을 수 있습니다. 복지용 자금의 감소, 건강 보험 관련 지출비용의 감소, 범죄의 감소라는 형태로서 말입니다." 이 긴 연설 전체를 통틀어 그는 내가 [이 책에서] 강조해온 [교육의] 민주주의적 목표를 전연 언급하지 않는다. 또한 그는 '비판적 사색'이라는 말을 딱 한 번 언급하는데 '이윤 창출 가능성을 위해 기업들에게 무엇이 필요한가'라는 주제의 컨텍스트에서 그렇게 한다. "기업들이 문제 해결 능력·비판적 사색·창업가 정신·창조성과 같은 21세기형 기술들을 제대로 익히고 있는지"를 측정하는 시험들을 개발해야 한다고 그는 말했던 것이다. 그러니까 (전체적으로 과학과 테크놀로지의 상찬에 바쳐진 이 연설 도중의) 이러한 인문학 경도의 제스처는 분명 경제적 진보에 요청되는 특정 기술들의 역할을 말하기 위해서 활용된 말에 불과하다. 또한 그가 제안한 교육 평가법(전 아동 낙오 방지법보다 강화된 형태)은 확실

히, 앞의 문장 중 인문학 관련 부분은 제안의 중심이 아님을 말해준다.[12]

더욱 심각한 문제는, 오바마 대통령이 반복해서 극동 국가들(예컨대 싱가포르)을 상찬한다는 점이다. 그가 보기에 이 국가들은 테크놀로지와 과학 분야 교육에서 미국보다 앞선 국가들이기 때문이다. 또한 그는 그 국가들을 기분 나쁘게 상찬한다. "그들은 중요하지 않은 것들을 가르치는 데는 시간을 적게, 중요한 것들을 가르치는 데는 시간을 많이 쓰지요. 그들은 학생들을 비단 고등학교나 대학 진학을 위해서만 가르치는 게 아니라 취업을 위해서도 가르치지요. 우리는 그렇지 않은데 말입니다." 달리 말해 "중요한 것들"이란 "취업 준비에 도움 되는 것들"만 한 값어치가 있는 것으로 여겨지고 있다. 의미의 차원에서 풍요로운 삶, 타인을 존중하고 사태에 주의를 기울이는 시민 정신이라는 주제는, (시간을 보낼 가치가 있는 중요한) 목표들을 말하는 자리 그 어디에서도 언급되지 않는다. 그의 연설의 전체 맥락을 살펴볼 때 "중요하지 않은 것들"에는 이 책에서 내가 민주주의의 건강에 본질적으로 중요한 것으로 옹호해온 것들 중 많은 것이 포함된다는 결론에 도달하지 않기란 어렵다.[13]

미국의 공립 교육 시스템은 거대한 불평등 요소를 포함하고 있다. [그리하여] 국가시험제도가 불평등 문제에 대한 하나의 해결책을 제공한다는 생각에 유혹되기 쉽다. 그러나 배움의 열정에 불을 지피는 교육 기회를, 또는 시민으로서의 삶에 대한 적절한 준비의 기회를 그 어떤 아이도 사실상 가질 수 없게 하는 유형의 시험을 통해, 교육 불평등 문제를 해결할 수는 없는 법이다.

인도는 어떠한가? 인도 대학들의 인문학 경멸은 이미 언급한 바 있다. 사태는 초·중·고등학교에서도 거의 동일하다. 초·중·고등학교들은 으레 지배적인 사회적 규범과 국가 트렌드에 의해 크게 영향 받기 때문이다. 산티니케탄의 타고르가 설립한 학교는 여전히 존재하지만, 이미 우리가 보았듯 그 학교의 예술 강조는 현재의 분위기에서는 학교 이미지를 매우 케케묵은 것으로 만들어버리고 있다. 한때 전 인도의 가장 우수한 학생들이 앞 다투어 진학하고자 했던 학교였지만(예컨대 네루의 딸 인디라*가 생애 유일하게 행복한 학창 시절을 보낸 곳이 이곳이었다), 이 학교는 이제 '문제아용 학교'로 낙인 찍혀 있고, 그곳에 자녀를 보내는 부모들은 학교를 전혀 자랑스럽게 여기지 않는다. 이러한 종류의 학교는 IIT 입학시험에서의 우수한 결과를 만들어낼 가능성이 높은 교육을 제공하지 않는 것이다. 다른 한편에서 IIT 강사들은 학생들의 인문 소양이 부족한 사태에 대해 괴탄하고 있는데도 말이다.

그렇다면 분명 인문학적 내용은 [인도에서] 이미 '불안했던 자리'에 서마저 추락하는 상태에 있다고 할 수 있겠다. 교수법은 어떠한가? 인도 전역에 걸쳐 암기식 학습의 교수법은 수십 년 동안 지배적 패러다임이었다. 어떤 의미에서, 낮은 문해력 상태에서 높은 문해력으로 가려고

---

* Indira Priyadarshini Gandhi. 1917~1984. 인도의 정치인이자 인도 최초의 여성 수상. 1966~1977년, 1980~1984년에 이르는 기간인 총 15년 동안 인도의 수상직을 역임했다. 1984년 암살되었다.

분투하는 어떤 한 국가가 주입식 교육에 집중하게 된다는 것은, 또 질문, 증거들에 대한 상세한 감별·조사, 상상적 표현이라는 방법들을 통한 학생 개개인의 능력 향상에 초점을 맞추는 교육을 무시한다는 것은 그다지 놀라운 것이 아니다. 식민 시대에 암기식 교육이 지배적이었다는 사실을 기억해볼 때, 이러한 결과는 심지어 충분히 이해 가능한 것이기조차 하다. 타고르가 한때 다녔고 곧바로 그만둔 학교들은 모두 이러한 유형의 따분한 주입식 교육을 활용했던 학교들로, 그에게 무언가 다른 것을 창조해보겠다는 마음을 먹게 한 것은 바로 이러한 사태였다. 그러나 무언가를 이해한다는 것이 곧 그 무언가를 묵인하고 용서한다는 것은 아니다. 그동안 나는 인도 출신 미국인들이 그들의 자녀들이 다니는 [미국] 학교들의 훌륭한 점들과 크게 대조되는, 지난날 인도에서 자신들이 받은, [결국] 자신들을 우롱했던 저질 교육에 대해 회한하는 말들을 수도 없이 들어왔다.

이렇게 암기식 학습은 인도의 공립 학교에서 지배적이다. 다양한 형태의 부패 역시 지배적인 바, 일부 주에서 교사의 무단결근 비율은 20퍼센트씩에 이르고 있다.[14] 그에 못지않게 아이들에게 해로운 것은 악명 높은 '개인 과외 수업'으로, 교사들은 방과 후 자기 집에서 부유한 가정의 아이들을 지도하며 수업료를 챙긴다. 이러한 사태는 교사들이 정규 학교 수업 동안에는 성심을 다해 가르치지 않게 하는 자극 요인이 되고 있다. 아이들에게 영감을 주려는, 무언가를 혁신하려는 노력을 교사들은 거의 기울이지 않으며, 교사들의 최고 희망이란 아이들의 머리를 유용한 사실들로 가득 채워 그들이 국가시험에서 우수한 성적을 받게 하는 일뿐인 것이다.

아이러니컬한 것은, 이러한 나쁜 관행이 지배적으로 실행되는 장소가 바로 국공립 초·중·고등학교라는 것, 즉 적어도 학교에 출석은 하게 되며, 일정 기간이 지나면 일정한 지적 소양을 갖추게 될 것이므로 [그것만으로도] 학생들은 이미 상대적으로 행운을 얻게 된 것이라고, 사회에 영향력을 행사하는 자리에 앉을 실제적 희망을 얻게 된 듯 보인다고 우리가 생각하는 바로 그곳이라는 것이다(인도 전체의 문해력 비율은 여전히 여성 50퍼센트, 남성 65퍼센트가량이며, 그리하여 중·고등학교에 진학하게 된 이는 인도에서는 이미 모종의 특권을 부여받은 이다). 그러나 인도 사회의 '밑바닥'에서는 한결 더 미래를 약속하는 무언가가 지금 시도되고 있다. 비정부 기구들에 의해 자금을 지원받는, 수천 개에 이르는 소외지역 국어 교육 프로그램들이 기초적인 문해력과 기본 기술들을 가르치고 있는 것이다. 내가 잘 아는 프로그램들은 여성과 소녀들을 위한 것들이지만, 프로그램들의 실천 형태는 다채롭다. 그런데 여러 프로그램들의 공통점은 그 교육 내용의 풍요로움과 상상력[강조]이다. 노동하는 여성과 소녀들은 만일 그들이 수업에서 무언가를 얻어가지 못한다면 수업에 참석하지 않을 것이다. 그리하여 교사들은 어쩔 수 없이 혁신적이고 친절하며 실험적이어야만 한다. 그들은 그림·무용·음악을 [수업에] 활용하며, 학생들로 하여금 자신들이 사는 마을의 권력 구조를 알아내 그것에 대해 말해보게 하거나, 또는 물납소작인^{物納小作}

人, sharecroppers으로서 자신들이 일해주고 있는 땅주인들로부터 어떻게 하면 더 많은 혜택을 얻어낼 수 있을지 궁리해보게 한다. 교사들은 자신들의 수업 행위에서 자신들이 느끼는 만족감과 흥겨움을 학생들에게 말하기도 한다. 물론 이는 공립 학교 교사들이라면 거의 실천하지 못하는 일이다.

이러한 프로그램들이 우리에게 일러주는 것은, 예술 교육과 인문학 교육이 처해 있는 황폐한 상황의 개선 작업에는 무엇보다도 '인적 투자human investment'가 요청된다는 것이다. 돈은 필요하다. 하지만 열정이 있는 사람 그리고 그러한 프로그램에 대한 [사람들의] 강력한 지원이야말로 주요 필요사항들이다.

미국 사람이라면 인도의 공립 학교들을 바라보며 미국의 미래를 생각해볼 수도 있겠다. '정녕' 우리가 '시험을 위한 교육'의 길로 계속 하강하고 만다면, 아이들의 정신을 생기 넘치게 하는 수업 활동들, 그들이 자신들의 학교생활과 자신들의 학교 밖 일상생활 간의 연결 관계를 인식하도록 하는 수업 활동들을 돌보지 않는다면, [현재] 인도의 경험은 곧 미국의 미래가 되고 말 것이다. 미국인은 현재 미국의 학교들이 빠른 속도로, 또 부주의하게, 인도식이라는 방향으로 (그 반대가 아니라) 이동해가고 있는 현실에 뼛속 깊이 경각심을 가져야 한다.

사람들이 민주적 자치를 요구하기 시작했던 시대에, 전 세계의 교육은 이 어려운 형태의 통치 양식에 잘 적응할 수 있고 기능할 수 있는 유형의 학생들을 양산할 수 있도록 재조정되었다. 즉 노인의 지혜를 체득한 소양 있는 신사가 아니라, 적극적이고 비판적이고 성찰적이며 남에게 깊이 공감할 줄 아는 (모든 이를 평등하게 대하는) 공동체 성원, 다양한 문화적 배경을 지닌 다양한 이들과 함께, 존경과 이해의 바탕 위에서, 아이디어를 서로 교환할 줄 아는 공동체 성원들을 양산할 수 있도록 말이다. 루소, 페스탈로치, 프뢰벨, 올컷, 타고르는 많은 점에서 서로 다른 이들이었지만, 이들 모두는 수동적 양식의 구식 교육법이 미래 국가들에 줄 수 있는 혜택은 거의 아무것도 없다는 데, 참여적 제도들이 지속되려면 새로운 유형의 개인 활동과 새로운 형태의 비판·비평적 자유가 필요할 것이라는 데 의견을 같이했다.

오늘날 우리는 여전히 우리가 민주주의와 자치를 선호한다고 주장한다. 또한 우리가 의사 표현의 자유, 차이에 대한 존중, 타자에 대한 이해라는 가치들을 선호한다고 생각한다. 우리는 입에 발린 소리로 이러한 가치들을 언급하고는 하지만, 이러한 가치들을 다음 세대에 전하기 위해, 그 가치들의 [지속적] 생존을 보장하기 위해 무엇을 해야 하는지에 관해서는 거의 생각하는 것이 없다. 부의 추구라는 잘못된 방향으로 끌려가며, 우리는 점점 더 큰 목소리로 학교들에게 사려 깊은 시민들 말고 유용한 이윤 창출자들을 배출하라고 요구하고 있다. 예산 삭감의 압력 아래 우리는 건강한 사회를 지속시키는 데 핵심적으로 중요한 교육 분야들만을 골라서 가지치기하고 있다.

만일 이러한 추세가 지속된다면 과연 어떤 결과가 우리 앞에 나타나게 될까? 권위[체]를 비판·비평하는 방법에 무지한, 기술적으로 훈련된 사람들, 무딘 상상력을 지닌 이들, 유용한 이윤 창출자들의 나라들이 아니고 무엇이겠는가. 타고르가 말한 그대로 '영혼의 자살'이 아니고 무엇이겠는가. 이러한 사태보다 더 무시무시한 사태가 과연 있을 수 있을까? 실제로 이러한 길을 오랜 기간 걸어갔던 인도 구자라트 주의 경우에서(이 주는 공립 학교에서 비판적 사색도 가르치지 않았고, 기술 능력만을 한결같이 강조했던 것인데) 우리는, 순종적일 뿐인 한 엔지니어 집단이 무시무시한 반민주적·인종주의적 정책들을 집행하려는 살인적 힘에 어떤 식으로 적극 협조할 수 있는지를 또렷이 목격하게 된다(구자라트 주의 역사 교과서에서 히틀러는 영웅으로 묘사된다. 2002년의 일로, 학교에서 제공된 프로파간다에 의해 선동된 힌두 우익 폭력배들이 약 2,000명의 무슬림 시민들을 살해하는 사건이 일어났다. 이는 사건 당시 전 세계적으로 비난받은 바 있는 인종 학살 행위임과 동시에, 종교적 증오 캠페인 전체를 배후에서 조종했던 인물인 구자라트 주 최고 장관에 대한 미국 비자 거부라는 사태를 불러왔다[15]). 그러나 이러한 하강의 길을 우리는 어떻게 피할 수 있단 말인가?

민주주의 체제는 대단히 합리적인 힘들을, 상상적인 힘들을 갖추고 있다. 민주주의 체제는 또한 논리적 사유의 심각한 허점들, 편협한 지방색, 경솔함, 너절함, 이기성, 정신의 협소함으로 말미암아 곤란을 겪기 쉽다. 세계 시장 내 이윤 창출 가능성에 중점을 두는 교육은 [민주주의 체제의] 이러한 결함들을 강화한다. 그것은 또한 민주주의의 생명 자체를 위협하고, 고상한 세계 문화의 창조를 훼방하는 탐욕적인 [정신적] 둔함과 기술적으로 훈련되었을 뿐인 고분고분한 정신을 양산한다.

만일 내가 생각하듯 진정한 문명의 충돌이 개인의 영혼 안의 충돌이라면(탐욕·나르시시즘이 존경·사랑과 대항해 싸우듯) 현대사회는 지금 이 전투에서 빠른 속도로 패배하고 있다. 현대사회는 폭력과 인간 타락을 이끄는 힘은 살려내는 반면, 평등과 존경의 문화를 이끄는 힘을 살려내지는 못하고 있다. 만일 우리가 인문학과 예술의 핵심적 중요성을 주장하지 못한다면, 그것들은 돈을 만들어내지 못한다는 이유로 이 세계에서 불현듯 사라지고 말 것이다. 인문학과 예술은 단순히 돈 만들기보다 훨씬 더 고귀한 일을 수행할 따름이다. 즉 그것들은 살 만한 가치가 있는 세계를, (타인으로부터) 존경과 (깊은) 공감을 받을 만한 자신들만의 생각과 감정을 지닌 채, 타인을 전인적 인격체로 인식할 줄 아는 능력을 지닌 사람들을, 이성적이며 공감에 바탕한 논쟁을 위해 공포와 의심을 극복할 능력이 있는 나라들을 창조한다.

감사의 글

—

교양 교육에 관해서 많은 해 동안 생각해왔고 또 써왔던 관계로, 지금 여기에 적을 수 있는 것보다 훨씬 더 많은 이들에게 감사해야 마땅하겠다. 내 전작 『인간다움의 함양Cultivating Humanity』의 결론을 두고 여러 논지를 펼쳐주신 수많은 학교와 대학들이 그 감사 목록의 처음에 있어야 하겠다. 말할 수 없이 소중한 영감과 통찰의 원천이 되어주었던 전미대학 연합의 지도자들과 구성원들 역시 그 처음에 있어야 하겠다. 고등 교육에 관한 LEAP 보고서 작성에 나를 참여하게 해주었고, 이 책에 실린 일부 아이디어들을 초기 형태로 제출했을 때 기꺼이 그에 응답해준 캐럴 슈나이더 회장님에게 감사의 말씀을 전한다. 스펜서 재단의 마이크 멕퍼슨 또한 통찰의 훌륭한 원천이 되어주었다. 또 그 재단의 체류연구원으로 보냈던 한 해 동안 비록 다른 프로젝트에 종사하긴 했으나, 나는 이 주제에 관해 많은 것을 배울 수 있었다. 내 딸이 교육받은 곳이기도 한 매사추세츠 웨스턴의 캠브리지 스쿨과의 지속적인 교류는 이 책에서 내가 옹호하는 유형의 교육의 미래에 대해 낙관하게 만들어주고 있다. 이 학교의 학장인 제인 몰딩과 모든 학과와 이사들이 보여주고 있는, 비판적 사색과 교양 교육에 관한 열정과 의지는 그것이 곧 결실로 이어지지 않는 시대인 오늘날 존경받고 상찬되어야 마땅하다. 그와는 매우 다른 방식이긴 하지만 나는 또한 다학제간 비판적 사고가 꽃피고 있는 이례적 지성 공동체인 시카고 대학 로스쿨의 내 동료들로부터 매일같이 자양분을 공급받고 있다.

여러 해 동안 단 하나의 주제만 연구하는 일의 매력은 경탄의 대상이 되던 젊은이가 영향력 있는 지위로 상승하는 과정을 모두 지켜볼 수 있다는 것이다. 『인간다움의 함양』에서 나는 세계 시민 정신을 위한 교육을 논의하며 세인트로렌스 대학의 한 젊은 철학 교수에 관해 이야기한 바 있는데, 그는 다학제간 교육과 학과이동 교육을 수반하는, 훌륭하고 혁신적인 '다문화 연구'를 창시한 이다. 2008년 4월 그랜트 콘웰은 오하이오의 와바시 대학 학장이 되었고, 난 그의 취임식에서 이 책에서 선보인 생각들에 기초한 강연을 하는 특권을 누렸다.

무엇보다도 내게 영감을 준 것은 내가 어린 시절 펜실베이니아 브라이언 모어 볼드윈 학교에서 받았던 교육이다. 이익과 성공에 중점을 두던 마을을 벗어나 이익보다 비판적 사색, 아이디어, 상상력이 훨씬 더 중요하게 취급되는 어떤 곳으로 매일 갈 수 있다는 사실이 나는 너무 기뻤다. 그곳 선생님들께 마음속 가장 깊은 곳에서 우러나오는 감사의 마음을 전한다. 이 책을 그분들 가운데 다음 세 분에게 바친다. 영감의 원천이자 감정 탐시관이셨던 우리의 드라마 연출가 루이스 고트만 선생님. 선생님은 평범한 어린 여자애들이 이미 가지고 있는지조차 몰랐던 능력들을 스스로 표현할 수 있도록 길을 열어주셨다. 그리고 자그마한 체구에 불처럼 열정적이셨던 프랑스어 교수님 마르트 멜키오르 선생님. 선생님은 우리에게 역사, 문학, 예술 등을 포함한 다학제간 연구의 관점에서 어떻게 프랑스를 공부할 수 있는지 가르쳐주셨다. 또한 나와 내 단짝 친구가 프랑스어 드라마 클럽을 꾸리도록 도와주시기도 했는데, 이 클럽에서 우리는 때때로 프랑스어 극본을 스스로 창작하기도 했다. 그때 나는 로베스피에르의 삶을 다룬 비극을 썼었다(약 10년 전에 다시 만난 멜키오르 선생님은 아흔이 넘은 연세에도 여전히 열정적이셨다. "마사, 당신도 알다시피 나는 여전히 자코뱅 당원이지 않소"라며 인사를 건네셨다). 그리고 영시와 영산문을 가르치셨던 최고의 교사 매리언 스턴스 선생님. 선생님은 우리가 쓴 작문에서 그 어떠한 오류도, 그 어떠한 이기주의적 뉘앙스를 띤 부분도 전부 제거하라고(십대 소녀들이 하기에는 너무나 어려웠다) 겁을 주시며 우리에게 읽고 쓰는 법을 가르쳐주셨다.

　인도에서 나는 타고르가 세운 학교의 고향인 산티니케탄 출신의 또는 그곳에 살고 있는 내 모든 친구로부터, 특히 고(故) 아미타 센과 아마르티아 센으로부터 배워왔다. 인도 교육에 관한 다른 대화들에 대해서 구르차란 다스, 무쉬룰 하산, 조야 하산, 프라틱 칸질랄, 크리슈나 쿠마르, 안타라 데브 센에게 감사드린다.

이 책의 원고 또는 초고에 관한 조언을 해준 앤드루 코플만, 몰리 스톤, 마드하비 순데르에게 감사드린다. 또한 이 책의 훌륭한 편집자 로브 템피오에게 감사드린다.

옮긴이의 글

—

교육의 내비게이션은 곧 사회의 내비게이션

모든 번역본이 그러하겠지만 이 책 역시 저자가 자신의 언어권에 속하는 이들에게 호소하고자 쓴 책을 번역한 것이다. 이 당연한 사실을 다시 독자 분들께 환기시키는 것은 그렇다면 본래 그러했던 이 책의 내용이 한국 사회의 맥락에서 어떤 가치나 시사점이 있을는지, 이 글을 통해 함께 짚어보기 위함이다.

우선 가장 먼저 생각해볼 수 있는 것은, 경제 성장에의 기여가 아니라 민주적 시민 정신을 갖춘 성숙한 인간의 형성을 목표로 하는 교육이 되어야 한다는 저자의 입장이다. 저자로 하여금 이 책을 쓰게 한 궁극적 자극점은, 저자가 밝히고 있듯, 이러한 본연의 교육 목표가 슬그머니 한쪽으로 치워지고 경제 성장 본위의 교육이 고등 교육의 현장을 지배하게 된 (또는 지배하기 시작한) 전 세계적 현실이다. 그리하여 어린이·청소년 단계의 교육은 말할 것도 없고, 대학에서조차 시민 교육이 제대로 되고 있지 못한 정황, 인문학·예술 교육의 가치가 터무니없이 평가절하되고 있는 정황이다(216~217쪽). 요컨대 "민주주의의 생명 자체를 위협"(230쪽)하는, 경제 성장 본위 교육 패러다임의 전 세계적 횡행이라는 모종의 민주주의의 위기 정황이다.

그런데 저자는 흥미롭게도 한국어판 서문에서 한국의 경우 인문교양 교육의 현실이 다른 나라들에 비해, 예컨대 중국이나 싱가포르에 비해 상대적으로 밝다는 의견을 피력한다. 한국의 경우 대학 내에서, 적어도 최고 수준의 대학 내에서는 비평 정신과 상상력 강화를 강조하는 인문교양 교육이 시행되고 있다고, 그러한 교육의 성과와 활력 넘치는 민주적 시민 정신 간에 모종의 상관관계가 있을 것이라고 진단하고 있는 것이다.

그러나 이러한 지적은 저자의 말 그대로 한국의 대학 전체에 일반화되어 적용되기는 어려울 듯하다. 더욱이 논의의 대상을 한국 대학에서 한국 전체의 교육 기관으로 넓힐 경우, 저자가 상대적으로 밝다고 지적하는 인문교양 교육의 사정에 대해, 아마도 우리는 다른 이야기를 시작해야 할 것이다. 생각건대 그 경우 아마도 우리는, 경제 성장 본위 교육 트렌드라는 전 세계적 악풍에 대한 저자의 비판이 한국 교육 전체의 맥락에도 적용될 수 있다는 점을 이야기해야 할 것이다.

오래된 과거: 국가주의적 교육관

그러나 그렇다면 대체 어떤 이유로 저자의 비판이 한국 교육 현실에도 적용될 수 있을까? 직관적으로는 우리 모두 다 아는 이야기일 수도 있지만, 보다 구체적이고 논리적으로 이 이유를 해명해봐야 하지 않을까? 잘 생각해보면, 오늘날 한국의 교육 문제는 단지 교육 문제가 아니라 한국 사회의 척추를 관통하는 문제이기 때문이고, 그리하여 저자의 경제 성장 본위 교육 패러다임 비판은 단지 한국 교육계만이 아니라 한국 사회 전체에 중대한 함의를 지니기 때문이다.

이 점과 관련하여 그 무엇보다도, 대한민국 정부 수립 이래 한국의 학교 교육이란 국익 신장 또는 국가 발전을 신성불가침의 절대 가치로 여기는 어느 사회공동체 내의 교육이었다는 점부터 지적되어야 한다. 그리고 그 국익·발전을 가리키는 절대 지표는 줄곧 경제 성장의 지표였다. 즉 공동체 구성원 거의 대부분의 (교육 이념이 아니라) 삶의 이념 자체가 경제 성장 본위였던 어떤 나라 내의 교육이었다. 국가가 개인에게 선전하는 경제 성장 이데올로기와 개인이 자신의 삶의 가치로서 내면화한 삶과 행복의 이념이 강력한 친화성을 보여온 이러한 정황 탓에, 이 나라에서 국가주도형 교육, 국익에 기여하는 인재 양성 교육이 철의 이념이자 실천 기제로 군림해왔다. 물론 이는 어느 나이든 역사가의 과거 술회형 진술이 아닐 것이다. 해방 후 노태우 정권까지 이 나라의 교육을 좌지우지한 교육 이념은 공식적으로도 (반공과 더불어) '경제 성장을 위한 교육입국'이었지만[*], 좌지우지까지는 아니더라도 오늘날 한국 교육의 암묵적 제일 가치로 여전히 군림하고 있는 것은 이 이념으로 보이기 때문이다. 물론 오늘날 그 이름만은 좀 더 근사하게 바뀌었는지도 모른다. 이를테면 세계화 시대에 맞는 인재 양성을 위한 교육 또는 21세기형 선진 한국을 위한 교육 따위로.

문제는 이러한 교육 이념의 압력하에 있는 그 모든 학교에서 암묵적으로 강조되어온 것이 국가 경제 성장 또는 국익 신장에 학생 개개인이 기여할 가능성이라는 것이다. 그리하여 이러한 패러다임하에서라면 학생들은 얼마든지 국가의 자원으로 환원될 수도, (그리하여 이 자원들은 인격체들이라기보다는 '인적 자원들[human resources]'이라 불리는 편이 더 좋다!) '국가 기여' 가능도에 따라 수량화될 수도 있다는 것이다. 물론 오늘날 이는 하나의 가능성으로 남아 있는 게 아니라 현실이 되어 있다. 이 등급화는 우선은 학급에서, 그다음에는 학교에서 진행되고, 그다음에는 시군 교육청, 도 교육청으로 보고되고, 최종적으로는 교육부에서 관리되고 있는 것이다. 즉 모든 학생은 알게 모르게 국가의 '관리 자산'으로 인식되고 그 '자산 가치'는 수량화되며, 이러한 행태의 정상성과 정당성은 결코 이상한 것, 부당한 것으로 의심되지 않는다. 이렇게 하여 '국가 기여' 가능도에 따른 전 학생 서열화(예컨대 일제고사)라는 비극적 코미디는 이 나라에 나타나고 또 존속될 수 있는 것이다. 그러나 그러한

---

[*] 전성은, 『왜 학교는 불행한가』, 메디치, 2011, 57쪽.

줄 세우기라는 실제의 행동을 통해 간접적으로 확인 학습되는 것은 교육 기관·관련 부처를 하나로 엮는 단일 통제, 단일 규율의 체제가 이 사회에서는 필요한 무언가라는 국가주의적·성장지상주의적 교육 이념이자, 그러한 이념의 배면에 있는, 사람들의 삶과 행복의 이념이기도 하다.

물론 이러한 체제 속에서 죽어나가는 것은 아이들이요, 그들의 삶과 권리, 그리고 성숙 가능성이다. 그러나 단지 그것만은 아니다. 함께 죽어나가는 것은 바로 이 사회의 미래이기도 하다. 물론 이런 식으로도 당분간 한국 사회는 어떻게든 존속되겠지만, 그 존속은 OECD 국가 중 자살률 1위, 어린이·청소년 행복지수 최저라는 불명예스러운 지표가 계속해서 붙어 있는 비참한 사회로서의 존속이 아닐까?

교육의 목적 또는 이유: 국가 발전 기여에서 인격 계발로

이렇게 이 꼬인 실타래를 풀 수 있을까? 어떻게 강한 규율과 통제가 필요악으로 용인되는 군대식 이상異常 공간이 아니라 사랑이 넘치는 학습 공간인 학교를, 통제 체제 내의 한 단위가 아니라 자율 교육의 주체적 단위인 학교를 만들 수 있을까? 돈 있고 생각 있는 이들이야 유학 보내고 대안학교로 보내면 그만일 테지만, 그렇지 않은 평범한 이들의 자녀들은 다 어떻게 하는가? 이 질문을 화두로 들 때 이 책이 하나의 훌륭한 시사점이 될 수 있다면, 그것은 이 책의 저자가 '대체 왜 교육하냐'는 근본적인 물음을 우리에게 던지고 있기 때문이다. 필자는 바로 이 물음으로 들어가는 길만이 저 조선의 성균관 시절부터 오늘날까지 단절 없이 지속되고 있는 국가주의적 교육 이념·실천의 터널로부터 빠져나와 '온전한 교육'으로 나아갈 수 있는 유일한 길이라고 생각한다. 그러나 이 질문으로 들어가야 하는 이는 단지 교육자, 교육 관계자만이 아니라 시민 모두인지 모른다.

'대체 무엇을 위한 교육인가'라는 근본 질문은 '대체 무엇을 위한 삶인가'라는 근본 질문과 분리될 수 없다. 즉 좋은 교육의 이념과 좋은 삶의 이념은 마치 인체에서 심장과 위장이 분리될 수 없는 것처럼 서로 분리될 수 없다.

저자는 교육의 목적이란 일차적으로 직업인 양성, 의미 있는 삶을 살도록 준비시킴 그리고 훌륭한 시민의 양성에 있다고 말한다(32~34쪽). 물론 저자의 강조점은 이 중에서도 인문학과 예술 수업을 통해 실현되어야 하는 민주 시민 교육에 있다. 하지만 그렇다면 이러한 생각의 전제가 되는 생각은 분명 '민주주의 사회가 인간다운 삶을 살기에 좋은 사회'라는 생각일 것이다. 실제로 저자는 정책 선정 과정에 일정한 시민적 정치 참여를 하는 일이야말로 "존엄한 인간 삶의 핵심 요소"(56쪽)라며, 개인이 자신의 인간 존엄성을 실현하는 인간다운 삶을 살고자 한다면 반드시 민주적 정치 참여의 당자가, 즉 정치적 활동자-시민이 되어야 한다고 역설한다. 요컨대 저자는 인간다운 삶을 전제 삼고 교육의 이유 또는 목적을 논하고 있는 것이다. "이 책은 우리가 무엇을 애쓰며 살아야 하는지에 관한 책"(37쪽)이라는 저자의 언명은 이를 시사한다.

어떤 사회가 인간다운 삶을 보장하는 좋은 사회인가 하는 질문에 대해, 보다 다원적이고 보다 상호 존중적이며 보다 보편적인 복지가 실현되고 보다 많은 시민이 적극적으로 정치에 참여하는 민주 사회라고 저자는 답변한다. 그리고 이러한 입장에 서서 '대체 왜 가르치고 배우나?'('대체 학교는 왜 있나?')는 질문에 대해 '인간 계발^{啓發, human development}'이라는 말을 답변으로 제시한다. 그러나 필자는 궁금하다. 대체 '무엇이' 인간 계발이란 말인가? 저자가 인간 계발 패러다임의 교육을 역설한 2장의 첫머리에 저자가 인용한 세계인권선언의 교육 관련 조항을 다시 읽어 보면 이러하다.

교육은 인격의 완전한 계발과 인권 및 인간의 근본적 자유에 대한 존중의 강화를 목표로 삼아야 한다. 교육은 모든 국가와 인종적 또는 종교적 집단 사이의 이해, 관용 및 친선을 증진해야 한다.

이 선언문에서 교육의 목표로서 강조되는 개념은 '인격 계발', '존중' 그리고 '이해', '관용', '친선'이다. 그러나 '존중', '이해', '관용', '친선'은 모두 계발되어야 하는 인격의 하위 항목들이지 인격이라는 말 위에 올라갈 수 있는 상위 항목들이 아닐 것이다. 그러므로 맨 앞머리에 있는 '인격의 완전한 계발^{full development of human personality}'이라는 말을 1948년 작성된 UN 세계인권선언문의 작성자들이 생각한 교육의 제1목적이라고 봐도 무방할 것이다.

그러나 인격의 완전한 계발이라니? 너무 당연하고 단순한 듯한 이 싱거운 언명은, 결코 단순한 언명이 아니다. 철학자 화이트헤드의 다음의 언명 역시 이 선언문의 '인격 계발'이라는 말의 심중함을 증거한다. 대관절 우리는 교육의 궁극적 목적을 (또는 학교의 궁극적 이유를) 무엇이라 생각하면 좋은가? 화이트헤드는 이렇게 답한다.

예술의 품격, 문학의 품격, 과학의 품격, 논리의 품격, 실용적 기술의 품격 등은 모두 기본적으로 동일한 심미적 특질, 즉 능통성과 억제력(조절 능력)을 겸비한다. …… 품격이란 그 최고의 의미에서 교육받은(교양 있는) 정신의 최종적 획득물이다. 그것은 또한 가장 유용한 것이기도 하다. 품격은 [인간 존재 전체에 퍼져 있다. 뛰어난 품격에 민감한 관리자는 낭비를 혐오한다. 품격에 대한 감각을 지닌 엔지니어는 재료를 절약한다. 품격에 대한 감각을 가지고 있는 예술가는 걸작을 선호한다. 품격이란 정신의 궁극적 도덕성이다.*

화이트헤드가 [인간] 존재 전체에 퍼져 있는 품격이라는 말로 지시하려 한 것은 무엇일까? 이 인용문의 앞에 있는 문장에는 번역어 품격에 대응하는 원어로 style[스타일]이라는 말이 적혀 있다. 그러니까 화이트헤드는 교육의 궁극적 목적이란 인간 품격^{style}의 계발이라고 보고 있는 것인데, 이 품격은 품질^{quality}과 같은 것이라기보다는 인격적 존재 자

---

* A. N. 화이트헤드, 『교육의 목적』(오영환 옮김), 궁리, 2004, 59~60쪽. 번역은 필자가 일부 수정.

체에 체화되어 있어 금세 인간에게서 배어나는, 그러나 오래 묵어 자연스럽게 배어나는 존재 스타일과 가까운 것이다. 그리고 화이트헤드에 따르면, 바로 이 스타일이야말로 인간이 추구해야 하는 궁극의 도덕성, 그 실제적 구현태다.

우리가 일상생활에서 쓰는 말 중에서 이러한 스타일을 지시하는 말을 골라야 한다면 하는 수 없이 '인격人格' 같은 단어를 골라야 하지 않을까? 인격이란 말은 그러나 조금 달리 생각하면 '인간 격조格調'란 말이기도 하다. 한 사전에 따르면 '격조'란 예술적 품위나 운치 또는 인품 따위의 품격을 말한다. 그렇다면 세계인권선언문이 'human personality[인격]'라는 불완전한 용어로, 화이트헤드가 'style[품격]'이라는, 조금 더 나으나 역시 불완전한 용어로 말하고 싶었던 것은 거의 같은 것으로서 인간이 그 존재 자체로서 세계에 드러내는 일정한 도덕적 격조를 말하는 것이다. 즉 UN의 선언문 작성자들도 철학자 화이트헤드도 이 '인간 격조'의 계발이야말로 교육의 궁극적 목적이라고 말한 것이다.

말할 것도 없이, 이 책의 저자 누스바움이 말하는, 존엄한 존재로서 개인이 가지는 모든 기회 또는 가능성(55~56쪽) 역시 이러한 '인격의 사상'에 공명한다. 누스바움이 말하는 존엄인의 가능성 또는 기회란 화이트헤드가 말하는 인간 품격의 계발 가능성 또는 계발 기회이지 다른 것이 아닐 것이다. 요컨대 세계인권선언문과 화이트헤드에 공명하며 누스바움이 역설하는 교육의 궁극적 목적이란 미성숙한 개인을 존엄한 인격체로 완연히 꽃피워내어 존엄한 이의 삶을 살 수 있게 함이다.

'인격 개화^{人格 開花}'라 할 만한 이 궁극의 목적을 저자는 이 책에서 '인간 계발^{human development}'이라 부른다.

이렇게 저자가 이 책에서 전제 삼는 교육 사상은 '국가 발전 중심'에서 '인간 계발 중심'으로 교육의 궁극적 목표점을 전환해야 하는 우리의 당위에 공명한다. 향상·발전되어야 하는 것은 국가가 아니라 (개인이 속한 작고 큰) 공동체들이며, 교육자가 관심을 기울여야 하는 것은 인적 자원의 국가 기여 가능성의 증진이 아니라 피교육자의, 인간다운 인간으로의 완전한 개화라는 당위명제. 이 책이 한국 사회의 맥락에서 큰 가치를 지니는 것은 이러한 당위명제를 옳다고 말해주기 때문이다.

개화된 인격의 모습과 시민

그러나 인간다운 인간으로 개화된 인간이란 이념형적 도덕군자의 주형에 딱 들어맞는 이는 아닐 것이다. 도리어 그런 이는 사회공동체 내의 타인과 바람직한 방식으로 이성적·감성적 교섭 활동을 할 수 있고, 타인의 기쁨과 고통에, 자신을 둘러싼 생태계에 (그 생태계 내 타 생명체의 기쁨과 고통에) 공감·공명^{commune}할 수 있는 이, 즉 대화와 공감·공명이라는 인간다움의 덕목 또는 능력을 갖춘 이일 것이다. 나아가 이 대화와 공감·공명을 너무나도 천연스럽게 자신의 삶의 의무로 느끼며, 자신이 속한 공동체와 생태계라는 삶의 둥우리^{community}의 진보에 낱 구성원으로서(즉 시민으로서, 생명체로서) 자발적이고 독립적인 기여를 할 수 있는 이일 것이다. 이런 의미에서, 교육자가 참으로 보람을 느끼는 때는, 타자와 공감·공명 상태^{communion}에 있고자 하는 (피교육자의) 인간다움에의 본원적 의지가 교육이라는 '인간의 길'을 통해 넓은 삶의 둥우리에의 자발적·독립적 기여의 행동으로 구체화·현실화되는 때일 것이다.

이로써 필자는, 도대체 당신이 말하는 (궁극의 교육 목적이라는) '인격을 갖춘 인간으로의 개화'란 무엇이냐는 가능한 질문에 대해 이미 답한 셈이 된다. 정리하여 강조하자면 그것은 '공감하는 존재'로의 개화, '의무를 느끼는 존재'로의 개화일 것이되, 여기에서 이 의무는 자기 존재됨[자기 실현]의 기쁨과 분리될 수 없는 의무이다.

공감 능력의 임자, 그러면서도 삶의 둥우리에의 기여를 삶의 기쁜 의무로 생각하는 이를 부르는 말로 가장 근접한 말은 그런데 '지식인'도 아니고 '문화인'도 아니고, '교양인' 아니면 '시민'일 것이다. 저자 누스바움이 이 책에서 그토록 일관되게 시민 되는 일을, 즉 비판적 사색 능력, 타인의 입장에서 생각하고 상상하고 타인과 공감할 줄 아는 능력을 갖춘 이, 동시에 세계화된 시대 자신의 행위 선택에 책임을 지는 이로서의 세계 시민이 되는 일을 역설하는 이유는 바로 여기에 있을 것이다. 좀 더 쉽게 말하여 교육받은 이란, 누스바움이 우리에게 주는 힌트를 참조하여 말한다면, 공동체적 존재로서의 인간으로 의당 해야 기쁠 일을 하는 이, 그러나 타인과 만나며, 동시에 자기만의 독자적 논리적 판단하에서 그렇게 하는 이일 것이다.

동료(또래) 압박의 수인에서 독립적 비판 사고 능력의 자유인으로:
평창의 경우

이와 이어지는 것으로, 학생들의 독립적 비판 사고 능력 함양에의 저자의 방점 둠 역시, 그러한 능력의 함양 따윈 학교 내에서가 아니라 밖에서 하라고 권유하는 어떤 기이한 사회에서는 큰 함의를 갖는다. 저자가 역설하듯, 독립적 비판 사고 능력은 시민 능력의 가장 근간이 되는 요소로서 사회공동체의 구성원이 이 능력을 갖추지 못하는 한 민주주의는 현 실태가 아니라 환각적 상상 이미지에 그칠 공산이 크다. 한국인은 1987년 이후 일정한 민주화 과정을 경험해왔지만, 이 민주화 과정이 실제로 이러한 핵심적 자질을 갖춘 시민들이라는 기초 위에서 진행되었는지, 그러한 시민들을 (학교) 교육을 통해 형성해가고 있는지는 크게 의문이다.

근자의 한 경이로운 사건은 이러한 의문이 가치 있다고 말해준다. 바로 평창 동계올림픽 유치에 대한 다수의 암묵적 지지라는 사건이다. 어떻게 다수가 이를 지지할 수 있[었]나? 짐작일 뿐이지만, 유치 지지의 심리 기제 내에는 '이는 한국의 승리'라는 단순한 아이디어가 있는 것이 아닐까? 이 '한국의 승리'는 물론 세계 속 한국의 승리로, 세계 속 한국 축구의 승리와 등치되고, 세계에 한국의 저력을 보여주는 이 승리의 가치는 한국 사회에서는 신성불가침의 진리 가치이므로 이러한 승리의 이미지와 포개지는 평창 올림픽 유치라는 사건 역시 신성불가침의 지지·환호 대상이 되는 것이 아닐까? 물론 이러한 생각의 연쇄 뒤에는 다른 신성불가침의 생각 역시 굳건히 자리 잡고 있다. 국가 경제 성장으로 상징되는 국가 발전이 국가에 소속된 국민들 전체의 행복 증진을 보장한다는 생각. 개인의 삶의 갈피갈피에 국가보다는 기업이, 자주 초국적 기업이 더 큰 지배력을 발휘하는 오늘날 이러한 생각은 맹랑하고 허술한 생각이기 그지없건만, 이러한 생각을 진리로 당연시하는 이들에게 평창 올림픽 유치는 단지 '한국의 승리'가 아니라 '국민적 승리'가 된다. 어떤 식으로든 올림픽 유치는 국민의 전반적 행복 증진에 보탬이 될 것이라는 단순 가정은 위험한 것, 허구적인 것이라고 결코 의심되지 않는다. 달리 말해 '올림픽 유치는 환영할 만한 것'이라는 생각의 전제가 되는 생각은 시민 개개인의 이성적 판단 능력에 의해 검토되지 않는다.

평창과의 경쟁후보지였던 (프랑스) 안시와 (독일) 뮌헨의 경우 시민들의 강력한 유치 반대 운동이 있었다는 소식은 이러한 지지가 과연 온당한 것인지, 이 책에서 저자가 그토록 강조하는 '소크라테스식 자기검토'가 우리에게 필요한 것은 아닌지 새삼 생각하게 한다. 어떤 부작용을 예상할 수 있기에 그들은 반대했던 것일까? 동계올림픽 행사를 준비·진행할 경우 경제적 측면에서 역효과는 없나? 이 올림픽을 유치하면 정말로 모두가 균등히 혜택을 보나? 올림픽 유치로 국가 경제는 '정확히 얼마만큼' 성장하나? 그 예측법은 정확한가? 올림픽 시설 건설로 인해 부가적 경제 손실(예컨대 생태계 파괴로 인한 경제 손실)은, 다른 가치(예컨대 생태계 자체의 생태환경적·심미적 가치)의 손실은 없는

가? 올림픽 유치와 이에 따른 시설 건설과 개발을 지선至善으로 보는 개발 패러다임은 과연 개발의 사회적 · 생태적 비용을 문제 삼고 있는 오늘날에도 여전히 옳은 패러다임인가? …… 이러한 끝도 없이 이어지는 질문을 제기하게 한다.

그러나 얼마나 많은 한국 시민들이 이러한 질문을 자신의 질문으로 삼[았]는지 필자의 머릿속에는 커다란 의문부호가 구름처럼 둥둥 떠오를 뿐이다. 과연 한국 시민들은 이 책에서 강조되는 만큼 충분히 독립적인 비판 사고 능력의 임자라고 여겨질 수 있는가? 오히려 한국인들만큼 "종종 너무 쉽게 남의 의견에 흔들"(95쪽)리는 이들도, "가축 떼에게서 관찰되는 순종"(107쪽)의 임자들도, 동료[또래] 압박peer pressure에 크게 영향 받는 이들도(구입 후 채 수삼 년이 안 되어 신형 휴대폰으로 구형 휴대폰을 교체하고 이를 당연시하는 거의 세계 유일의 광적 휴대폰 구매-폐기 문화를 생각해보라) 드물지 않은가? 한국인의 대중문화란, 자기만의 독자적 기준에 의한 검토 · 판단 대신 '~라더라'라는 풍문이, '~이지요'라는 명망가의 권위적 발언이(2010년을 뒤흔든 저 하버드 대학 교수를 비롯한 그 모든 스타-지식인의 철의 권위를 생각해보라), 대세大勢가(한국의 정치 진보를 막아온 '사표 방지 심리'라는 오래된 악령을 생각해보라) 자신의 행위 · 의견을 결정짓는 결정적 요소가 되고 마는 사람들의 문화가 아닌가?

만일 사태의 실상이 필자의 이러한 추측적 진단 그대로라면, 우리는 이 사태의 연원을 어디에서 찾아야 할까? 무엇이 이유일까? 여러 이유가 있겠지만, 그중 하나는 분명 교육의 실패이다. 독립적 사고·토론 훈련을 억지해온 것은 주입식·암기식 교육, 입시 위주의 교육이라는 오래된 패러다임일 것이다. 바로 이 책에서 저자가 그토록 혀에 불을 달고 비판하는 그 패러다임 말이다. 이러한 패러다임하에서라면, 학교는 지나가야 하는 필요악의 하나의 '통과 과정'이 될 것이다. 그리하여 이 과정에서 프로세스되어 최종적으로 배출되는 것은 기껏해야 암기력 향상된 이들, 순종의 체험을 몸에 새긴 이들, 개인적 성공을 위한 스펙의 한 필수요소로 증명서를 거머쥔 이들, 그리하여 "시장에서 판매될 만한 산출물"(92쪽)이 된 이들, 그리하여 사회공동체의 문제(예컨대 평창 동계올림픽 유치)에 적극적이고 독립적으로 개입할 수 있는 비판적 사고 능력을 거세당한 이들일 것이다. 요컨대 그 과정을 통해 배출되는 것은 직업적 기능인-고용 가능한 인적 자산-순종적 국민이지, 비판적 사색인이자 능동적 정치 참여자로서의 시민은 아닐 것이다.

그렇다면 이 교육의 과정은 얼마나 무시무시한 민주주의 기반 훼손의 과정이란 말인가? 과연 이러한 교육과 한국 민주주의의 미성숙이라는 사태가, 예컨대 노동자·농민의 권익을 대변하는 정당에 대한 터무니없이 낮은 지지율이라는 기형 상태가 전연 무관한 사태일까? 과연 이러한 교육과 사회 전반의 무책임의 기풍이(새 휴대폰 구입 후 폐기된 구형 휴대폰이 어디로 가 어느 누구에게 피해를 줄지 아무도 생각하지 않는, 그러한 생태계·인권에의 관심 자체를 금기시하는 악독한 문화 풍토를 생각해보라) 전연 무관할까?

국민이라는 족쇄에서 세계 시민이라는 자유로

이 책이 한국 사회의 맥락에서 지니는 함의와 관련해 또 하나 생각해볼 수 있는 것은 저자의 세계 시민 교육의 강조다(5장). 세계 시민 정신[됨]을 강조하며 저자가 일관되게 비판하는 것은 혈통순수주의에 기초한 모든 형태의 민족주의이자 이에 기초한 자민족 중심적 역사 교육이다. 물론 민족주의가 제국주의로부터의 사회 해방의 사상이 되었던 역사 정황을 근대사의 일부로 거느리고, 민족주의적 정서가 기층민중 문화와, 민족공동체통일, 자주적·독립적 사회의 실현이라는 사회적 당위과제와 혼융되어 있는 한국과 같은 사회에 저자의 민족주의 비판은 그 호소력이 약할 수도 있다. 그러나 그 어떤 사회도 단일혈통을 유지한 순수사회일 수는 없고, 그 모든 순수사회론은 악독한 신화에 불과하다는 저자의 입장은(62~63쪽) 다문화사회로의 전환이 요청되는 오늘날 한국의 정황에서(예컨대 영화 〈로니를 찾아서〉에 잘 묘사된 한국인의, 한국인의 이름으로 자행되는 인종주의적 폭력을 생각해보라) 보배로운 것이 아닐까? 단지 시민이 아니라 세계 시민을 위한 교육이 되어야 한다는 저자의 말은, 그토록 '선진한국'이라는 자국 중심 이데올로기를 삶의 절대 가치로 내면화하는 이들의 사회에서는, 그토록 광적으로 한국적 정체성의 확인과 과시에 집착하는(2002년 월드컵의 광적 열기와 박지성, 김연아의 상징성을 생각해보라) 이들의 사회에서는, 개인을 자유권의 임자인 시민이 아니라 국가로부터 언제든 호명 가능한 이인 '국민'으로 환원시켜(그 숱한 '국민 여러분' 운운을 생각해보라) 끊임없이 국가적 통일성과 일률성을 강조하는 나라에서는, 이러한 국가주의의 열기와 민족주의 정서가 혼융되어버린 어느 기이한 동방의 나라에서는 각별히 중요한 울림을 갖는 말이 아닐까?

물론 '선진한국'의 '선진先進'이라는 개념 그 자체가 나쁜 것은 아니다. 오히려 이 말의 높은 위상은 한국의 다수가 '진보進步'를 염원함을 말해준다. 그러나 정말로 선진적이고 진보적인 나라를 만들고자 한다면, 도리어 국가주도 성장지상주의로부터, 선진한국 이데올로기로부터 해방되어야 하지 않을까? 그리하여 선진의 개념을 자체적으로 일신一新·재구성하고 다문화적 공생의 사회를, 시민적 공명과 책임의 사회를 창조해나가야 하지 않을까?

그러나 도대체 어떻게? 분명히 보이는 한 가지 실천의 길은 저자가 강조하듯 아이들을 (민족의식이 아니라) 세계 시민 정신을 갖춘, 세계의 사태에 대한 투명한 지식을 갖춘, 그리하여 책임의식을 지닌 시민으로 길러내는 일일 것이다(140~141쪽). 보다 구체적으로는, 저자가 말하듯, 타 문화권 자체의 종교·문화적 전통을 이해·존중하고 하여 타 문화권 출신을 존중할 줄 아는, 전 지구적 시점에서 사태를 파악하고 답변을 제시할 줄 아는, 상품의 생산 과정과 소비자의 관계를, 국제 경제의 동학을, 초국적 기업의 세계 지배의 동학을 이해하고, 그리하여 그 이해를 바탕으로 '책임을 지려 하는' 자세의 임자가 되는, 세계 시민-한국인을 길러내는 일일 것이다. 단지 '한국을 빛냈으므로' 비로소 소개되는 '세계 속 한국인'이 아니라, 국익 신장에 보탬이 되었으므로 비로소 '자랑스러운 한국인'이 아니라, 단지 영어를 잘하는 한국인이 아니라 말이다. 요컨대 상품도 사람도 이미 뒤섞일 대로 뒤섞여버린 시대에 세계의 실상에 해박하고 그리하여 책임을 질 줄 아는 세계 시민을 길러 내야 한다는 저자의 주장은 그 어느 사회의 맥락에서도 가치 있겠지만, 민족적 정체성의 세계 과시에 병적인 열기를 보이는 사회에서는, 제 나라 바깥의 노동 현실에 대해, 제 나라 바깥 세계의 사람들과 생태환경에의 자신들의 가해 현실에 무관심한 이들의 사회에서는, 자신의 기여 장소를 국가로 한정시키고 마는 이른바 국민의 사회에서는 훨씬 더 큰 울림을 갖는다.

사내다움 · 강함 · 지배의 이념에서 여성성 · 모성 · 상호 호혜의 이념으로

이 외에도 논리의 실용성, 놀이와 예술의 교육적 · 민주주의적 효용 등 한국의 교육 · 사회 사정과 관련하여 시사하는 바가 큰 주제들이 있다. 하지만 이 중에서 인간 허약성^{vulnerability}과 여성성 · 모성에 관한 저자의 논의만 마지막으로 언급해보고자 한다. 우선 전자부터. 저자에 따르면 우리 모두가 어린 시절부터 직감적으로 알게 되는 인간의 본래적 허약성, 불완전성은(배설물 배출자, 동물적 성질의 임자, 죽을 운명의 임자로서의 불완전성) 자기 혐오의 대상이 되기 쉽고, 그리하여 우리는 모두 특정인에게 그 자기 혐오감을 투사하는 경향이 있다. 물론 저자는 이러한 경향이 어린이 교육을 통해 극복될 수 있다고 역설한다. 타자 공감과 이어지는 입장 전환적 사고$^{positional\ thinking}$ 능력, (놀이, 예술을 통한) 타자 상상·공감 능력의 조기 계발을 통해서 평등성·다원성의 원칙을 강화하는 민주주의의 기반을 다질 수 있다는 것이다.

그러나 그 이전에 저자가 강조하는 것은 따로 있다. 인간의 본래적 허약성과 (그에 따른) 상호 의존성이란, 루소가 강조했던 것처럼 공동체다운 공동체를 만들어야 하는 근본 이유로서 적극적 포용의 대상이 되어야 한다는 당위 원칙이 그것이다(70~72쪽). 그러나 저자에 따르면 이 원칙은 오늘날 그저 당위 과제로 남아 있을 뿐이다. 즉 오늘날 완벽성, 통제·지배, 사내다운 강함이라는 가치를 인생의 성공과 연결 짓는 생각, '오염된' 타자 집단에의 '혐오감 투사' 행위(그리고 타자에 대한 사회적 낙인 찍기 행위), 그 행위 뒤 심리 기제로서의 이분법적 선악관을 양산해내는 문화적 기제는 여전히 강력하다는 것이다(70~74쪽). 물론 이렇게 말할 때 저자가 염두에 두는 것은 미국을 비롯한 서구 사회이지만, 이러한 지적은 오히려 남성 중심적 문화가, 폭력과 표리^{表裏} 관계에 있는 사내다운 강함이라는 가치를 기꺼운 것 또는 불가피한 것으로 수용하는 문화가(한국산 액션·무협·역사 영화·드라마의 화면에서 우리가 발견하는 그 숱한 피들을 생각해보라), 비서구 출신 노동자들에 대한 혐오감 투사 행위가 번성해온 한국 사회에서 더 큰 호소력을 갖지 않을까?

저자가 강조하는 여성성·모성의 계발은 인간 허약성이라는 주제와 연관된다. 여성주의 철학자이기도 한 저자는 이 책에서 은연 중 계속해서 여성성·모성의 가치를 강조한다. 남녀 모두 모성을 함양하여 남을 더 사랑해야 하는 이가 되어야 한다는, 교육자는 모성의 실천자가 되어야 한다는, "인간 본성의 정수精髓는 본디 모성적"이라는 페스탈로치의 언명을 저자는 중요하게 언급한다(109쪽). 또 아기 돌보는 이로서의 '엄마'는 성적 범주라기보다는 기능적 범주일 뿐임을, 의사·정신분석가는 본질적으로 모성의 실천자임을 강조했던 위니코트의 입장 또한 잊지 않고 언급한다(165~166쪽). 그뿐만 아니라 저자는 "평화 선호의 기질"(183쪽) 함양을 역설한 헤르더를 "관용적이고 유희적이며 타자를 지배하는 데 무관심한 남성의 인성"(같은 쪽) 계발에 큰 노력을 기울였던 타고르를 힘주어 소개한다. 나아가 비폭력주의 운동과 지배-피지배적 성 관계의 극복을(그리하여 폭력적 남성성의 극복을) 연결시켰던, 그 자신 중성성과 모성을 부러 수양하는 훈련을 하기도 했던 마하트마 간디 역시 중요한 참조점으로 언급한다(같은 쪽). 심지어 저자는 참다운 남성성·여성성의 상을 갖는 것 자체가 민주주의 자체에 굉장히 중요하다고 역설하기까지 한다(183쪽).

왜 이렇게 저자는 여성성·모성을 힘주어 말하는 걸까? 이 책에서 저자가 건드리고 있는 많은 주제들처럼 이 주제도 한 권의 책으로 정리될 법한 거대 주제이기에, 여기에서는 앞서 말한 한국의 특정 문화와의 관련에서만 생각을 한정하는 것이 좋을 듯하다.

그 문화적 화두를 다시 들어보면 이러하다. 어째서 한국의 문화는 (군사주의적·남성적) 폭력을 철저히 증오하거나 멀리하지 못하는 문화인가? 어째서 그 문화는 사내다움의 강함이라는 가치에 알게 모르게 친근한가? 그 연원으로 누구라도 쉽게 생각해볼 수 있는 것은 외세의 국내 침탈로 인한 집단적 치욕의 체험과 그로 인한 설욕의 당위 정서 그리고 한국 전쟁의 체험일 테지만, 즉 허약함 자체를 용인할 수 없게 하는 상태의 체험일 테지만, 단지 그뿐일까? 그 대외적 설욕의 주체, (붕괴된 나라의) 대내적 건설의 주체로서 나타난 국가는 어떠한가? 그 국가가 시민을 근로자-국민으로 호명하고 채찍질하고 군림해온 역사, 즉 국가 폭력 · 통제 · 지도의 역사 자체는 어떠한가? 이 역사가 1987년 이후 또는 1997년 이후 멈춘 적이 있는가? 그 폭력 · 통제 가치의 전국민적 내면화의 역사는 어떠한가? 이 내면화 과정은 자본주의적 경쟁의 체계가, 그 체계의 폭력적 중압성 자체가 지속적으로 강화시켜온 것은 아니던가? 그리하여 개인적 차원의 생존, 집단적 차원의 문명 건설, 이 이중 요구가 폭력 · 통제 · 사내다운 강함 불가피성의 감각 자체를 키워왔던 것은 아닌가? 그리하여 그 감각은 가정에, 학교에, 기업에, 사회에 하나의 문화적 기풍으로 확립되어온 것은 아닌가? (그저 남존여비 사상의 사회, 가부장 본위 사회의 일정한 연속이기에 남성 중심적 문화가, 사내다움의 가치가 용허되는 것은 아니지 않을까?) 저자가 제시하는 인간 허약성 · 사내다운 강함 · 여성성이라는 주제는 어쩌면 오늘날 한국 사회, 한국 사회 문화의 심장부에 있는 주제인지도 모른다.

그런데 만일 폭력 · 통제 · 사내다운 강함 둔감 · 용허의 문화가 잘못된 것이라면, 그리하여 이 문화의 일신이 필요하다면, 그 시작은 인간 허약성을 허약성 그대로 인정 · 포용하는 입장 전환 그리고 상호 호혜 · 돌봄의 감각의 함양일 것이라는 게 필자의 생각이다. 다시 말해 우리 모두의 여성성·모성의 수양으로 나날의 삶의 마당, 사회적 거소에서의 이러한 심성의 부단한 훈련으로, 그러한 심성의 교육으로 그 일이 시작될 수 있다고 필자는 믿는다. 이런 의미에서 저자의 여성성·모성 강조에, 인간 허약성 포용 원칙의 강조에, 이 원칙하의 공감·공존 능력 계발 교육의 강조에 우리의 귀는 보다 더 '크게 열려야' 좋으리라.

교육의 내비게이터는 곧 사회의 내비게이터

다시 맨 처음으로 돌아가서, 근래 고등 교육계의 경제 성장 본위의 트렌드가 "민주주의의 생명을 위협"하고 있다는 저자의 진단을 한국 사회의 맥락에서 생각해보며, 이 어설프게 풀린 글타래의 끝을 묶어볼까 한다. 저자의 진단과 관련하여 먼저 말해볼 수 있는 것은, 그것이 민주주의를 어느 정도 제도와 문화로서 정착시킨 사회에나 어울릴 만한 진단이라는 것이다. 달리 말해 그 진단은 민주주의의 제도적·문화적·시민적 기반이 허약한 사회인 한국 사회에는 그다지 어울리지 않는 진단이라는 것이다. 물론 1987년 이후의 민주화 과정에서 한국 사회는 일정한 민주주의 제도를 꾸려왔고, 시민 사회라는 전에 없던 민주주의의 기반 역시 마련되었다는 반론이 있을 수 있다. 그러나 사회경제적 권익 보호를 중심 이념으로 삼는 이념 정당들의 제도적 정착이 되지 않은 마당에 과연 민주주의가 안정적으로 제도화되었다고 볼 수 있을까? 국가권위주의·관료주의가 여전히 강고하고 개인 간 경쟁의 문화, 정치-무관심의 문화가 여전히 강력한 사회 어느 구석에서 우리는 개인의 자유와 상호 간 논리적 대화, 공감에 기초한 대화가 넘치는 민주주의 문화를 발견할 수 있을까? 각종 시민 사회 단체의 발흥과 더불어 시민 사회가 국가를 견제하는 움직임도 (대략) 지난 15년간 지속되었긴 하다. 하지만 그 사태가 곧 독립적 비판 사고 능력을 갖춘 시민들의 자기조직화라는 사태라고 말해도 좋을까? 최근 평창의 사태는 우리에게 '아니요'의 답변을 요청하는 듯하다. 이렇게 한국 민주주의의 제도적 · 문화적 · 시민적 기반은 아직 허약하다.

그러므로 한국의 경우 예의 저자의 진단을 적용해본다면, 민주주의가 아직 확실히 생명체다운 생명체로 형성되지도 못한 가운데 교육 자체가 그 생명을 위협하고 있는 형국이라는 진단이 어울릴 것이다. 이러한 다소 암울한 사태의 인식 그리고 저자의 교육 · 민주주의 함수관계론에 대한 경청은 그 인식 · 경청의 당자로 하여금(민주주의의 시민적 기반 형성과 관련되는) 교육의 과제와 사회의(민주주의의) 과제의 일체성을 다시금 생각하게 한다(물론 우리는 민주주의의 시민적 기반이 오직 학교 교육으로만 형성되는지, 다른 요소는 없는지도 물어봐야겠지만, 그 시민적 기반 형성에의 학교 교육의 심중한 역할은 의문의 대상이 될 수 없다). 동시에 교육 문제의 심화가 곧 민주주의 문제의 심화로 연결될 수 있다는 점을 생각하게 한다. 즉 교육이라는 함선의 경로를 지시하는 내비게이터가 적신호를 표시할 때 그 적신호는 민주 사회라는 함선의 경로, 그 자체의 적신호일 수 있다는 점을 생각하게 한다.

그렇다면, 이 글에서 재차 암시했듯, 한국의 (학교) 교육 문제가 지시하는 과제는 결코 하나가 아니다. 교육 문제는 단지 학교 내 교육 개혁(예컨대 상위 교육 기관인 대학에서의 교육 개혁)만으로 해결될 수 없다. 그것은 또 지금과 같은 식으로 관-주도 개혁으로 온전히 해결되는 것도 아닐 것이다. 오히려 우리는 교육의 실패를 어떤 문화의 실패, 삶의 가치관의 실패, 기풍의 실패로 봐야 하리라. 이 실패에서 오래된 국가주의의 괴물을 봐야 하고, 그 국가주의와 일상의 '살'을 섞었던 우리 자신의 삶의 역사를 살펴야 한다. 나아가 교육의 배면에 깔려 있는 치열한 경제적 경쟁질서와 문화 역시 살펴야 하리라. 이를 거꾸로 말하면, 사회의 사회경제적 체계의 혁신적 변화 없이, 국가주의와의 제도적 · 이념적 · 문화적 단절 없이, 문화적 기풍의 혁신, 삶의 가치관의 일신 없이 인격 계발이라는 교육 본연의 목표에 초점을 맞추는 교육을 우리가 목도할 길은 영영 없으리라.

그러므로 참교육에 지대한 관심을 기울여온 교육자이든, 학교에 자녀를 보내며 안쓰러워 해온 학부모이든, 그들의 관심 대상인 학생이든, 또는 그렇지 않은 평범한 시민이든, 궁극적 관심사는 '삶' 자체에, 즉 모두의 삶, 자신의 삶 자체에 두는 것이 옳겠다. 혹자는 한국의 입시를 입시 지옥이라 불렀다. 그러나 오늘날의 한국 교육 자체를 지옥의 교육이라 부를 이가 있을지도 모른다. 그러나 만일 그것이 정말로 지옥의 교육이라 불릴 만한 교육이라면, 그 지옥으로부터 벗어날 길은 학교 내에 있지 않을 것이다. 지옥을 좀 더 나은 지옥으로 개선할 길은 학교 내에 있겠지만, 이 책에서 저자 누스바움이 말하는 것과 같은 교육, 존 듀이와 타고르가, 페스탈로치와 브론슨 올컷이 실험 · 실천했던 것과 같은 교육다운 교육, 인격 개화 본위의 교육으로 가는 길은 학교 밖에, 즉 삶이라는 학교에 있을 것이다.

짧지만 매혹적인 교양 콤팩트^{compact} 세트와 같은 이 책을, 교육의 주제를 사회와 삶의 맥락에서 논의하는 이 책을, 교육의 마당에 자신의 삶을 한 발 담그고 사는 일부 시민 · 학생만이 아니라 더 나은 사회와 삶을 생각하고 상상하는 많은 한국 시민들이 읽어주길 바라는 소망의 소이^{所以}는 바로 이러한 생각에 있다.

2011년 7월

우석영

주

—

1장. 조용한 위기

1 · 〈리더십 시험: 미국 고등 교육의 미래 계획〉은 온라인에서 찾아볼 수 있다. 이에 대한 반
대 보고서로는 전미대학연합회 산하 조직인, 교양 교육과 미국의 미래(LEAP)를 위한
전국지도자위원회에서 발행한 *College Learning for the New Global Century*(Washington,
DC, 2007)를 참조. 이들의 권고사항에 나는 대체적으로 동의한다(놀랄 것도 없이, 그
자료 집필에 나 역시 참여했다).

2 · 이러한 능력들에 대한 나의 최초 탐색을 보려면 *Citizens of the World: A Classical Defense of
Reform in Liberal Education*(Cambridge, MA: Harvard University Press, 1997)을 참조. 이
책의 관심사는 오직 미국 고등 교육의 발전과 고등 교육에서 요청되는 '일반 교육' 부분
이었다.

3 · 기초적 과학 교육의 이러한 요소들에 초점을 맞춘 가치 있는 프로젝트로는 Project
Kaleidoscope(www.pkal.org)가 있다.

4 · 교육과 풍요로운 삶에 관해서는 해리 브릭하우스의 *On Education*(New York: Routledge,
2006), LEAP 보고서(above, n.1) 참조. 그리고 콰미 안소니 아피아의 *The Ethics of
Identity*(Princeton: Princeton University Press, 2005)에 담긴 자기 계발 관련 논의 참조.

2장. 이익을 위한 교육, 민주주의를 위한 교육

1 · 이 점에 관한 명확한 논의는 진 드레즈와 아마르티아 센의 *India: Development and
Participation*(New York and Oxford: Oxford University Press, 2002) 그리고 *India: Social
Development and Economic Opportunity*(New York and Oxford: Oxford University Press,
1996)라는 이전 판본의 책 참조. 이 자료의 출처는 다른 정책들을 채택한 다른 인도 주
정부들에 관한 연구들이다. 이 정책들 중 일부는 의료·교육에 관한 직접적 지원 없
는 경제 성장을 선호, 다른 일부는 (인도 헌법이 각 주정부에게 위임하는 것인) 의료·

교육에 관한 직접적 정부 지원을 선호한다. [이에 관한] 현장 연구들을 보려면 드레즈와 센의 *Indian Development: Selected Regional Perspectives*(Delhi, New York, and Oxford: Oxford University Press, 1997)를 참조.

2 · 드레즈와 센의 *India: Development and Participation* 참조.

3 · 인도 헌법에 따르면 의료 · 교육 분야 직종은 주정부 관할이므로, 중앙정부는 이 분야의 성장 · 개발에 간접적인 영향만을 미칠 수 있다.

4 · 인도 헌법 21장은 오직 '삶과 자유'만을 언급하지만, 여기서 '삶'은 그간 '인간 존엄과 같은 의미의 삶'을 의미한다고 해석되어왔다. 그런데 남아공 정부 헌법은 기초 복지권을 헌법에 등재하는 일에서 이보다 훨씬 더 나아갔다.

5 · 타고르, 『민족주의』(New York: Macmillan, 1917).

6 · 참고자료와 인용문을 포함하여 보다 상세한 논의를 보고자 한다면 나의 책, *The Clash Within: Democracy, Religious Violence, and India's Future*(Cambridge, MA: Harvard University Press, 2007), 8장을 참조.

7 · 나의 저술, "Violence on the Left: Nandigram and the Communists of West Bengal", *Dissent*, Spring 2008, 27~33쪽을 참조.

8 · 그리하여 웨스트벵골 지역에서 지방 노동자들을 노동 기회나 기술 훈련의 제공 없이 퇴출시키는 정부 정책에 가장 먼저, 또 가장 강력하게 반대했던 것은 바로 예술 공동체였다. 앞의 책 참조.

3장. 시민 교육: 도덕적 · 비도덕적 감정

1 · 인도-유럽어들의 역사는 힌두인들이 외부에서 인도로 이주해온 것이 거의 확실하다고 말해준다(만일 진짜배기 토착민이 있었다면, 그들은 남인도의 드라비다 사람들일 것이다). 무슬림과 크리스천은 훗날 소수 집단으로서 외부로부터 이주해왔다. 그러나 오늘날 대부분의 인도 무슬림과 크리스천은 힌두교로부터 개종한 이들이다. 어느 경우든 어느 한 장소에 어느 한 사람이 도착한 날이(이를테면 서기 1600년보다 기원전 1500년이) 바로 한 사람에게 시민권을 주장할 더 많은 권리를 준다는 생각은 강력히 거부되어야 마땅하다.

2 · *The Clash Within* 5장에서 마하바라타와 라마야나의 방송 버전에 대한 나의 토론을 참조. 오늘날의 사회적 성찰을 위한 마하바라타의 완전히 다른 활용을 보려면 구르차란 다

스의 뛰어난 책, *The Difficulty of Being Good: On the Subtle Art of Dharma*(Delhi: Penguin, 2009; London: Penguin, 2010; and New York: Oxford University Press, 2010)를 참조. 다스에 대해서는 내 책, *The Clash Within* 2장을 참조.

3 · 이 점에 대한 보다 상세한 내 주장에 관해서는 내가 집필한 *Upheavals of Thought: The Intelligence of Emotions*(Cambridge: Cambridge University Press, 2001), 4장을 참조.

4 · 수치심과 혐오감에 관한 보다 소상하고 긴 분석을 보려면 나의 책, *Hiding from Humanity: Disgust, Shame, and the law*(Princeton: Princeton University Press, 2004)를 참조.

5 · 폴 로진, 조너선 헤이트와 그 외 사람들의 실험을 보려면 앞의 책 참고문헌을 참조.

6 · 로진의 실험들은 혐오감과 위험 감각 간의 간격[차이]이 무엇인지 확실히 보여준다.

7 · 나의 책, *Hiding from Humanity* 2장과 4장 참조. [이러한] 내 심리학적 논의는 도널드 위니코트의 개념과 주장에 큰 빚을 지고 있다.

8 · 순수 독일 혈통(Volk)을 찬미했던 바그너의 제자 훔퍼딩크의 오페라에서 세련된 (사랑받는) 헨젤과 그레텔의 이야기는 과연 훗날 [나치가 자행한] 학살법의 무의식적 선택을 자아냈던 환상들에 기여했던 것일까? 이 오페라의 결미에서, 금발의 독일 어린이들은 마녀의 주문으로부터 해방되어 되살아나며 마녀의 화형을 환호한다.

9 · 프란스 드 발의 *Good Natured: The Origins of Right and Wrong in Humans and Other Animals*(Cambridge, MA: Harvard University Press, 1996)를 참조.

10 · 대니얼 뱃슨, *The Altruism Question*(Hillsdale, NJ: Lawrence Erlbaum, 1991).

11 · 데일 J. 랭퍼드, 사라 E. 크루거, 제프리 S. 모길 외, "Social Modulation of Pain as Evidence for Empathy in Mice", Science 312 (2006), 1967~1970쪽 참조.

12 · 캔디스 클라크, *Misery and Company: Sympathy in Everyday Life*(Chicago: University of Chicago Press, 1997) 참조.

13 · 댄 킨들런, 마이클 톰슨, *Raising Cain: Protecting the Emotional Life of Boys*(New York: Ballantine, 1999).

14 · 밀그램과 애시의 연구에 대한 간략한 요약을 보려면 필립 짐바르도의 *The Lucifer Effect: How Good People Turn Evil*(London: Rider, 2007), 260~275쪽 참조.

15 · 크리스토퍼 브라우닝, *Ordinary Men: Reserve Police Battalion 101 and the Final Solution in Poland*(New York: HarperCollins, 1993).

16 · 짐바르도, *The Lucifer Effect*, 283~285쪽에서 보고된다.

17 · *Times Literary Supplement*, October 10, 2007, 3~5쪽에서 짐바르도에 대한 나의 리뷰를 참조.

18 · 다시 말하지만 [여기에서의] 내 요약은 짐바르도의 책에 기술된 광범위한 연구들에 근거한 것이다.

4장. 소크라테스의 페다고지: 논쟁의 중요성

1 · 나의 책, *Cultivating Humanity: A Classical Defense of Reform in Liberal Education*(Cambridge, MA: Harvard University Press, 1997), 1장 참조.

2 · 말콤 그래드웰, *Outliers: The Study of Success*(New York: Little, Brown, and Co., 2008).

3 · 나의 책, *Cultivating Humanity*, 1, 8장 참조.

4 · 존 듀이, "Froebel's Educational Principles", *The School and Society and The Child and the Curriculum*(Chicago: University of Chicago Press, 1990), 116~131쪽 참조.

5 · 듀이, *The School and Society*, 112~115쪽.

6 · 같은 책, 20~22쪽 참조. 이 부분에서 듀이는 면사 생산이라는 확연히 단순한 작업으로부터 얼마나 많은 복잡한 역사적 · 경제적 · 과학적 개념들이 도출될 수 있는지를 보여준다.

7 · 같은 책, 19쪽.

8 · 나의 저술, "Land of My Dreams: Islamic Liberalism under Fire in India", *Boston Review* 34(March/April 2009), 10~14쪽 참조.

9 · 캐슬린 M. 오코넬, *Rabindranath Tagore: The Poet as Educator*(Kolkata: Visva-Bharati, 2002) 참조.

10 · 존 스튜어트 밀, *Auguste Comte and Positivism*(London: Westminster Review, 1865).

11 · V. 바티아 번역, *Rabindranath Tagore: Pioneer in Education*(New Delhi: Sahitya Chayan, 1994). 이 장 나머지의 참고문헌 모두는 이 번역본으로부터 참고했음.

12 · 오코넬, *Rabindranath Tagore*에서 재인용.

13 · 페스탈로치를 이은 위대한 교육자 마리아 몬테소리는 타고르와의 대화를 통해 아이들의 학교 생활 활동에 대한 상세한 권고사항들을 작성한 바 있다. 그리하여 몬테소리로부터 영감을 받았던 세계 교육 운동은 그녀가 제공한 가이드와 [교육학적] 탁월한 능력에 의해 어느 정도는 제동을 받아왔다.

14 · 개러스 매튜스, *Philosophy and the Young Child*(Cambridge, MA: Harvard University Press, 1982) 그리고 *Dialogues with Children*(Cambridge, MA: Harvard University Press, 1984) 참조.

15 · 매튜 립먼, *Harry Stottlemeier's Discovery*(Montclair, NJ: Institute for the Advancement of Philosophy for Children, 1982), 1~14쪽.

16 · 매튜 립먼 외, *Philosophy in the Classroom*(Philadelphia: Temple University Press, 1980).

5장. 세계 시민

1 · 오코넬, *Rabindranath Tagore*, 148쪽.

2 · 아미타 센, *Joy in All Work*(Kolkata: Bookfront Publication Forum, 1999).

3 · 오코넬, *Rabindranath Tagore*, 148쪽.

4 · 듀이, *Democracy and Education*(New York: Macmillan, 1916, reprinted Mineola, NY: Dover, 2004), 207쪽.

5 · 듀이, *The School and Society*, 89, 11, 15, 24쪽.

6 · 나의 책, *The Clash Within*, 7장 참조.

7 · 보다 소상한 분석을 보려면 같은 책, 7장 참조.

8 · www.fpspi.org 참조.

9 · 파르타사라시와의 대화, 2008년 3월(고등 교육에서의 순응적 행동에 관한 델리의 한 컨퍼런스에서).

6장. 상상력 기르기: 문학과 예술

1 · 나의 책, *Cultivating Humanity*, 3장 참조.

2 · 로버트 로드먼, *Winnicott: Life and Work*(Cambridge, MA: Perseus Publishing, 2003) 참조.

3 · 도널드 위니코트, *Playing and Reality*(London and New York: Routledge, 2005, originally published 1971).

4 · 나의 책, *Poetic Justice: The Literary Imagination and Public Life*(Boston: Beacon, 1995), 1장 참조.

5 · 로드먼의 보다 길고 자세한 논의를 참조. 건트립의 위니코트 분석을 보려면, J. 하젤, *H. J. S. Guntrip: A Psychoanalytical Biography*(London: Free Association Books, 1986)를 참조.

6 · 위니코트, *Holding and Interpretation: Fragments of an Analysis*(New York: Grove Press, 1986), 95쪽.

7 · 듀이, *Democracy and Education*, 226~227쪽.

8 · 아마타 센, *Joy in All Work*.

9 · 같은 책, 35쪽.

10 · 랠프 엘리슨, *Invisible Man*(New York: Random House, 1992 Modern Library edition, with Introduction by Ellison, added 1981; originally published 1952), 서문 참조.

11 · 힌두 우익의 놀이 · 예술 활용에 관해서는 나의 책, *The Clash Within* 참조.

12 · 요한 고트프리트 헤르더, "Letters for the Advancement of Humanity"(1793~1797) 마이클 포스터 번역, *Herder: Philosophical Writings*(Cambridge: Cambridge University Press, 2002), Letter 119, 404~409쪽.

13 · LEAP 보고서 *College Learning for the New Global Century*의 논의와 참고문헌을 참조.

14 · 리처드 로스스타인, *Grading Education: Getting Accountability Right*(Washing-ton, DC: Economic Policy Institute, 2008), 18쪽에서 레베카 자콥슨, 타마라 와일더와의 토론 내용을 참조.

7장. 궁지에 몰린 민주주의 교육

1 · 미국 내 대학 이전 교육에만, 예술에만 초점을 맞춘 논의로 추세에 대한 적절한 요약을 보려면 CNN.com의 글 "Budgets Cut Student Experience", http://www. cnn.com/2003/ EDUCATION/08/13/sprj.sch.cuts/ 전 아동 낙오 방지법이 초래한 결과를 논의한다. 다음의 자료도 참조. "Cuts in Arts Programs Leave Sour Note in Schools", http://www.weac. org/news_and_publications/at_the_capitol/archives/2003-2004/arts.aspx. 캘리포니아 주의 음악 · 예술 분야(기본적으로 소멸되어버린) 예산 위기의 엄청난 결과를 보려면 "L. A. Schools Budget Cut, 2,000 Teachers Gone", http://www.npr.org/templates/story/story. php ?storld=105848204 참조.

2 · 나의 책, *Cultivating Humanity* 참조.

3 · 애리조나 주립대 종교학과와의 개인적 대화, 2009년 3월.

4 · 드루 파우스트, "The University's Crisis of Purpose", *New York Times Book Review*, September 6, 2009, 19쪽.

5 · 이러한 변화의 한 부분, 물론 그러나 오직 한 부분은 과의 연구·교수 효율성을 기계적 방식으로(페이지 수, 강사의 파워포인트 사용 여부 등) 측정하는 연구·교수 평가의 의무화다. 이보다 더욱더 교활한 것은 연구가 '효과'를 지님을, 즉 국가 경제 목표에 기여하는 바를 보여야 한다는 (한때는 암묵적이었고, 지금은 공공연한) 요구다.

6 · 스코틀랜드는 4년제 학부제를 유지해왔고, 그중 1학년 과정은 인문교양 과목들에 집중해왔다. 인문교양에 대한 스코틀랜드 대학들의 열정은 심지어 19세기에도 유명했다. 존 스튜어트 밀은 세인트앤드루 대학 취임 강의에서, 신학에 초점을 맞추던 잉글랜드의 협애한 커리큘럼과 대조되는, 민주 시민 정신을 강조한 스코틀랜드 대학 시스템의 적실성을 찬미한다. 하지만 EU의 볼로냐 계획안에 의해 강제된 고등 교육 표준화는 스코틀랜드를 유럽의 다른 나라들과 비슷하게(그 반대가 아니라) 만들고 말았다.

7 · *Times Literary Supplement*, November 13, 2009, 18~19쪽.

8 · 인문학에 대한 네루의 모순적 태도를 보려면 나의 저술, "Nehru, Religion, and the Humanities", 웬디 도니거와 함께 쓴 *India: Implementing Pluralism and Democracy*(New York: Oxford University Press, forthcoming 2010) 참조.

9 · "Tour Guides Take Route Less Traveled", Chicago Maroon, October 16, 2009. 이 글에서 나는 "겉보기에는 아무도"라는 말을 썼는데, 비록 마룬 학생 신문의 기사가 늘 완전히 정확하지는 않지만, 그 신문이 제시한 그 자료는 설득력 높았기 때문이었다.

10 · 로스스타인, *Grading Education*. 1950년대와 1960년대의 교육 성취 전국 평가 NAEP의 초기 평가 모델을 보려면 6장 참조.

11 · 영국 평가 체계의 다른 면면을 보려면 로스스타인, *Grading Education*, 7장 참조.

12 · 버락 오바마의 교육에 관한 연설, *Wall Street Journal blog*, March 10, 2009.

13 · 같은 책.

14 · 프라티치 연구팀 외, *The Pratichi Education Report: The Delivery of Primary Education, a Study in West Bengal*, 1(Delhi: TLM Books, 2002) 참조.

15 · 나의 책, *The Clash Within*, 특히 1, 9장 참조.

찾아보기

기타

학교는 시장이 아니다

1판 1쇄 펴냄 2011년 8월 4일
2판 1쇄 펴냄 2016년 8월 10일
2판 6쇄 펴냄 2022년 5월 20일

지은이 마사 누스바움
옮긴이 우석영

주간 김현숙 | 편집 김주희, 이나연
디자인 이현정, 전미혜
영업·제작 백국현 | 관리 오유나

펴낸곳 궁리출판 | 펴낸이 이갑수

등록 1999년 3월 29일 제300-2004-162호
주소 10881 경기도 파주시 회동길 325-12
전화 031-955-9818 | 팩스 031-955-9848
홈페이지 www.kungree.com | 전자우편 kungree@kungree.com
페이스북 /kungreepress | 트위터 @kungreepress
인스타그램 /kungree_press

ⓒ 궁리, 2011.

ISBN 978-89-5820-390-2 03300